関西学院大学研究叢書　第160編

日英語に見る
もののとらえ方

Makoto Shimamura
嶋村　誠【著】

関西学院大学出版会

日英語に見るもののとらえ方

はしがき

　ことばは人が使うものである．それゆえ，ことばに何らかの形で言語使用者の影が映っていても不思議ではない．しかし，そうした影があるとしても，言語使用者が人間であるがゆえのものなのか，それともある特定の言語や文化を使用する人に限られたものなのか，自明ではない．もしも前者だけでなく後者の可能性もあるならば，人が母語以外の言語を習得しようとするときや，自分の母語以外の言語を話す人と交流するときなどにそれをわきまえておくことが，成功への鍵の一つとなることもあるであろう．この影があるとするならば，大学で外国語としての英語の授業も担当している筆者にとって，その正体についての理解を深めておくことが，授業内容を豊かにするためにも大事なことだと考えている．

　その影の正体には，人がものを理解する時のとらえ方が大きく関わってくるであろうと思われる．そのため，小僕はこれまで英語と日本語を対象にして，それぞれの言語の使用者がどのようなもののとらえ方をしているか，ということを含めて，言語使用者の影が言語にどのように表れているか，という観点から研究を進めてきた．分野で言うならば語用論と認知言語学，もっと広く言うならば機能主義の言語学に身を置いてきたのもそうした理由からである．

　本書は，こうした考えのもとにこれまでに発表した論文から，巻末の一覧表に挙げたものを選び，それに加筆・修正・構成の組みかえ等を施して，一書としてまとめ，上梓したものである．人のもののとらえ方という取り組む相手はまるで大海のごとくして，なすべき研究という旅路の終着駅はまだまだはるか先にあることを感じる．学問とは，自分の手でつかんだと思った瞬間には，すでに指の間からするりと逃げてしまってはるか遠くに見えている，そのようなものだと語ってくだった大阪外国語大学の恩師のお１人故片山忠雄先生のことばを，今さらのように実感している．

　なお，上記のような加筆・修正・構成の組みかえ・削除等に努めたとはいえ，重複要素がいくらか残らざるを得なかったことに対して，読者各位のご

寛恕をお願いするしだいである．時を異にして書かれた元の論文には重複部分が溶け込んでいるため，削除してしまってはかえって分かりにくくなる場合もあり，このようにすることにした．

　ささやかながらも本書が形になるまでには，実に多くの方々からご指導，ご助言，お励ましを頂戴した．中でも，お2人の恩師，元大阪外国語大学長の故林栄一先生と，筆者の大学院生当時，林先生と合同で大学院の授業を担当されていた故寺村秀夫先生は，英語と日本語への言語学的興味をかきたててくだり，不肖の弟子の眼を開かせてくださった．また，大学学部時代以来，ずっと温かく後輩を見守りながら今も親身になってご指導，ご助言くださる神戸大学名誉教授の西光義弘先輩にも，感謝申し上げたい．勤務先では関西学院大学名誉教授津田迪雄先生，同秋田明満先生，同故大日向幻先生には，長年にわたり温かくご指導，ご鞭撻いただく中で，出版の強いお勧め，お励ましをいただいたことは，誠に有り難く感謝に堪えない．また，現在同僚の梅咲敦子先生，田中裕幸先生，伊藤正範先生，大貫隆史先生をはじめ，商学部内外の先生方からも大変ありがたい激励のおことばを賜った．そのほか，これまでにさまざまな形でお世話になった方々のお顔が目に浮かぶ．そのおひとりおひとりに，この場をお借りして深甚の謝意を表したい．

　本書を関西学院大学研究叢書の1冊として出版することができたのは，商学部長海道ノブチカ先生をはじめ，同僚の先生方のご配慮によるものである．また，関西学院大学出版会の統括マネージャー田中直哉氏には，出版のあらゆる段階でひとかたならぬお世話になり，本書制作担当の松下道子氏には，原稿の確認と整理から校正・装丁にいたるまで，さまざまな形でお力添えをいただいた．心より厚くお礼申し上げる．

2013年9月

嶋村　　誠

目　次

はしがき　iii

第 1 章　現実のことば　　1

1.1　テクストのテクストたるゆえん　　1
1.1.1　形式主義 vs. 機能主義　　1
1.1.2　テクストとしてのまとまり　　4
1.1.3　テクスト性の七つの基準　　5

1.2　語用論的知見　　16
1.2.1　生成文法と語用論　　16
1.2.2　語用論の名称の由来　　19
1.2.3　語用論の研究対象　　20
1.2.4　意味論と語用論　　21
1.2.5　談話分析と会話分析　　23
1.2.6　60-70 年代の語用論　　24
1.2.7　80 年代以降　　28
1.2.8　語用論的知見の必要性　　29

1.3　日英語表現の対応　　32
1.3.1　対照語彙論　　33
1.3.2　対照表現論　　34

1.4　日英語対照表現構造の原理　　48
1.4.1　対照レトリック　　49
1.4.2　表現構造の違い　　51

1.5　談話構造が文構造に落す影　　58
1.5.1　談話分析と N. Chomsky　　59
1.5.2　談話分析の動機　　61
1.5.3　テクスト鑑賞への第一歩　　63

第2章　認知言語学の意味観　　73

- 2.1　客観主義の意味論と認知言語学のパラダイム ── 74
  - 2.1.1　2種類のパラダイム　77
  - 2.1.2　カテゴリー化　83
  - 2.1.3　従来の言語理論のアプローチ　85
  - 2.1.4　認知言語学のアプローチ　90
- 2.2　客観主義と経験基盤主義の意味観の顕れ ── 94
  - 2.2.1　メタファー　94
  - 2.2.2　統語論の自律性　96
  - 2.2.3　能動文と受動文　97
  - 2.2.4　意味役割　99
  - 2.2.5　代換　100
  - 2.2.6　与格動詞　102
- 2.3　動作主性の分析に見る形式と意味の相関関係 ── 104
  - 2.3.1　記号体系の一環としての文法　104
  - 2.3.2　意味役割　105
  - 2.3.3　客観主義の意味論の問題点　107
  - 2.3.4　認知言語学的アプローチによる解決　108
- 2.4　意味構造の言語個別性 ── 113
  - 2.4.1　意味の普遍性　114
  - 2.4.2　サピア・ウォーフの仮説　116
  - 2.4.3　意味構造の言語個別的特性　117

第3章　思考様式と表現　　125

- 3.1　認知的指向性と適切な表現 ── 126
  - 3.1.1　出来事のとらえ方と表現形式　127
  - 3.1.2　ぼかした表現　133

3.2　主体性から見た知覚構文 ………………………………… 134

3.3　文化による思考様式が日英語に落とす影 ………………… 140
3.3.1　ウチとソト　140
3.3.2　We と You　142
3.3.3　語順　147
3.3.4　文順　149
3.3.5　連結辞　151
3.3.6　モダリティ　153

3.4　日英語の視点　ケーススタディ ………………………… 154
3.4.1　視点　155
3.4.2　off limits　157

第4章　比喩の働き　165

4.1　直喩において類似性が持つ機能 ………………………… 166
4.1.1　類似関係　166
4.1.2　比喩と比較　169
4.1.3　直喩の形式と意味　170
4.1.4　直喩による類似性の認知枠の強制　173

4.2　メトニミーの持つ認知内容発露機能 …………………… 175
4.2.1　表現の指示機能　176
4.2.2　メトニミーの持つ意味の記述　176

第5章　たたく行為をどう見るか　185

5.1　英語における二通りの目的語 …………………………… 187
5.1.1　二通りの目的語（タイプ A，B）　188
5.1.2　二通りの目的語（タイプ I～IV）　195
5.1.3　「ぶつかる」という事象における参与者　195

5.1.4　有意志性の高い表現　　　　　　　　　　　196
　　　5.1.5　有意志性の低い表現　　　　　　　　　　　209
　　　5.1.6　各タイプのまとめ　　　　　　　　　　　　212
5.2　事態把握のパターンと表現の対応関係　　　　　　　213
　　　5.2.1　文法関係　　　　　　　　　　　　　　　　213
　　　5.2.2　他動性の階層　　　　　　　　　　　　　　215
　　　5.2.3　他動詞構文のプロトタイプ　　　　　　　　217
　　　5.2.4　第1文型（S+V）と第3文型（S+V+O）　　218
　　　5.2.5　事態把握のパターンと表現の対応関係　　　221
5.3　英語における二通りの目的語と図地反転　　　　　　226
　　　5.3.1　図地反転　　　　　　　　　　　　　　　　226
　　　5.3.2　Talmyの図と地による分析　　　　　　　　227
　　　5.3.3　知覚心理学の「図地反転」とTalmyの分析の関係　230
　　　5.3.4　二通りの目的語と図地反転　　　　　　　　232

引用例出典・参考文献　　237
索　引　　255

第1章
現実のことば

　第 1 章では，理論的言語研究における形式主義と機能主義の対立的言語観や言語学観を念頭におきながら，機能主義に属すると考えられる語用論的観点から，日英語の実態を眺めることにする．

1.1 テクストのテクストたるゆえん

　1.1 では，まず形式主義と機能主義の違いに触れ，本書がよって立つ語用論と認知言語学，あるいは大きくとらえて広義の機能主義から見て親和性の高いテクスト特性の考え方について理解を深めておきたい．

1.1.1　形式主義 vs. 機能主義

　およそ 30 年前から，理論的言語研究における「形式主義（formalism）」と「機能主義（functionalism）」の対立がたびたび論じられてきた．それぞれに厳密な定義があるわけではない．また，どちらの立場に属する人々の場合も，それぞれ個人に独自の言語観や研究スタンスがあり，興味の対象や研究方法は実にさまざまである．その一方で，核心部分での言語観や言語学観となると，それぞれの立場に立つ人の間では共通点があるが，両者の間でそれを比較すると重要な違いが見えてくる．形式主義も機能主義も，そうした

意味での共有部分を軸にしてまとまりをなしていると考えられる理論的言語研究の姿勢をとらえるカバー・タームとなっている．

現代において最もラディカルな形式主義的言語学は N. Chomsky を中心とする生成文法（generative grammar）であろう．この理論では，ことばを発する人間の脳には言語能力が内在しており，言語学の目標はその言語能力の解明にあると考える．また，言語を自己充足的な記号体系であると見なす．文法はそれ自体が独立したものであると考えられ，観察される言語事実をその独立した文法の中に見られる原理のみで説明しようとし，統語論に研究の主眼を置く．こうした理解に基づいて，個々の言語の内部構造や形態を成り立たせる基盤として，その背後に存在する普遍的な規則や原理を見いだそうとする．

この言語理論においては，現実に交わされる会話は不完全かつ不十分な言語で，文法的研究の対象としては不適切であるとされ，本来対象とすべきものについては，次のように考えられている（Chomsky 1965）．

(1) Linguistic theory is concerned primarily with an ideal speaker-listener, in a completely homogeneous speech-community, who knows its language perfectly and is unaffected by such grammatically irrelevant conditions as memory limitations, distractions, shifts of attention and interest, and errors (random or characteristic) in applying his knowledge of the language in actual performance. (p. 3)

もちろん現実にはこのような「理想的な話し手・聞き手」はどこにもいないし，「完全に均質な言語社会」など存在しない．しかし，Chomsky が「彗星のごとく」現れて言語学史上まれに見る大転換を図るにあたり，非常に見通しの良い理論上の研究対象を提案したことの意義は大きい．当面の研究目標のために研究対象をこのように設定したからこそ，生成文法が今日のレベルまで成果をあげながら発展し続けていると見ることができるであろう．

一方，形式主義に対立する機能主義に立つ言語学と言われるものにおいては，さまざまなアプローチが存在する．自ら機能主義を看板に掲げているものもあるが，そうでないものも多い．一口に機能主義と言っても，それらの間で「機能」そのものの解釈にかなりの差異が見られる．それゆえ機能主義

的と呼ばれるさまざまなアプローチが，どの程度に同じ言語観や言語学観を共有していると言えるか，必ずしも一目瞭然というわけではない．

　構造言語学の流れの中でチェコの Vilem Mathesius が発起人となって 1926 年に呼びかけた言語学研究集会を出発点として創立され，1930 年代に言語学界において国際的にも多大な影響力をもったプラーグ学派は，自らを機能主義者 (functionalist) と呼んだ．このプラーグ学派には，ロシア革命のために亡命してきた Nikolai S. Trubetzkoy と Roman Jakobson が加わり，若き Bohumil Trnka や Josef Vachek なども参画して言語の伝達機能を重要視する集団となったのであった．機能主義はプラーグ学派においてすでに顕然としていたが，フランスの André Martinet でより鮮明になっていったと言えよう．また，機能主義を形式主義に対峙するものとして研究の軸としたのは Simon C. Dik の機能文法であろう．Dik (1978, 4-5) によれば，形式主義的立場では，「言語は文の集合であって，その主な働きは思想の表現である」と言うのに対して，機能主義的立場では，「言語は人間の社会的相互作用の道具であり，その主な働きはコミュニケーションである」と考えられている．それゆえ，コミュニケーションという営みが行われる際の道具としての働き，すなわち機能を追究することこそが，言語の本質の解明に資すると考えられている．そして，コミュニケーションという営みに注目することから見て当然のことながら，機能主義的立場では，自己充足的な体系としての言語ではなくて，現実の言語使用の場における言語活動に注目する．

　20 世紀半ばには，ロンドン学派の伝統を受け継ぐイギリス人 Michael A. K. Halliday によって選択体系機能言語学 (Systemic Functional Linguistics) が提唱され，今日も発展を続けている．これも，その名の通り機能主義の立場に立つ．言語使用を支えるコンテクストをいかに理論化するかに腐心し，コンテクストはそれを構成する 3 つの要素から成っていて，それらが言語の持つ別々の機能と深く関連していることを明らかにするなど，いくつかの新しい概念を用いながら言語の機能分析を精緻化している．

　最近では，後に述べる語用論や認知言語学においても，「談話機能主義アプローチ」(discourse-functional approach) とか「認知機能主義言語学」(cognitive-functional linguistics) のように機能主義との結びつきを強調した

研究姿勢もよく見られる．一般に語用論も認知言語学も，もともと核心の研究スタンスの中に，機能主義の考えに通じる部分を多く持っているのであって，そうした名称が使われるのは当然のことと思われる．なぜなら，語用論は，現実の言語によるコミュニケーションにおいてコンテクストの中で意味に関係するどのような現象が起こっているかを検討し，一般原則を求めようとする研究分野であり，また，認知言語学は，言語を使用する能力のことを，他の能力と切り離された特別な能力ととらえるのではなく，広く生身の人間が行うさまざまな精神活動の一つであるととらえ，言語の意味を重視しながら言語のあらゆる働きを説明しようとする基本的姿勢を持っているからである．

　このように，機能主義を広義に用いるならば，実にさまざまな研究アプローチがその立場に立っていると見ることができよう．これら機能主義的アプローチの間では，それぞれ機能の解釈や興味の置き所にいくらか差異があるとはいえ，形式主義的アプローチのように現実に存在しない「理想的な話し手・聞き手」の持っている抽象的構築物としての言語能力を解明しようというのではなく，現実の生身の人間の言語使用における機能を研究することに主眼が置かれている点は広く共有されている．また，現実の言語使用の目的がコミュニケーションにあると考える点でも一致している．そのことを踏まえて，現実にコミュニケーションという営みが全うされるためのテクストとはいかなるものであるか，ということを考えてみよう．

1.1.2　テクストとしてのまとまり

　言語がコミュニケーションの道具として用いられるためには，まず形あるものに作り上げられなければならない．その形あるものは，通常「テクスト(text)」と呼ばれている．話しことばにおけるテクストは，「談話(discourse)」と呼ばれることもあるが，ここではそれら二つを特に区別する必要がないので，当面「テクスト」という用語を用いておくことにする．O.E.D., s.v. "text" によれば，テクストの語源はラテン語にさかのぼり，原義は "that which is woven, web, texture," すなわち「織られたもの，織物」を意味する．言語学の用語としてのテクストは，ラテン語の原義がそのまま

生きて，ことばとことばがコミュニケーションのために織られてできたものを指す．典型的には文と文が織られてできたものから成り，文を越えた大きなサイズであることが普通であろうが，必ずしもそうでなくてもよい．テクストであるためには，「足下にご注意ください」というような単一の文であってもよいし，「注意！」というような単語だけであってもかまわない．

　ことばとことばが織られてテクストが作られるときに，文法は一見意味と独立していて，その果たす役割は，文に構造を与えるだけという限られたもののように思えるかもしれない．事実，20世紀中頃以降の言語学の歴史を振り返ってみると，初期の頃は「形式が異なっても意味は同じでありうる」という考えが広く受け入れられていたが，その後の研究により，この考えには無理があるという見方が生まれてきた．文が成り立つためには，意味も同時に考慮されていなければならないというわけで，文法と意味とがまったく独立して成り立っているのではなく，文法の中にすでに意味が深く関わりを持っている，という考えが生まれてきたわけである．

　しかし，このように，たとえ文法と意味とを考慮に入れたとしても，これではまだ，一応コミュニケーションの道具として働く可能性のある，構造と意味とを備えた文が出来上がったというにすぎず，コミュニケーションの道具として完全に機能することが保証されているわけではない．文法的に見ても，意味的に見ても，完璧な文でありながら，何を言おうとしているのか分からず，コミュニケーションの場では受け入れられないものもある．つまり，コミュニケーションの成否は，個々の文の成否だけによって決定されるわけではないということである．また，文がただ寄り集まりさえすればテクストが成立するわけでもない．ことばがテクストであるためには，何らかの要件を満たしていなければならない．

　では，コミュニケーションを成立させるテクストは，どのような条件を満たしていなければならないのであろうか．その点を 1.1.3 で考えてみよう．

1.1.3　テクスト性の七つの基準

　ことばがコミュニケーションの機能を果たすテクストとして成立するための要件を考えてみよう．そのことを考えるためには，コミュニケーションが

営まれているときに，個々の文がそれを取り巻くどのようなものとどのような関わりを持ってまとまりを成しているのか，逆にテクストとして成立しないのはどのような場合か，を考えてみるとヒントが得られると思われる．つまり，テクストとしてふさわしいものであるために個々の文は，コミュニケーションが営まれるときにその文とともに用いられる他の文や，コミュニケーションのコンテクストとの間に，どのような要件を満たしていなければならないのだろうか．また，忘れてならないのは，この関わり合いがコミュニケーションの営みの参画者たちによる現実のやり取りの中で行われるということである．それゆえ，現実のコミュニケーションの場における話し手と聞き手の働きにも注目しなければならない．ことばがテクストとなるにふさわしいいくつかの資格要件が満たされて初めて，言語がコミュニケーションの道具として機能することになる．そこで Beaugrande and Dressler(1981) は，「テクストとは，コミュニケーションのための出来事」であるととらえ，次のテクスト性 (textuality) を示す次の七つの基準を満たしているもの，と定義している (p. 3)[1]．

1. 結束構造 (cohesion)
2. 結束性 (coherence)
3. 意図性 (intentionality)
4. 容認性 (acceptability)
5. 情報性 (informativity)
6. 場面性 (situationality)
7. テクスト間相互関連性 (intertextuality)

以下では，それぞれの基準の特徴をまとめながら，それらがどのような言語現象と関係しているかを考え，さらに，それらの現象をどのように説明することができるかという点もできるだけ検討することにする．

まず，第1の「結束構造」と呼ばれる基準は，言語表現の表層レベルでの連鎖において，構成要素が相互に文法的依存に基づいてつながっているかどうかということを問題にする．したがって，これは言語の形式や構造に関わ

る基準である．例えば，英語においては語順をむやみに変えると，非文法的になるという不都合が生じることもあれば，文法的であってもまったく意味が変わってしまって，コミュニケーションに支障を来すということもある．後者の場合のように，文法的であっても支障を来すことがあるということは，テクストとしての要件が表層レベルの結束構造だけでなく，その他の要件も整っていなければならないことを示唆している．

　第2の「結束性」に移ろう．結束構造が表層レベルのまとまりを問題にしていたのに対して，結束性は，表層レベルの背後にある内容によって，首尾一貫性を持ってつながっているかどうかということに関係している．結束性が生まれる典型的な例は，(2)のような因果関係という関係によってまとまりが成り立っている場合である．この場合，因果関係が成り立っているのは，「風が吹く」という出来事が「揺りかごが揺れる」という出来事の原因であり，前者が，後者の出来事が生じるための必要条件となっているからである．

(2)　　When the wind blows, the cradle will rock;
　　　 When the bough breaks, the cradle will fall.

また，結束性は，(3)のように，理由という関係によっても生まれる．

(3)　　Ladybird, ladybird, fly away home!
　　　 Your house is on fire, and your children all gone.

最初に「テントウ虫，テントウ虫，家へ飛んで帰れ」と呼びかけ，それに続けて「お家が火事だ，子供たちはみな逃げたぞ」と声をかけている．表層レベルではそれだけのことであるが，二つの文がただ漫然と何の関連もないままに並べられているわけではない．確かに，表層レベルでは両者の間に理由を示すことばは含まれていない．しかし，両者の背後には，前者のように呼びかける理由が後者であるという関係が成り立っていることが読み取れることによって，テクスト全体のまとまりが生まれているわけである．

　結束性を生み出す構成要素間の関係には，このほか，時間的関係，条件，順接・逆接などさまざまなものがあるが，結束性は，ただ単にテクスト自身

が持っている特徴ということではない．むしろ，テクスト使用者が，そこにどのような首尾一貫性のあるつながりを認知するか，ということによって生じるものである．例えば，テクストの中でいくつかの出来事が羅列されているだけでも，結束性が生まれてくる．次のマザーグースに，そのような効果を感じることができよう．

(4) 　　This little pig went to market,
　　　　This little pig stayed at home,
　　　　This little pig had roast beef,
　　　　This little pig had none,
　　　　And this little pig went wee-wee-wee,
　　　　All the way home.

このテクストで明示されているのは，それぞれのこぶたが何をしたか（「買い物に行った」「お留守番をした」「ローストビーフをもらった」「何ももらわなかった」「ウィー，ウィー，ウィーと泣きながらお家へ帰った」）ということだけである．

しかし，このマザーグースは母親が幼児をあやしたりするときに口にする歌の一つで，母親は幼児の足の5本の指をこぶたに見立てながら，まず親指をつまんで "This little pig went to market" と歌う．次に隣の指をつまんで This little pig stayed at home と歌い，順に小指にいたるまでつまみながら歌っていき，最後のところで "wee-wee-wee" とこぶたの泣くまねをしながら子どもの足の裏をくすぐるのである．

こういう状況において歌われるのであるから，テクスト使用者がこのテクストから読み取るのは，ただそれぞれのこぶたが何をしたかということだけではあるまい．例えば，いずれも子どもにとって極めて日常性の高い出来事ばかりであるということを，テクストをまとめる全体の特徴の一つとして読み取ることが可能であろう．また，これらのことをしたのがすべてこぶたであるということも，テクスト全体のまとまりとして受け取ることが可能であろう．片方の足の指が5本から成っているのに合わせて，登場するこぶたも5匹であり，テクストにでてくる出来事全体が足の指の数と同じ数の出来事から成っていることは，幼児に足の指の数を意識させることだけでなく，テ

クスト全体にまとまりを与える役割を果たす点でも重要な意味があると思われる．

　テクストは，必ずしも，それ自体にすべてのことが明示されて初めて意味を持つとは限らない．テクスト使用者は，テクストに明示されている知識を，すでに自分が体験を通して蓄積しているこの世界についての知識と突き合わせることによって，そのテクストの持つ意味を読み取ることが可能になるのである．このようにテクストの結束性がどこから生まれてくるのかということを考えると，必ずしもことばの使用者と独立した形で言語に宿している特性ではないことが分かる．今見たような結束性がテクストに明示されているわけではない．そうではなくて，テクスト使用者がテクストを理解することによって，その中に結束性を感じさせるものを主体的に創り出して，それがまるでテクストにもとから存在していたかのように感じ取っている．このように，結束性は，テクスト使用者の認知過程を通して生み出され，引き出されると考えられる．

　第1の結束構造と第2の結束性は，あくまでもテクスト資料中心の概念であったが，第3の「意図性」と第4の「容認性」はテクスト使用者中心の概念である．そして，意図性は話し手のほうに関係するものであり，話し手の意図を明白に示すための配慮がなされながらテクストが作られているかどうかということである．一方，第4の容認性は聞き手のほうに関係するものであり，テクストを受け取るときにテクストに対して抱く聞き手の態度である．現実の発話は，舌足らずであったり，言い違えを含んだりして不完全なもののことも多いが，容認性は，発話者からの発話を完全なテクストとして成り立たせようと協力する聞き手の態度である．

　結束構造や結束性は，それが失われるとテクストからテクスト性が失われてしまい，コミュニケーションの場で機能しなくなる可能性の高いものと考えることができるであろう．しかし，たとえ結束構造や結束性が欠けていても，ちゃんとテクストとして機能することがないわけではない．それは，あえてそのような結束構造や結束性が欠けたテクストを提示するという，話し手の意図性が存在している場合や，親が幼児のことば使いを訂正してやろうとするときのような容認性が存在していて，テクスト使用者が強い寛容性を

働かせる場合である.

　第5の「情報性」は,テクストの内容が聞き手にとってどれほどの量の重要な情報を含んでいるか,つまり,どの程度予測可能か予測不可能か,あるいは,既知の情報か未知の情報か,ということに関係する.物事が重要であるかどうかを判断する認知活動は,言語のさまざまな現象にも関わりを持っている.久野 (1980, 1983a, 1983b) は,省略に関する研究の中で,談話における省略の適格性を決定する要因として,相対的重要度という概念が中心的役割を担っているとして,次のような制約を仮説として提出している.

(5)　省略順序の制約（修正）：省略は,重要度の低いインフォーメイションを表わす要素から,重要度の,より高いインフォーメイションを表わす要素へと,順に行なう.即ち,より重要なインフォーメイションを表わす要素を省略して,重要度のより低いインフォーメイションを表わす要素を残すことはできない.（久野 1983b, 120）

(5) を基にして,久野が説明する談話を見ておこう.「#」印は不適格文であることを示す.

(6)　Speaker A:　　Is it possible to go there on foot?
　　　Speaker B:　a.　Yes, it is possible to go there on foot.
　　　　　　　　　b.　# Yes, it is possible to go there Ø.
　　　　　　　　　c.　Yes, it is possible Ø Ø.
　　　　　　　　　d.　# Yes, Ø Ø on foot (but the train is more convenient).
　　　　　　　　　e.　Yes, possible (but not very wise).

([6] はすべて久野 1983b, 120-21)

　(6) の質問は,あそこへ歩いて行くことができるか否かを尋ねる文であるため, it is possible の部分が最も重要な情報を担っている.また,この質問は,バスや電車ではなくて,歩いて行くことができるかどうかを尋ねる文であるから, to go there の部分よりも, on foot のほうがより重要度の高い情報を持っている.したがって it is possible と, to go there と, on foot の三つの要素を,情報の重要度の高いものから順に並べると,次のようになる.

(7)　it is possible ＞ on foot ＞ to go there

(6a) は，省略がなく，(5) に違反していないため，適格である．しかし，(6b) は，on foot が省略され，それよりも重要度の低い to go there が残っていて，(5) に違反しているために，不適格文であると説明することができる．(6c) は，最も重要度の高い it is possible が残り，それよりも重要度の低いものが省略されているために，適格となる．(6d) は，最も重要な it is possible が省略され，それよりも重要度の低い on foot が残っているために (5) に違反しており，不適格と判断される．

このように，情報性はテクストの適格性を左右する要因の一つであり，久野の「省略順序の制約」は，その種の要因による文の適・不適を説明するものの一つとして有効と思われる．この制約は，われわれが持っている，情報の重要度を判断する認知能力を支えにして，省略に関する言語現象を説明しようとするもの，と言うことができる．

次に，この種の認知能力が，省略だけでなく，wh 疑問文に関連する現象においても働いていることを示しておこう．まず，次の疑問文を眺めてみよう．

(8)　What did John break?

(8) のような wh 疑問文において，話し手は，「ジョンが何かを壊した」ということをすでに知っていてこの疑問文を発している．話し手にとって，既知情報は重要度が低く，したがって，(8) においては，疑問詞 what が最も重要な情報を伝達している部分であると考えられる．これは，この文だけに限らずあてはまることであり，一般に wh 疑問文において，疑問詞がその他の部分よりもより重要な情報を担っているということができる．また，このことは，(8) が埋め込み文の一部となったときにも同じであり，一例としての (9) の場合にも，疑問詞 what が最も重要な情報を持っている要素となっている．

(9)　What do you think [John broke]?

ところが，興味深いことに，(9) の主節動詞が，think や say や know などのような，いわゆる架橋動詞 (bridge verb) の場合には適格文であるが，こ

れを complain や whisper や grieve のような非架橋動詞に替えると，適格性が低くなる．

(10) a. What do you say John broke?
　　 b. What do you know John broke?
(11) a. *What do you complain John broke?
　　 b. *What do you whisper John broke?
　　 c. *What do you grieve John broke?

架橋動詞と非架橋動詞とを比べてみると，例えば，非架橋動詞の complain は，"say in an annoyed, unhappy, dissatisfied way"（LDOCE², s.v. "complain"）という意味であり，架橋動詞の say だけでは意味を説明しきれない．ということは，架橋動詞の say よりも，非架橋動詞の complain の方がより多くの意味内容を持っているということである．それゆえ，(11)において，疑問詞の部分よりも非架橋動詞の部分に，より重要な情報が含まれていると解釈されやすい．ところが，そのことは(8)と(9)のところで観察した疑問詞についての重要度の原則に違反することにつながる．(11)の各文が不適格文と判断されるのはこの理由によると考えられる．

ちなみに，たとえ架橋動詞を使っている場合でも，(12)のように unhappily ということばを添えると不適格文になる．

(12) *What do you say unhappily John broke?

不適格文になるのは，架橋動詞 say に unhappily という副詞が加わることによって，非架橋動詞に相当する要素が出来上がり，それによって疑問詞よりも重要な情報を担った要素が含まれていると解釈されるようになったためと考えられる．

　第6の「場面性」は，テクストがその用いられている場面にどれほどふさわしいかということに関係する．書いてある内容がどんなに優れていても，小学生向けの掲示が大人向けの難解な文から成っていては，場面性の点で不適切である．また，映画の字幕スーパーは，たとえ台詞の内容が一部はしょられていても，台詞の内容を忠実に字幕にしてあるが一目では読めないほどの字数になっているよりは，場面性の点でより適切なテクストであると言え

よう．

　第7の「テクスト間相互関連性」は，あるテクストが，それが使用されている場に必ずしも存在しない別のテクストについての知識を要求することを意味する．例を挙げてみよう．

　(13)　……取り急ぎ，お返事まで．

「返事」を書くためには，返事を必要とするものがすでに存在していたはずである．つまり，返事が書かれる以前に相手から文書か何かの形でテクスト（便宜上「テクスト1」と呼ぶ）が届いていたはずである．そうでなければ，(13)のメッセージが返事のテクスト（便宜上「テクスト2」と呼ぶ）として成り立たない．また，テクスト2の受取人は「返事」がテクスト1に対するものであるという知識を持っていなければならない．このように，テクスト2は，テクスト1との関連性において，テクスト間相互関連性を持っていることになる．

　テクスト間相互関連性は，ことばのもじり（パロディー）にも見られる．次の(14)と(16)は，週刊誌の見出しから引用したものである．

(14)　HIGH SEAS
　　　Odd Carrier for a Harrier
　　　A plane near Spain falls strangely on the main (*Time*, June 20, 1983, p. 16)
(15)　The rain in Spain stays mainly in the plain. (Cukor 1964)
(16)　JAPAN
　　　No. 2, but Trying Harder
　　　Osaka attempts to change a backwater image for 21st century form (*Time*, February 5, 1990, p. 12.)
(17)　Avis is only No. 2. We Try Harder. (『英和商品名辞典』 s.v. "Avis")

　(14)は，奇妙なことに英国海軍の戦闘機が，スペインのコンテナ船上に，まるで航空母艦の甲板に着陸するかのごとく，不時着したことを報道したものであるが，この見出しの最終行を読む人には，映画 *My Fair Lady* (G. D. Cukor 監督) の中で，[ei]を[ai]と発音するロンドンのコックニー訛を直すために，音声学者ヒギンズ教授が，町娘イライザに発音練習のための教

材として与える (15) という文を連想することが期待されている.

　また，(16) は，江戸に幕府が置かれて以来，東京に対して日影の生活に甘んじてきた大阪が，21世紀をめざしてまき直しをはかるべく，巨大プロジェクトに着手したことを報じる記事である．その大阪の強い意気込みが "No. 2, but Trying Harder" の部分にこめられているわけであるが，この見出しには (17) を想起することが期待されている．(17) は，米国においてレンタカー業界第1位の Hertz 社に対して，第2位の Avis 社が挑戦して出した "Avis is only No. 2. We Try Harder." という広告のことばであり，これを見た Hertz 社がこれに応じて「われわれはなぜ1位か」という応戦の広告を出すなど，広告合戦をくりひろげた話が広く知られている．そこで (16) においても，第2位の地位にあるものが，1位をめざして一生懸命やりますという心意気のあることをテキスト全体に表すために，この Avis の広告文が下敷きにされているわけである．

　このように，(14) と (16) のテキストにおいては，それぞれ (15) と (17) という，コミュニケーションのその場には存在していない別のテキストとの関係づけが行われており，テキスト間相互関連性が，テキストとしての価値を高め，読者に面白みを提供するという重要な働きもしている．

　以上，テキストがコミュニケーションとして機能するために備えていなければならないとされる七つの基準について考えた．それら全体を眺めるとき，テキストをテキストとして成り立たせる要因の中で，いわゆる表層レベルで制御している部分がいかにわずかであるかということに気づかされる．形式は，実に七つのうちの一つ，つまり結束構造の部分を左右しているにすぎない．そのほかは，内容に関係したり，テキストの使用者たる話し手と聞き手の態度によって決まったり，情報量や場面での適切性，およびテキスト相互の関係であったりする．すなわち，テキスト性の大部分は，言語の機能に関係するものがほとんどであると言うことができよう．

　最後に，テキストであるための必須の要件ではないが，テキストとしてのまとまりを生み出す特性の中には，前記七つのテキスト性の分類に収まりきらないのではないかと思われる補助的なものがあることを指摘しておこう．

　次のテキストは，イギリスの中篇小説の冒頭近くからの一節である．

(18)　Joanna Childe was a daughter of a country rector. She had a good intelligence and strong obscure emotions. She was training to be a teacher of elocution and, while attending a school of drama, already had pupils of her own. Joanna Childe had been drawn to this profession by her good voice and love of poetry which she loved rather as it might be assumed a cat <u>loves</u> birds; poetry, especially the declamatory sort, excited and possessed her; she would <u>pounce</u> on the stuff, <u>play</u> with it <u>quivering</u> in her mind, and when she had got it by heart, she spoke it forth with <u>devouring</u> relish. (Muriel Spark, *The Girls of Slender Means*, 5)〔下線筆者. 以下同様.〕

　この小説は，第二次世界大戦における1945年5月のドイツ降伏から，同年8月の日本の降伏までの4カ月にわたって，ロンドンのある古いガタガタの女子寮で，そこに住む貧しい娘たちをめぐって展開する物語である．大戦の勝利を祝うために2度にわたってバッキンガム宮殿の前に集まる群衆の興奮の渦の間に挟まれて，この寮ではいくつかの事件が起こる．建物の裏庭にドイツ空軍の不発弾が落下して地下に埋もれていて，それがいつ爆発するかもしれない．そしてその結末の大爆発のあと，天井にある古い窓から屋上に脱出する寸前に，倒壊する建物とともにジョアナという娘は死んでいく．暗示の多いこの小説は，極めて周到に計算されて書かれており，最期にジョアナが受難を被ることは，物語の途中においても，彼女が朗読するGerard Manley Hopkins の詩が伏線となって，繰り返し予告されている．

　このように，ジョアナの詩の朗読は，この小説の中で極めて重要な意味を持つものである．それゆえ，ジョアナが初登場する上記の引用部分は，この娘が詩の朗読と深いつながりがあり，またいかに詩を朗々と歌いあげるかということを読者に印象深く知らしめるべき箇所と言えるであろう．ジョアナは詩が好きであるということが紹介されるが，まず，その好きだというのも，猫が小鳥を好く (love) ような，そういう気持ちに似ていたという説明が与えられる．そして，それに続く部分で，朗々と歌いあげるような詩にすっかり感激し，魅了されると，詩に「とびかかってつかまえ (pounce)」，「小さくふるえる (quiver)」，相手を心の中で「もてあそび (play)」，そして暗記してしまうと，それを「むさぼり食う (devour)」ように楽しみながら

暗唱したという描写が加わる．ここに pounce, quiver, play, devour という動詞がちりばめられているが，「猫が小鳥を好く (love) ような」という部分との縁語の役割を果たしている．こうすることにより，ジョアナが詩を好んで朗唱する様子が，まるで猫が小鳥を好いて相手にするときの描写を感じさせながら，しかも全体にテクストとしてのまとまりを作り上げながら，生き生きと描かれている感じを与える効果を生んでいる．このように縁語は，テクストを成立させる必須要件ではないけれども，それによってテクスト性を強める働きをするものと言えそうである．

1.2 語用論的知見

1.1 では，機能主義と親和性の強いテクスト特性のとらえ方に触れた．1.2 では，機能主義に基づく語用論的研究姿勢の流れに触れながら，抽象レベルのことばでなく，現実のことばを研究対象にすることによって言語に対する理解を深める意義を確かめておきたい．

1.2.1 生成文法と語用論

生成文法において，「言語を知っている」という精神の状態を分析するときに，それをいくつかの部門に分解してとらえ，特に「文法的能力 (grammatical competence)」と「語用論的能力 (pragmatic competence)」とを区別して考えることが，意味のあることであると考えられてきた．文法的能力とは，言語のさまざまな統語構造や，音韻パターンあるいは意味パターンを形成し，人間言語の豊かな表現力を与えてくれる諸規則に関する知識から成っている．つまり，文法的能力は，文の物理的形式と意味に関する知識に限定して考えられている．そしてこの文法的能力を表現するものが文法である，とされている．一方，語用論的能力とは，いろいろな目的に応じて，適切な言語使用をするための条件と，そのような言語使用のしきたりとに関する知識である，と考えられている．すなわち，ある文をいかなる条件下で用いるべきかという知識と，与えられた社会的条件下で文を適切に使用すればどのような意図や効果が達成されるか，というようなことに関する知識のことである．

生成文法においては，文法的能力の解明が先決であるとされ，語用論的能力の解明は先送りにされてきた．そして，文法的能力を説明しようとする過程において，例えば，ある与えられた文が，形式や意味を説明するために設けられた文法上の諸原理の予想に反して，母語話者から文法的あるいは非文法的であると判断されるような場合に，この文の文法性は語用論的な要因によるものであるとして，説明の担当責任をそちらまかせにして脇へ押しやられたまま放置されることもあった．生成文法が初めて提案された頃の言語学界の時代背景を考えると，理論の発展のために当然であったとも思えるが，その結果，文法的能力として説明することができないという不都合を，とりあえず回避するための「くずかご」的存在として利用されてきたと批判されたこともある．
　こうした説明の便法が許された第1の理由は，生成文法理論では，人間の精神をモジュール的なものとしてとらえ，それを説明する文法機構もモジュール的なものから成っているとされているからである．人間の精神がモジュールを成しているというのは，人間の精神が言語能力，視覚体系，信念体系など，さまざまな認知能力を基本とした，はっきり区別されるが相互に作用し合う諸体系から成っていると考えられているということである．また言語能力自体も，文法的能力と語用論的能力とがモジュール的であるとされている．さらに，言語能力を説明する文法の機構も，相互に自律的ないくつかのモジュールから成っている，とされている．しかし，Chomskyも認めているように，モジュールを構成する要素がどのようなものであるか，あるいはそれらがどのような性格を持っているかというようなことは，いまだ明確でない経験的な問題であって，経験的な研究によってしだいに明確にされていくべきものである．したがって，生成文法のようなモジュール的アプローチを採るならば，そして，そのようなアプローチが正しいということが保証される限りにおいて，ある文の文法性の判断の要因を他のモジュールに割り当てることが可能であるということが言えるだけであって，経験的な研究の結果，モジュール的アプローチが退けられるならば，このような説明のしかたは意味を失ってしまうことになる．モジュール的アプローチが妥当か否かの判断は，今後の研究に託されている．

観察される言語現象がかなり複雑に見える理由は，それぞれが独自の抽象的構造を持ち，部分的に独立した下位理論の相互作用にあると見なされるからである，と考えること自体は，その相互作用にいたるまでの解明がなされるのであれば問題はないであろう．しかし，一部のモジュールだけの解明を急ぐあまり，不都合な言語現象の説明担当部門を，他のモジュールに転嫁しておきながら，いつまでも転嫁先のモジュールの研究がなおざりにされたのでは，とても相互作用の解明まで望むことはできない．いたずらに問題解決が先送りされるだけである．もっとも，言語というものは何十年という程度の期間で，その全貌を解明しきれるとは思えない．今後に期待したい．

　第2の理由は，生成文法が，理想状態の話し手と聞き手を前提として文法的能力の解明を目指してきたことによる．一般に，科学というものが成立するために必要な，基本的な条件の一つは，理想化された状態を仮定して抽象化を行うということである．偶然的な不純物が混在したままの状態では，研究を始めようがないからである．そこで，生成文法の初期の段階において，文法と特に関係のない条件，例えば，記憶の限界であるとか，気が他へ散っているとか，注意や関心の移行などによって影響されていないというような，理想状態の話し手と聞き手の内在的言語能力を記述することが，文法が目指す目標とされた．初めから偶然的な不純物を持ち込んで研究したのでは，いたずらに混乱を招くだけであることは明白であるから，このような理想状態を仮定して研究が進められたことの意義は，十分に大きかった．しかし，このことは，不純物が言語研究にとって意味を持たないということを意味するわけではない．また，どこまでが不純物かということも，初めから決まっているわけではなく，経験的な研究によって明確にされていく性質のものである．事実，生成文法が，理想状態を仮定するという方法をとったからこそ，その問題点の所在をはっきりさせることができたと考えることができよう．後に見るように，語用論研究が本格的に行われるようになったのは，1970年代に入ってからであるが，これは生成文法による研究が，Chomsky(1965)を経て，理論的にも精緻なものとなってから後のことである．しかも，Chomsky(1981)を経てGB理論となり，さらにミニマリストプログラム(Minimalist Program)という名のもとに行われている生成文法の長期にわた

る発展があった後にも，ますます盛んになっている．このことは，Chomsky 自身が語用論研究の先頭に立ったことがないにもかかわらず，現在の語用論研究は，生成文法があったからこそ生まれた，ということを物語っている．

このように文法の説明に際して不都合な言語現象が見られたときに，語用論へ説明をたらいまわしにすることが許された理由が二つあるが，このような便法の最も大きな問題点は，母語話者の言語直観を正確に説明し，内在的言語能力を正しく記述する記述的妥当性を達成しようとする指向性から，実質的に大きく外れてしまうことにもなるという点である．母語話者の言語直観というものは，総体的かつ統合的なものであって，統語構造や，意味や，コンテクストなどが，都合よくモジュール的に取り出すことのできる分解可能なものではあるまい．与えられた文がコンテクストの中でどのような意味を持つか，コンテクストが変われば意味がどのように変わるか，与えられた条件のもとで文を適切に使用することによってどのような意図や効果が生まれるのか，というような語用論的な知識も，母語話者の極めて重要な言語直観であり，したがって，記述的妥当性を満たすべき文法記述の研究にとって，欠かすことのできないものである．

一般に，語用論が，くずかご的に用いられたことがあったことからもうかがえるように，研究の対象が，理想状態の言語ではなくて，偶然的な要素が混入している言語の場合には，その混入の度合いが高くなればなるほど，それだけ言語分析に大きな困難が伴うことになる．何が語用論的能力であるのかとか，どのような切り口でそれらを分析することが必要なのか，またどのように定式化すればよいのか，というようなことを決定することが極めて難しい．語用論の研究も，そのことを反映するかのように，実に多種多様なものが現在までに提案されており，以下ではそれらの主要なものについて整理し，それぞれの理論の相互関係を少しでも明らかにしてみたい．

1.2.2 語用論の名称の由来

もともと'pragmatics'という用語は，Morris(1938) の中で，記号論 (semiotics) の用語として用いられたものである．Morris によれば，記号論は三つの部門から成り，それらは，記号と記号の相互関係を扱う「統辞論」(syntactics)

と，記号とその記号が適用される対象との関係を扱う「意味論」(semantics)と，記号とその解釈者（すなわち使用者）との関係を扱う「実用論」(pragmatics)であると規定された．そして，これらはそれぞれ今日の言語学の統語論(syntax)，意味論(semantics)，語用論(pragmatics)に相当する．英語では，記号論においても言語学においても，同じ 'pragmatics' という術語が用いられるが，日本語では，記号論の術語としては「実用論」が，言語学の術語としては「語用論」が用いられることが一般的である．Morris 以後，記号論で問題とされたのは，もっぱら統辞論と意味論であって，実用論が具体的分析を基にして真正面から研究されたことは，なかったようである．

　Morris の3分野は，さらに，Carnap(1942)などの論理実証主義者によって受け継がれていった．その後，言語学にも登場するようになったが，Chomsky(1957)が出現した段階では，まず統語論が研究の中核とされ，やがて，意味論にも関心が向けられるようになっていったが，さらに語用論にも注目が向けられるようになったのは，1960年代の末期，あるいは1970年代に入ってからであった．

1.2.3　語用論の研究対象

　言語学において，語用論(pragmatics)という術語が確立したからと言っても，その術語がどのような概念を示すものであるかという点について，諸学者の間で明確に意見が一致していたわけではない．言語活動の不純物を取り扱う分野であることを考え合わせるならば，無理からぬことなのかもしれないが，そのままではあまりに不便なために，国際語用論学会(International Pragmatics Association [IPrA])において，語用論の分野で用いる概念規定等を掲載した *The Handbook of Pragmatics* という手引きを出版するためのプロジェクトが組まれ，1995年以降毎年出版されているほどである（例えば，Verschueren, Östman, and Blommaert 1995)．

　後ほど，これまでに提出されている語用論関係の理論をいくつか取り上げるが，それに先立って，それらすべてにおいて何が研究対象となっているかを再確認しておきたい．すでに触れたとおり，語用論は，現実の言語による

コミュニケーションにおいてコンテクストの中で意味に関係するどのような現象が起こっているかを検討し，一般原則を求めようとする研究分野である．したがって，語用論においては，抽象的な架空の言語ではなく，コンテクストの中での現実に使われていることばが研究対象となる．

1.2.4　意味論と語用論

　語用論が問題にする言語事実は，われわれがごく普通の日常生活の中で言語を使用するときに，絶えず遭遇することがらである．例えば，「何か書くものをお持ちですか」と言うことによってペンを貸してもらったり，「ここは暑いな」と言うことによって相手に窓を開けさせたり，「あの人はお偉い人だ」と言うことによってその人のことをさげすんだりすることは，すべて語用論の対象となる言語事実である．これらに共通しているのは，「あることを言い (say) ながら別のことを意味して (mean) いる」ということである．

　意味論も語用論も，どちらも意味を問題にするが，意味論と語用論では，扱う意味のレベルが異なる．Leech(1983, 6) は，一つの言語表現 X に関して，2 種類の異なるレベルの意味があることを，同じ mean という語の二つの異なる使い方を利用しながら，(19)(20) のように分かりやすく説明している．

 (19) What does X mean?
 (20) What did you mean by X?

意味論で扱われるレベルの意味は，(19) のように，言語表現 X と，それが特性として持っているものとの，2 項関係としてとらえられるものであるのに対して，語用論で扱われる意味は，(20) のように，(19) の関係にさらに言語使用者が加わって，3 項関係としてとらえられるレベルの意味である．すなわち，特定の場面における話し手との関連で決まるレベルの意味である．その人がどのような意図で X と発話したのかということが問題にされる．一方，意味論における意味は，特定の場面での話し手や聞き手は捨象されて，純粋にその言語においてその表現が特性として持っている，辞書的意味によって定められる．そこで，意味論が扱う意味は，文字どおりの意味

(literal meaning)と呼ばれ，それに対して語用論が扱う意味は，意図された意味(intended meaning)，または伝達された意味(conveyed meaning)，あるいは含意(implicature)などと呼ばれる．

　もう少し視野を広げて，これら二つのレベルの意味の位置づけをしておくと，先に触れた生成文法など，文法が研究対象とする最大の言語単位は文(sentence)であり，文法では，文の文字どおりの意味が扱われる．この点は，文法の一部を担う意味論においても同じことである．文は，それが実際に用いられるか否かに関係なくある種の意味，すなわち文字どおりの意味，を持っている．これに対して，文が具体的な特定の場面で用いられると，それらは発話(utterance)と呼ばれ，語用論が研究対象とする言語単位となる．発話は，当然のことながら，発せられなければ存在しえないのであり，それが持つ意味にはコンテクストが深く関わっている．この発話の持つ，コンテクストがらみの意味が，意図された意味などと呼ばれるものである．

　このような二つのレベルの意味が生じてくるのは，言語体系の中で言語表現に定められている意味の他に，その言語表現が具体的な場面で用いられ，そこに生身の人間が関与してくるからである．話し手としての生身の人間は，自分の発話内容に関連して持っている信念や，発話の場面についての状況認識や，聞き手について当然のことと思って仮定していることや，社会的・文化的背景知識などをよりどころにしながら発話をする．そして，聞き手も，発話内容についての信念，状況認識，話し手についての当然の仮定，背景知識などを頼りにしながら話し手の発話を理解する．こうした話し手と聞き手が持っている，発話内容についての信念や，状況認識，発話関与者についての当然の仮定，背景知識などをまとめて発話の「コンテクスト」と呼ぶならば，語用論は，発話の意味とコンテクストとの関係を明らかにしようとする分野である，と言うこともできる．すなわち，語用論は，発話とそれが行われるコンテクストから，話し手と聞き手の間で，取り出される意味と機能を研究する分野と言うことができる．コンテクストの中身が多岐にわたるだけでなく，語用論で取り上げられる具体的問題も，会話の含意(conversational implicatures)，前提(presupposition)，発話行為(speech acts)，談話分析(discourse analysis)，ポライトネス(politeness)，直示(deixis)をは

じめ，語用論がいろいろに応用されたものまで，非常に多岐にわたっている．

1.2.5 談話分析と会話分析

　言語学の用語としての「談話」(discourse) は，コミュニケーションの単位を表す概念として用いられる．コミュニケーションには人が参与するため，談話という概念を明らかにするには，ことばの分野の研究においても，人々がどのような人間関係や社会関係を築き，どのような活動をするのか，といったことに対する理解も必要となる．むろんことばの分野以外の人文・社会科学領域においても談話という概念が用いられて研究が行われているが，それぞれ言語学とは異なった意味で用いられているようである．

　文法においては一般に，文が研究対象の最大単位であるのに対して，語用論では発話が最大単位である．そして，文と発話を比べると，発話においては，1.2.4 で述べた意味でのコンテクストが，分析対象として関与するという大きな違いがある．しかし，長さという観点から見ると，発話は，文と同じ長さのものである場合もあれば，文を越えて複数の文が連鎖を成している場合もある．したがって，文と談話の差は単なるサイズの差ではなく，質的な差であるということになる．また，たいていの場合に，発話は単一で用いられるのではなくて，発話の連続体として用いられる．しかし，発話が連続していさえすれば談話が成立するわけではない．

　こうした談話の諸相を分析しようとする研究方法を，大まかに二つに分けることができるであろう．第 1 は，談話分析 (discourse analysis) と呼ばれるものである．母語話者が発話の連鎖に接するとき，それらが全体でまとまりを成す統一体であるか，それとも何の関連もないばらばらな文の集合か，ということを見分けることができる．そのことに注目して，具体的なコンテクストの中で用いられた，まとまりを成す統一体（これを指して「談話 (discourse)」あるいは「テクスト (text)」と呼ぶ）へ関心が向けられるようになった．母語話者には，文について文法的かそれとも非文法的かという文法性 (grammaticality) の判断をする能力があるのと同様に，発話の連続体について，それが統一体を成したテクストあるいは談話になっているかどうかというテクスト性 (1.1.3 で既述) の判断をする能力が備わっている．す

なわち，生成文法で言う文の生成において，統語規則や意味規則など，ある種の規則が破られると文法的な文にならないのと同様に，発話の連続体を全体としてまとまりのあるテクストあるいは談話たらしめるために，守らなければならない諸条件がある．談話分析とは，談話にはどのような単位があるか，そして発話の連鎖を談話たらしめる諸条件がどのようなものか，ということを分析抽出して定式化しようとする演繹的，理論的な分析方法である．

談話分析と呼ばれる分野の範囲は必ずしも明確でないゆえに，広義に解釈されることも多く，テクスト言語学者（van Dijk [1972] や Beaugrande and Dressler [1981] など）だけでなく，Sinclair and Coulthard (1975)，Longacre (1976)，Labov and Fanshel (1977) などのように，談話をコミュニケーションの場としてとらえ，後出の発話行為を軸として言語使用者の行動まで含めた形で記述しようとするものもある．

談話の研究方法の第2は，会話分析（conversation analysis）と呼ばれ，社会学者の Harvey Sacks を創始者として，Emanual Schegloff, Gail Jefferson, Anita Pomerantz などが中心になって社会学のエスノメソドロジー（ethnomethodology）をもとにして研究しているもので，会話として用いられている現実の会話記録を対象にして分析するが，談話分析のように理論化を目指すというよりも，経験的な実験的な分析方法を用いるものである．自然に交わされた数多くの会話記録を分析して，その中で繰り返し現われるパターンを観察する．したがって，研究方法は基本的には帰納法が用いられる．また，この方法では，直観による判断は，頼りにならないため，できるだけ避けられる．

このように談話分析と会話分析は，ねらいも方法もかなり異なるものであり，互いに相補関係にあると思われる[2]．

1.2.6　60-70 年代の語用論

言語学の中に語用論を一分野として確立するうえで基礎的な貢献をしたのは，哲学の分野からで，John L. Austin に端を発しその弟子 John R. Searle によって確立した発話行為理論（Speech Act Theory）と，H. Paul Grice の会話の含意に関する研究であった．

発話として何かを言うということは，何かを記述するという働きをしているだけでなく，発話を行うこと自体が何らかの行為を遂行していることにもなるという考え方を初めて示したのが，イギリス日常言語学派の Austin (1962) である．Austin (1962) は，第 1 講義の章で，(21) の各例を示しながら，すでに成立済みの状況を描写するのでなくて，その文を口に出して言うことによって状況が成立するような種類の文が存在すること，つまり，その文を発することが，その文に記されている行為を行うことにほかならないような文があることを初めて指摘した．例えば，(21a) の文を発すること自体が，命名という行為を遂行することになり，(21b) の文を発すること自体が，遺贈という行為を遂行することになる．そして，発話がこのような，口に出すことが行為遂行的 (performative) なものと，事実確認的 (constative) なものに分かれることを指摘することから発話行為の論を説き起こしている．

(21) 　a. 　I name this ship the Queen Elizabeth.
　　　　　　（ただし，瓶を船首にたたきつけながら言われた場合）
　　　b. 　I give and bequeath my watch to my brother.
　　　　　　（ただし，遺言状に記されている場合）
　　　　　　　　　　　　　　（[21] は 2 例とも，Austin [1962, 5] に基づく）

　そして，事実確認的な機能を果たす文については，真か偽かの基準によって真理値を与えることができるが，行為遂行的な機能を果たす文には，真偽の基準をあてはめることができないということ，また，その種の文について問うことができるのは，ある種の条件が整っているかいないかの問題であることを指摘した．そして，Austin は，真偽の基準に取って代わって行為遂行的な機能を果たす文にも問うことのできる条件として，適切性条件 (felicity condition) と呼べるものがあり，発話が適切か不適切かは，その発話が適切性条件と言われるいくつかの条件を満たしているかどうかによって判断されることを示した．それまではすべての命題に真理値を与えることができると考えられていたので，Austin の指摘したことは驚くべき事実であった．

　われわれ人間がこの世で行う行為には，肉体的行為と精神的行為の他に，

発話行為 (speech act) と呼べるものがある．Austin は，このように発話することを行為という観点からとらえ，発話行為を発語行為 (locutionary act)，発語内行為 (illocutionary act)，発語媒介行為 (perlocutionary act) の三つに分類した．

　発語行為とは，何らかの言語表現を発する行為そのもののことを言う．

　発語内行為とは，発語行為を介して (つまり何らかの言語表現を発しつつ) 実は何か別次元の行為が遂行されることを言う．一般に，発語行為を介して，命令，依頼，約束，脅し，質問，断定など，「発話の力 (illocutionary force)」を伴う行為が遂行される．そのときの命令，依頼，約束等，後者のタイプの行為が発語内行為に相当する．

　また，発語媒介行為とは，この発語内行為を介して何かを言うことにより，結果としてさらに何らかの発話の効力を生み出す行為のことを言う．発語内行為の遂行は，通常，聞き手の側の感情や思考等に何らかの二次的な効力を与えることにつながる．それゆえ，話し手が，そうした効力を生じさせる意図をもって，発語内行為を行うことも可能である．

　言語学のトピックとして注目されたのは発語内行為であり，特に「命名する」「約束する」などの遂行動詞を含んだものであった．Austin (1962) は，発語内行為についての検討を進めた結果，第 11 講義において，行為遂行的でなく，事実確認的な機能を果たす陳述文でさえも，発語内行為の性質を持ち合わせていることを指摘し，最初に示した事実確認的と行為遂行的の区別は正しくないという結論に至っている．そして，このことは，われわれが何かを言うときには，つねに顕在的にせよ潜在的せよ，発語行為と発語内行為を行っていることになるということを意味している．この一般化は，その後，生成意味論 (generative semantics) に影響を与えることになり，Ross (1970) の遂行分析 (performative analysis) を産み出すきっかけになった．Searle (1969) は，Austin の言語と行為に関する分析を継承して，これを理論的に体系化した．特に，発語内行為とその効力の概念を明確化し，発語内行為が効果的に遂行されるために満たさなければならない条件をてこにして，各種の発語内行為の分類を試みた．

　Grice (1967) も Austin や Searle と同様に，発話の持つ論理的な意味と，

発話の現場で伝達される意味とがどのように違うかという点に注目した．しかし，AustinやSearleが，行為という観点から発話をとらえようとしたのに対して，Griceは，発話において「言われていること（what is said）」と，それを発話することによって「意図されていること（what is meant）」との違いに着目し，前者から後者が導きだされるメカニズムをとらえようとした．日常の会話において，言われていることから，意図されていることを得ようとする過程において推論がなされるが，そのとき会話の当事者は，話し手も聞き手も，ともにある種の共通の前提に立っているからこそ会話が進行しているはずである．Griceは，会話においてよりどころとなっている共通の前提を，「会話の原理」という形で抽出した．その中で提案された最も基本的な原理が，「協調の原理（Cooperative Principle）」と呼ばれるもので，「自分の話すことが，発話の時点において，その会話の目的や方向によって要求されているものに沿うようなものであるようにせよ」という内容のものである．この原理には，さらに下位原則として次の四つの公準があるとされた．

(22) a. 量の公準（maxim of quantity）
    1. （目下の会話の目的のために）必要とされる限りの情報を提供すること．
    2. 不必要な情報を提供しないこと．
  b. 質の公準（maxim of quality）
    1. 自分で偽りであると信じていることを言わないこと．
    2. 十分な証拠のないことを言わないこと．
  c. 関連性の公準（maxim of relevance）
    関連のあることを言うこと．
  d. 様態の公準（maxim of manner）
    1. 紛れのない言い方をすること．
    2. 二通りにとれるようなことを言うな．
    3. 簡潔な言い方をすること．
    4. きちんと順序だてて言うこと．

後にLeech（1983）は，Griceの協調の原理をも包含する「対人関係的修辞（interpersonal rhetoric）」という名称の大きな体系を確立することを目指し，協調の原理を補う原則として，丁寧さの原則，アイロニーの原則などを含めている．このようなGriceの原理への修正案がいくつか提出されている

が，こうした種類の原理や原則が，日常の会話における言語使用の現象を説明するうえで有効であることは，一般に広く認められるに至っている．

70年代以降の語用論に含めることができるものとして，言語の伝達機能を重視するプラーグ学派のFirbas (1964) の影響を受けた，久野暲の機能的構文論 (Functional Syntax) がある．これは，Kuno (1972, 1975, 1987)，久野 (1978) 等によるもので，従来の言語研究，特に生成文法では純粋に構文法的な言語研究が偏重され，実際には，言語現象のある部分が，非構文法的な要因，すなわち談話法的要因によってコントロールされているにもかかわらず，誤って構文法的規則でとらえようとされていることを指摘し，談話法的規則によって統語現象を説明することを試みている．形式主義と機能主義の観点から見ると，両者にまたがった立場と見ることができよう．

1.2.7　80年代以降

80年代に入ると，70年代からの語用論研究をさらに発展させた形の関連性理論 (relevance theory) や，認知言語学 (cognitive linguistics) など，多彩な新しいモデルが出現して今日に至っている．

まず，Sperber and Wilson (1986) の関連性理論は，Griceの関連性の公準を重視して開発されたもので，発話の解釈能力を説明しようとする理論である．この理論では，発話をするということは，同時に，話し手がその発話を聞き手にとって最適の関連性のあるものと見なしていることを伝達する，ということが保証されているとする「関連性の原理」が立てられている．人は誰でも，物事について何らかの想定 (assumption) を持っている．そして，聞き手が話し手の発話を解釈するときによりどころとする想定の集合をコンテクストと呼ぶならば，ある情報が，与えられたコンテクストの中で関連性のある情報であるとされるのは，その情報とコンテクストが一定のやり方でからみを持ち，それによって，コンテクストに何らかの影響をもたらす（これをコンテクスト効果 [contextual effect] と呼ぶ）ときである．コンテクスト効果には，聞き手に新たな想定を与える場合と，聞き手がそれまでに持っていた想定を修正・強化する場合と，聞き手がそれまでに持っていた想定を覆してしまう場合の3種類があると考えられている．一般に，発話が

聞き手に与えるコンテクスト効果の度合いが大きければ大きいほど関連性が高く，解釈のための負担量が減少するという関係にある．すなわち，関連性は，あるかないかという性質のものではなくて，高いか低いかという性質のものである．

　一方，認知言語学の最大の魅力は，言語学が本来持つべきでありながら従来活用されなかった切り口を使いながら言語に迫ろうとする点であろう．すなわち，人間の言語活動が，われわれの考え方，イメージ，経験，知覚等と切り離せないものであり，言語の働きの最も重要なものが意味であるにもかかわらず，Ferdinand de Saussure 以来の言語学が，意味の問題を中核に据えた言語モデルを避けてきたのに対して，言語も思考や行動を律しているのと同じ概念体系に基づくものである，との認識のもとに言語学を構築しようとするアプローチに，学際的な強い関心が寄せられている．こうしたアプローチを，広く認知言語学と呼ぶ．1980 年代初めの Lakoff and Johnson (1980) によるメタファー研究にその萌芽が見られるが，主要な研究は，Langacker (1987, 1991) の認知文法 (cognitive grammar)，Lakoff (1987) の認知意味論 (cognitive semantics)，Fauconnier (1985) のメンタル・スペース理論 (Mental Space Theory) などがある．これらは，いずれも，言語使用をも射程内に入れた意味論を抜きにして統語論を語ることができない，としていることからも明らかなように，語用論をも包含する柔軟な理論である．

1.2.8　語用論的知見の必要性

　言語学の一分野として語用論の地位がますます高まってきたことは，これまで見たところからも明らかであるが，語用論の研究が，記述的妥当性を満たす文法を構築するために欠かすことができないというだけでなく，その研究過程で得られた語用論的知見が外国語教育の中でも生かされることが望ましい．こうした認識のもとに，英語を外国語とする人のための辞書の記述の中に，語用論的情報が本格的に取り入れられたのは，おそらく *Longman Dictionary of Contemporary English*, 2nd ed. (1987) が最初であろう．この辞書の前書きの役目を果たしている Leech and Thomas (1987) で指摘されている具体例の一部を紹介しておこう．

まず，イギリスの学校で先生が生徒に向かって，次のように言うことは珍しくないようで，

(23)　James, would you like to read this passage?

この文は質問の形式をとっているが，先生はジェームズに希望を尋ねているわけではなく，読みなさいと言っているのである．しかし，このような英語について語用論的知識のない外国人生徒は，先生の言った (23) の意図を誤解して，(24) のような不適切な返事をしてしまうことも考えられ，その結果，先生に，失礼だとかあるいは悪い冗談だと思われかねないというのである．

(24)　No, thank you.

また，英語の please は，例えば，ドイツ人はドイツ語の *bitte* と，日本人は日本語の「どうぞ」とまったく同じだと思って誤解しやすく，不適切な英語を使ってしまいやすいことが指摘されている．Please は，本来，話し手に利益をもたらすために聞き手に「依頼」するという発話行為を行うときに，丁寧さをそっと添えるために用いられるものであり，please を使ってしまうと，使わない場合よりもかえって丁寧さが失われることがあるから，注意が必要だというのである．例えば，(25) は，会社にお見えになった大事なお客様に向かって言うよりも，むしろ学校の先生が，言うことを聞かない生徒に向かって言うときに使いそうな表現だというのである．Please は「勧誘」という発話行為を行うためではなく，あくまでも話し手のために「依頼」するときの表現であるから，「お願いだから座ってちょうだい！」というような気持ちで用いるときにはふさわしい表現なのであろう．また，大事なお客様に向かってこのように言うと，例えば，「(邪魔だから) 座っていただけませんこと」というような失礼な，あるいはけんか腰とさえ感じさせる言い方として受け取られる恐れがあると思われる．

(25)　Will you please sit down?

また，Mind your head というのは「頭をぶつけないように気をつけて」と

いう趣旨の「注意喚起」である．それゆえ聞き手のためを思って言うのであって，話し手のために言う表現ではない．そこで，話し手のために行う「依頼」を表す please をつけた (26) は不適切な表現となる．(26) のように please をつけると，例えば，「(けがでもされたらこちらが困るから)頭をぶつけないように気をつけてくださいよ」というような，失礼なことを言っていると解釈される恐れが出てくると考えられる．

(26) Mind your head, please.

　外国語習得において語用論的知識が欠かせないことは，英語以外の言語についても同様である．これは1993年7月に神戸で開催された国際語用論学会の会場で紹介された，あるアメリカのホテルでの実話である．そのホテルにはアジアからの旅行者が多いと見えて，部屋に入るとテーブルの上に，長旅の疲れを当ホテルで癒してくださいという趣旨のメッセージカードが，英語だけでなくアジア各国語で書かれて置いてあるという．その中に日本語のメッセージも含まれているが，何とそこに書いてあることばは，「安らかにお眠りください」だというのである．確かに文字どおりには，ホテルが意図しているように，ゆっくりお休みになって旅の疲れをとってくださいという意味である．しかし，日本語母語話者なら知っているとおり，この表現は，葬式などで死者に弔意を表すことばであるから，ホテルの客室で客を迎えるメッセージとしては不適切で，不気味ささえ感じさせる可能性があろう．この話が紹介されると，次の瞬間，会場全体が笑いの渦となったが，この話には学ぶべき教訓が含まれている．言語の習得には，統語論的知識や意味論的知識だけでなく，どんな表現がどんなコンテクストにふさわしいか，あるいはふさわしくないか，というような語用論的知識の獲得も欠かせない．しかし，その種の情報を得ることが外国語の場合にいかに難しいかということを思い合わせると，ただ笑ってばかりもいられない．今後，語用論研究がますます盛んになり，各外国語について役立つ知見の蓄積を続けることが重要であると思われる．

1.3 日英語表現の対応

　1.3 では，言語間の特性を探るために，日英語対照研究の言語科学的基礎研究として，日本語による原作とその英語訳，および英語による原作とその日本語訳を主たるデータとして，実例を通して英語と日本語の間に見られる表現上の対応パターンを整理し，肯定と否定，比較級，線と点，接続詞 as と対応する日本語，句と節，前置詞と動詞，副詞と動詞，名詞と動詞，限定修飾構造と命題，2項関係，HAVE 言語と BE 言語，人間指向型と状況指向型，自動詞と他動詞，無生物主語，「わたり」の多少など，両言語の表現上の諸特性を抽出することに努めたい．

　日本は，明治維新の頃から外国文化の摂取に力を注ぎ，盛んに翻訳がなされた結果，現在では世界でも有数の翻訳国になっている．コロンビア大学名誉教授で，これまで数多くの日本文学作品を英訳している Donald Keene 氏は，日本文学の教授として在職中に学生に向って次のように語っていたのだそうであるが，日本の翻訳事情の一端を如実に物語っている．

(27)　「もし君たちが世界のありとあらゆる文学作品を読みたいと思うなら，日本語を勉強しなさい．日本語を勉強することが，世界各国の主要な文学作品に触れる最適の手段なのです」（國弘 1970, 38）

このようにまで言われる翻訳王国においてなされてきた日英語の対照分析は，元来外国語教育に貢献することを狙いとして始められたものであるが，生成文法が盛んな今日では，言語間に普遍的に見られる言語特性と，各言語に備わる独自の特質を探る有効な手段としても用いられている．

　ところで日本語の特質について書かれたものの中に次のような考えが見られる．

(28)　a.　「日本語ではとかく物事が『おのずから然る』やうに表現しようとする傾向を示すのに対して，英語などでは『何者かがしかする』やうに，さらには『何者かにさうさせられる』かのやうに表現しようとする傾向を見せてゐる……」（佐久間 1941, 214）
　　　b.　「ヨーロッパ風の表現における……特徴を，かりに人間本位的といふならば，日本語におけるものは，むしろ自然本位的あるひは非人

間的ともいへる……」（佐久間 1941, 211）

そこで，1.3 ではこのような見解を手がかりにして，英語と日本語の間に見られる対応パターンについて実例を通して考察してみたい．

1.3.1 対照語彙論

　言語が異なれば語の意味領域もずれているのが通例であり，語と語が一対一に対応しているのはわずかに化学物質の学名くらいのものであろうと言われている．そこで言語間における語の意味の異同を調べる必要が出てくるわけであるが，國廣 (1967)，服部 (1968)，鈴木 (1973)，影山 (1980) 等により，lip と「くちびる」などの人体部位の名称，温度形容詞，開閉を表す動詞などいくつかの語についてすでに明かにされている．

　ここでは語彙の対照例として，英語の warm と日本語の「暖かい」を取り上げておこう．どちらも温度に関係する語で，一見，温度が高すぎず低すぎず快感を伴う状態を意味する語のように思えるかもしれない．事実，多くの場合，そのような意味で用いられると思われるが，次の (29) の実例は，必ずしもそうとは限らないことをうかがわせる．

(29) a. In Akinosuké's garden there was a great and ancient cedar-tree, under which he was wont to rest on sultry days. One very <u>warm</u> afternoon he was sitting under this tree with two of his friends, fellow-goshi, chatting and drinking wine, when he felt all of a sudden very drowsy, ... (Lafcadio Hearn, *Kwaidan*, 145-46)

b. 安芸之助のうちの庭には，大きな古い杉の木があって，暑苦しい日など，彼はよくその下で，休んだものであった．ある<u>暑い</u>日の午後のこと，安芸之助が郷士仲間の二人の朋輩と，この木のしたに坐って，談笑しながら酒をくみかわしていると，急にひどく眠気がさしてきた．（ラフカディオ・ハーン『怪談・奇談』田代三千稔訳, 99）

(29a) において，そのときが warm afternoon であったと書いてあるが，その直前の文に書いてあることから見て sultry day（暑苦しい日，蒸し暑い日）でもあったことを思わせる．それゆえ，どうやら英語の warm は，不快感の意味を含んで用いられることもあり，その意味領域が，日本語の「暖

かい」の範囲に留まらず,「暑い」が持つ範囲にも食い込んでいることを物語っている．この作品は英文が原作であるから，日本語からの誤訳による誤用例というわけではない．それだけに，warm にこのような意味があることを語ってくれている例と考えて差し支えあるまい．日本語訳では「暑い」としてあり，その点を正しく判断したものと思われる．

1.3.2　対照表現論
1.3.2.1　肯定と否定

日英語を表現論の立場から対照してみると，英語では肯定的に表現するところを，日本語では見方を転換して裏返しにして否定的な表現を用いる，ということが挙げられる．その実例を示しておこう．

(30) a. And that was all.(Arthur Hailey, *In High Places*, 55)
 b. ほかにはなにもなかった．（アーサー・ヘイリー『権力者たち』永井淳訳，73)

(31) a. ... when starvation conquered fear and drove him, quaking, out of hiding.(Arthur Hailey, *In High Places*, 66)
 b. 恐怖心が空腹に勝てなくなって震えながら隠れ場所から出て行ったときに……（アーサー・ヘイリー『権力者たち』永井淳訳，89)

(32) a. Oh well, I suppose it'll hold three more.(Arthur Hailey, *In High Places*, 47)
 b. しかし，あと三人ぐらい乗っても沈むことはないでしょう．（アーサー・ヘイリー『権力者たち』永井淳訳，61)

(33) a. He was only half awake.(W. Somerset Maugham, *Of Human Bondage*, 1)
 b. 子供はまだ半分寝ぼけている．（モーム「人間の絆」中野好夫訳，7)

(33b)には否定辞が含まれていないけれども，(33a)と(33b)を比較すると，半分目覚めていることに注目して肯定的に表現している英語とは対照的に，日本語では，まだ半分目覚めていないことのほうに注目しているのであるから否定的な表現をしていると考えることができよう．

1.3.2.2 比較級

日本語には語形変化による比較表現がないため，(34b) のように形のうえでは非比較表現と同じになったり，英語なら劣等比較級によって表現するところを，(35b) のように否定形で代用したりする．

(34) a. It was the Howdens' favourite kind of music; the <u>heavier</u> classics seldom appealed to them.(Arthur Hailey, *In High Places*, 35)
　　 b. その手の音楽がハウデン夫妻の好みで，<u>重厚</u>なクラシック音楽はあまり喜ばなかった．(アーサー・ヘイリー『権力者たち』永井淳訳, 44)
(35) a. Cabinet Ministers and MPs fared even <u>less</u> well.(Arthur Hailey, *In High Places*, 37)
　　 b. 閣僚や国会議員にいたってはさらに<u>恵まれなかった</u>．(アーサー・ヘイリー『権力者たち』永井淳訳, 47)

1.3.2.3 線と点

英語ではある発端を契機とした継続的な状態や動作をそのまま線的にとらえながら継続状態として表現するが，それに対して日本語ではその継続状態の開始を示す起点を取り上げて，事象を点的にとらえながら表現する傾向にある．このことは國廣 (1982, 5-6) にも指摘されている．

(36) a. His mother <u>was dead</u>, his father he had never known.(Arthur Hailey, *In High Places*, 49)
　　 b. 母は<u>死にました</u>し，父は全然知りません．(アーサー・ヘイリー『権力者たち』永井淳訳, 50)
(37) a. 'There <u>will</u> be time, I promise you.'(Arthur Hailey, *In High Places*, 11)
　　 b. 「<u>いまに</u>時間はできるさ，約束するよ．」(アーサー・ヘイリー『権力者たち』永井淳訳, 10)

(36a) では was dead という線的な形容詞表現によって故人であることが表され，(36b) では死んだという点的な出来事に言及することによって故人であることが表されている．

1.3.2.4 As (接続詞)

　Asという接続詞には，whenやwhileよりも強く「同時性」を表す用法があるが，as の節と主節の事象が同時に起っていることを表すこの用法を翻訳に生かそうとする立場から日英語を対照してみると，いわゆる学校文法では見ることのできない実に多くの対応パターンがあることが分かる．以下，それらのいくつかを拾ってみよう．

　英語の as 節は主節を修飾する従属節の形をとっているが，翻訳の実例にはそうした修飾構造にこだわらない (38)(39) のような対応法も見られる．

(38) a. Captain Jaabeck met the three men <u>as they came aboard</u>.(Arthur Hailey, *In High Places*, 48)
　　　b. ヨーベック船長は<u>乗船してきた</u>三人を迎えた．（アーサー・ヘイリー『権力者たち』永井淳訳, 63）
(39) a. He saw the evening sun <u>as he had seen it after the night with Mrs. Ota</u>...(Yasunari Kawabata, *Thousand Cranes*, Edward G. Seidensticker 訳, 65-66)
　　　b. <u>北鎌倉の宿で太田未亡人と泊った帰りの電車から見た</u>夕日が，菊治の頭にふと浮んだ．（川端康成『千羽鶴』73）

　これは，高橋 (1980) が「入れ子式」と名付けている対応方法であり，as 節内の述語に同じ節内の主語名詞を連体修飾させる形にしたもので，いろいろな文に応用が効く．英文を日本文に翻訳する立場から見ると，(38)(39) のように，as 節の主語と照応的な名詞が主節内に存在する場合，あるいは (40)-(42) のように as 節の主語と照応的な名詞を主節内に補充することが可能な場合に有効な方法の一つであると思われる．

(40) a. A Mountie in scarlet dress uniform saluted smartly <u>as the Prime Minister and his wife alighted</u>.(Arthur Hailey, *In High Places*, 12)
　　　b. 深紅の儀礼用制服を着た一人の騎馬警官が，<u>車から降り立った</u>首相夫妻に敬礼した．（アーサー・ヘイリー『権力者たち』永井淳訳, 11）
(41) a. He avoided several groups whose members looked up expectantly <u>as he passed</u>, smiling and moving on.(Arthur Hailey, *In High*

　　　　　　　　　　　　　　　　　　　　　　　第1章　現実のことば　37

　　　　　　Places, 22)
　　　b.　彼は通りすぎる自分に期待の目を向けるいくつかのグループを避けて，微笑を浮かべながら奥へ進んだ．（アーサー・ヘイリー『権力者たち』永井淳訳, 26)

(42)　a.　As she measured out the tea, a tear fell on the shoulder of the kettle.(Yasunari Kawabata, *Thousand Cranes*, Edward G. Seidensticker 訳, 72)
　　　b.　杓を持つ夫人の涙が，釜の肩を濡らした．（川端康成『千羽鶴』80)

次に，日英語がともに同種の修飾構造を取っていても，同時性を表現するためのさまざまな対応パターンが見られることを示しておこう．

(43)　a.　The buzz of conversaton lessened perceptibly as the Prime Minister and his wife entered....(Arthur Hailey, *In High Places*, 13)
　　　b.　首相夫妻が部屋に現れると同時に話し声が目立って低くなった．（アーサー・ヘイリー『権力者たち』永井淳訳, 12)

(44)　a.　Even now, as he walked through the temple grounds and heard the chirping of birds, those were the fantasies that came to him. (Yasunari Kawabata, *Thousand Cranes*, Edward G. Seidensticker 訳, 9)
　　　b.　今も寺山の小鳥のさえずりのなかを歩きながら，そんな妄想もした．（川端康成『千羽鶴』12)

(45)　a.　A shower swept toward me from the foot of the mountain, touching the cedar forests white, as the road began to wind up into the pass.(Yasunari Kawabata, "The Izu Dancer," Edward G. Seidensticker 訳, 108)
　　　b.　道がつづら折りになって，いよいよ天城峠に近づいたと思う頃，雨脚が杉の密林を白く染めながら，すさまじい早さで麓から私を追って来た．（川端康成『伊豆の踊子』, 8)

(46)　a.　As the manservant left, Lexington sipping rye and water, Aaron Gold, Postmaster General and only Jewish member of the Cabinet, joined them.(Arthur Hailey, *In High Places*, 14)
　　　b.　給仕が立ち去り，レキシントンがライ・ウィスキーの水割りを飲んでいるところへ，郵政相で閣僚中唯一のユダヤ人であるエアロン・ゴールドがやってきた．（アーサー・ヘイリー『権力者たち』永井淳訳, 15)

(47) a. With quiet, firm dignity, preceded by an aide <u>as the women guests curtsied and their husbands bowed</u>, their Excellencies withdrew. (Arthur Hailey, *In High Places*, 29)
  b. もの静かな，確固たる威厳をたたえて，<u>婦人客が膝を折り，その夫たちが頭を下げてお辞儀をするなか</u>を，副官に導かれながら，総督夫妻は退出した．（アーサー・ヘイリー『権力者たち』永井淳訳，36）

(48) a. Stubby Gates nudged Henri Duval <u>as the group, led by the captain, passed by.</u>(Arthur Hailey, *In High Places*, 49)
  b. <u>船長に率いられたグループが通りすぎるときに</u>，スタッビー・ゲイツがアンリ・デュヴァルの脇腹をこづいた．（アーサー・ヘイリー『権力者たち』永井淳訳，64）

(49) a. His head grew heavy <u>as he read the newspaper</u>, . . .(Yasunari Kawabata, *Thousand Cranes*, Edward G. Seidensticker 訳, 89)
  b. <u>新聞を読んでいるうちに</u>頭が重くなったので，……（川端『千羽鶴』，100）

(50) a. Chikako ignored the remark and talked on, <u>as memories came to her</u>, of Kikuji's father and the cottage.(Yasunari Kawabata, *Thousand Cranes*, Edward G. Seidensticker 訳, 54)
  b. ちか子はそれを聞き流して，菊治の父の生前，この茶室がどんな風に使われたかを，<u>思い出すままに</u>しゃべり続けた．（川端康成『千羽鶴』，60）

(51) a. <u>As she fell forward in the act of throwing the Shino</u>, she seemed herself about to collapse against the basin.(Yasunari Kawabata, *Thousand Cranes*, Edward G. Seidensticker 訳, 144)
  b. <u>文子がうずくまって茶碗をわった姿で</u>そのつくばいの方へ崩れかかったからだった．（川端康成『千羽鶴』，162）

(52) a. . . . once a man was eclipsed in a contest for power, his stature, it seemed, grew less <u>as time went on.</u>(Arthur Hailey, *In High Places*, 32)
  b. ……いったん権力争いから脱落した人間の地位は，<u>時間の経過とともに</u>低下してゆくかに見えた．（アーサー・ヘイリー『権力者たち』永井淳訳，40）

(53) a. His voice sharpened <u>as conviction took hold.</u>(Arthur Hailey, *In High Places*, 39)
  b. <u>確固たる信念が湧いてくるにつれて</u>彼の声が鋭くなった．（アーサー・ヘイリー『権力者たち』永井淳訳，50）

(54) a. The girl stood up as he opened the door.(Yasunari Kawabata, *Thousand Cranes*, Edward G. Seidensticker 訳, 35)
b. 菊治が応接間の扉をあけると，令嬢は椅子を立った．（川端康成『千羽鶴』, 38)

(55) a. The bargain struck had been kept on both sides even though, over the years, as James Howden's prestige had risen, Harvey Warrender's had steadily declined.(Arthur Hailey, *In High Places*, 32)
b. それから何年かたつうちにジェームズ・ハウデンの威信は大いに上がり，ハーヴェイ・ウォレンダーの威信はじわじわと低下したものの，取引きの条件は双方によって守られた．（アーサー・ヘイリー『権力者たち』永井淳訳, 40)

(56) a. Kikuji turned to face her, and stood up as he did so.(Yasunari Kawabata, *Thousand Cranes*, Edward G. Seidensticker 訳, 73)
b. 菊治は振り向いたのをしおに立ち上がった．（川端康成『千羽鶴』, 82)

なお，(57)と(58)を比較すると，英語の方は(57a)と(58a)を比べるとas節と主節の後先の順序が逆であるにもかかわらず，日本語では(57b)と(58b)とが節の接続方法も節の順序もどちらも同じである．(55)と(56)を比較しても同じことが言える．これらのことから見て，as節と主節の修飾・被修飾の関係は薄くて，同時性を表す機能の方が強いことが分かる．

(57) a. As the shyness deepened, the flush spread to her long, white throat. (Yasunari Kawabata, *Thousand Cranes*, Edward G. Seidensticker 訳, 37)
b. 令嬢のはにかみの色はなお濃くなって，色白の長めな首まで染まって来た．（川端康成『千羽鶴』, 42)

(58) a. Their white light took on a yellow tinge as evening became night. (Yasunari Kawabata, *Thousand Cranes*, Edward G. Seidensticker 訳, 114-15)
b. 白っぽい蛍の火はいつとなく黄みを加えて，日も暮れた．（川端康成『千羽鶴』, 129)

このほか日本語の形がさまざまであっても，「同時性」を含んでいる点に注目して英語のas節で表現できることを示す例を付記しておく．

(59) a. 'It's good to see you.' There was nostalgia in his voice as he came up to her.(Yasunari Kawabata, *Thousand Cranes*, Edward G. Seidensticker 訳, 127)
　　 b. 「いらっしゃい」と，菊治は親しげに近づいた．（川端康成『千羽鶴』, 144）

(60) a. 'What's the matter?' he almost shouted as he came up to her. (Yasunari Kawabata, *Thousand Cranes*, Edward G. Seidensticker 訳, 56)
　　 b. 「ああ．どうなさった」と，叫ぶように近づいた．（川端康成『千羽鶴』, 62）

(61) a. ... and now, as he knelt before her ashes and asked what had made her die, he thought he might grant for the moment that it had been guilt.(Yasunari Kawabata, *Thousand Cranes*, Edward G. Seidensticker 訳, 70-71)
　　 b. ……今菊治は骨の前に坐って，夫人を死なせたことを思っても，それが罪だとすると，やはり罪と言った夫人の声がよみがえって来るのだった．（川端康成『千羽鶴』, 79）

(62) a. He went out just as I came in.
　　 b. ぼくと入れちがいに出て行った．（江川 1964, 354）

1.3.2.5　句と節

　次に，英語では節でなく句を用いることによって引き締まった圧縮した表現にすることが好まれるのに対して，日本語では節が多用されることに触れておこう．「前置詞と動詞」「副詞と動詞」「名詞と動詞」「限定修飾構造と命題」に分けて述べることにする．

前置詞と動詞

　英語の前置詞表現が，日本語では動詞を補って表現する形に相当することがある．例えば，次の例 (63) の up, through, into で始まる前置詞表現が，日本語ではそれぞれ「をのぼる」「を通る」「に入る」という動詞表現に対応している点に注目されたい．

(63) a. They were led from the high pillared entrance hall up a rich

red-carpeted marble stairway, through a wide, tapestried corridor and into the Long Drawing Room where small receptions such as tonight's were usually held. (Arthur Hailey, *In High Places*, 12)
b.　彼らは高い列柱の立ち並ぶ玄関ホールから，高価な赤絨毯を敷きつめた大理石の階段をのぼり，タペストリーを飾った幅広い廊下を通って，今夜のような小人数のレセプションに使われることの多い「長方形の客間<ruby>ロング・ドローイング・ルーム</ruby>」に入った．（アーサー・ヘイリー『権力者たち』永井淳訳，12）

副詞と動詞

副詞の中には，それだけで動詞に相当する意味を持ったものがある．(64) の副詞 off は動詞表現 take off に相当し，新聞の見出し (65) の副詞表現 off to は動詞表現 leaves for に相当する働きをしている．動詞を使うよりも短くて済むので，(65) のように，短い語を好む新聞の見出しなどにも活用されるわけである．

(64) a.　Helping him off with them [a heavy overcoat and scarf], Milly had been shocked to see how unwell the old man appeared.... (Arthur Hailey, *In High Places*, 76)
　　 b.　……老人がコートを脱ぐのを手伝ってやりながら，ミリーは彼がひどく健康を害しているように見え……ショックを受けた．（アーサー・ヘイリー『権力者たち』永井淳訳，102）
(65) a.　Anti-Nuke Group Off to U.S.
　　 b.　反核団体米国へ出発

名詞と動詞

英語には，動詞から派生した名詞を用いることによって，その名詞を際立たせながら簡潔な英語らしさを生み出すいわゆる名詞構文があり，(66a) はその一例である．こういう名詞構文に対応する自然な日本語は，動詞を用いて表現されるのが普通である．

(66) a.　He had an irrational flash of jealousy at the thought of Milly

Freedeman alone with someone else. . . .(Arthur Hailey, *In High Places*, 19)
b. 彼はミリー・フリーデマンがほかの男と二人きりでいるということを考えただけで，理屈に合わない嫉妬を覚えた……(アーサー・ヘイリー『権力者たち』永井淳訳, 21)

限定修飾構造と命題

英語の 'A (限定形容詞) + B (名詞)' が，日本語の，例えば 'B (主語) + A (叙述形容詞)' に変えて命題の形にしたものと対応することがある．

(67) a. . . . probably, Howden thought, the result of <u>too much time</u> at a desk in Ottawa and <u>too little</u> at sea.(Arthur Hailey, *In High Places*, 12)
b. おそらくオタワの役所勤務の<u>時間が多すぎて</u>，海に出る<u>時間が少なすぎる</u>せいだろう，とハウデンは思った．(アーサー・ヘイリー『権力者たち』永井淳訳, 11)

1.3.2.6　2項関係

ある事象を表現する際に，英語の目的語の取り上げ方が日本語の場合と異なるように思われることがある．(68) はその一例である．

(68) a. Without speaking he had locked the door and, <u>taking Milly by the shoulders</u>, turned her towards him.(Arthur Hailey, *In High Places*, 71)
b. そして無言でドアに鍵をかけ，<u>ミリーの肩に手をかけて</u>自分の方を向かせた．(アーサー・ヘイリー『権力者たち』永井淳訳, 96)

(68) において，日本語では「ミリーの肩」という全体で一つの名詞句が形成されているが，周知のとおり英語では (68a) のように Milly と the shoulders とを分けて表現することもできる．一見回りくどいようであるが，ミリーを自分のほうに向けることをねらっているからこそ手をかけるのであって，肩がねらいの的ではないという点からすれば，英語は極めて合理的な表現をしていることになる（この2項関係に関連して，日本人にとって

違和感を感じる目的語の選択については，5.1 を参照のこと）．

1.3.2.7 HAVE 言語と BE 言語

言語類型論的に見て，所有の概念を表現する特別の語が備わっている言語と，存在を意味する表現で所有の概念を表現する言語とがあり，英語の所有と存在を表す動詞の HAVE と BE によってこのことを象徴的に表そうとするねらいから，前者の型を HAVE 言語と呼び，後者を BE 言語と呼んで区別することがある。[3]

例えば，典型的な HAVE 言語としての英語では，(69a) のように，文構造のうえで Mary が所有者として表現されているが，BE 言語の日本語例文 (69b) では「メアリー（に）は」という存在場所として表現されている．

(69) a. Mary has two children.
b. メアリー（に）は子供が 2 人ある［いる］．

こうした英語の所有文の主語としては，(69a) や (70a) のような人間だけではなくて，(71a) のように無生物も所有者としての扱いを受けることができる．無生物にも人間と同様の資格を与え，「何者かがしかする」(1.3 (28) の佐久間［1941］からの引用を参照のこと）という表現に引き込んでいるわけであるから，(71a) は，次の 1.3.2.8 で述べるように，人間中心の表現をすることを好む英語の特徴が現れている表現の一つであると考えることができよう．一方，日本語のほうは，(70b) も (71b) も内容的には人間に関することでありながら，「没人間的」な，状況指向型の表現になっている．

(70) a. He had not intended to become heated but he had a sailor's contempt for shorebound officialdom.(Arthur Hailey, *In High Places*, 50)
b. 彼はむきになるつもりはなかったのだが，船乗りの常で陸上の役人どもを目の敵にするようなところがあった．（アーサー・ヘイリー『権力者たち』永井淳訳, 66-67）

(71) a. Richardson laughed, though the laugh had a hollowness.(Arthur Hailey, *In High Places*, 80)
b. リチャードソンは声をたてて笑ったが，その笑いにはうつろな響き

があった．(アーサー・ヘイリー『権力者たち』永井淳訳, 108)

(72a) の英文に対しては，1.3.2.5 で見た英語の限定修飾構造にからむ対応パターンを利用した (72b) のような対応も有効である．

(72) a.　His face was small and white and <u>he had tight lips</u>.(Ernest Hemingway, "The Killers," 24)
　　　b.　顔は小さく色白で<u>口もとがひきしまっていた</u>．(ヘミングウェイ「殺し屋」大久保康雄訳, 181)

つまり，英語の 'A(名詞)+ have + B(限定形容詞)+ C(名詞)' を日本語では 'A(名詞) は + C(名詞) が + B(叙述形容詞)' に変えて，「象は鼻が長い」式の表現にするわけである．

1.3.2.8　人間指向型と状況指向型

1.3.2.7 でも触れたが，英語が人間中心的な表現を前面に押しだそうとするところを，日本語では状況中心の表現にしようとする傾向がある．引き続き英語の所有文から例を拾ってみよう．

(73) a.　'But <u>I</u>'ve had it [narcissism] for years.'(Arthur Hailey, *In High Places*, 10)
　　　b.　「それなら何年も前から<u>わたしに取りついているさ</u>．」(アーサー・ヘイリー『権力者たち』永井淳訳, 9)

(74) a.　'<u>We</u> haven't many left.'(Arthur Hailey, *In High Places*, 36)
　　　b.　「<u>もういくらも残ってないわ</u>」(アーサー・ヘイリー『権力者たち』永井淳訳, 46)

(75) a.　Faded paintwork <u>had</u> great patches of rust extending over superstructure, doors, and bulkheads.(Arthur Hailey, *In High Places*, 54)
　　　b.　色褪せたペンキのあちこちに大きな錆が<u>浮きだして</u>，船の上部構造やドアや隔壁に拡がっていた．(アーサー・ヘイリー『権力者たち』永井淳訳, 71)

このような傾向は英語の所有文とそれに対応する日本文の間だけに見られる特徴ではない．窓口の係員が切符の売り切れを告げるときの (76) などにも同じ傾向が見られる．

(76) a. We are sold out.
　　 b. 切符は売り切れました.

1.3.2.9 自動詞と他動詞

　英語では自動詞によって表現するところを，日本語では他動詞によって表現せざるを得ないものがある．そういう場合に，英語において自動詞表現の主語になっているものが，日本語の動詞の対象を表すものに対応していると考えられることが多い．つまり，基本的には英語のSV構文に日本語のOV構文が対応し，日英語で同じ名詞が主語に選ばれているときには，英語の自動詞文が日本語の受け身文と対応することになる．

(77) a. ... and now the *Vastervik* [a ship] was berthing gently, its big hook dragging like a brake on the silt-layered, rock-free bottom. (Arthur Hailey, *In High Places*, 46)
　　 b. ……いまや《ヴァステルヴィク》は岩のない沈泥層の海底にその大きな錨爪をブレーキのように引きずりながら，ゆったりと停泊していた．（アーサー・ヘイリー『権力者たち』永井淳訳, 60)

(78) a. It [the ship] made fast at La Pointe Pier....(Arthur Hailey, *In High Places*, 9)
　　 b. 同船は……ラ・ポワント埠頭に繋留された．（アーサー・ヘイリー『権力者たち』永井淳訳, 7)

(79) a. 'Yes, I'd heard the invitation had gone.'(Arthur Hailey, *In High Places*, 17)
　　 b. 「招待状が送られたことは聞いている」（アーサー・ヘイリー『権力者たち』永井淳訳, 18)

(80) a. Her husband smiled, his heavy-lidded eyes crinkling.(Arthur Hailey, *In High Places*, 10)
　　 b. 夫はぽってりと厚い瞼に皺を寄せて笑った．（アーサー・ヘイリー『権力者たち』永井淳訳, 9)

(81) a. Anything else, she decided, could wait until after the holiday. (Arthur Hailey, *In High Places*, 77)
　　 b. ほかの仕事は休暇あけまでのばすことにしよう，と彼女は決めた．（アーサー・ヘイリー『権力者たち』永井淳訳, 104)

(81b) の「は」は，ヲ格と主題を兼務している「は」である．

1.3.2.10 無声物主語

　典型的な HAVE 言語である英語では，生物のみならず，時や音声を表す名詞や，動詞から派生した名詞や，さらには抽象的な概念にも動作主性 (agentivity) が与えられて，いわゆる無声物主語の構文が作られる．一方，日本語ではそのような名詞に動作主性が与えられないために，直訳したのでは不自然な文になることが多い．英語の無生物主語が日本語から見て奇異に思われるのは，意志を必要とする他動詞が用いられてその目的語が人間である場合が多い．意志を持たないものを主語にし，意志を必要とする動詞を述語動詞にすることは，日本語にとって主語と動詞の間にミスマッチが生じて不自然に響く．それゆえ，そのような場合の英語の目的語を日本語では主語に格上げし，英語の主語を副詞に格下げするなどして，英語の無声物主語の動作主性を直接表現することを避けた表現にするのが一般的である．

(82) a. He stopped, remembering the imponderables about the future which <u>the past two days</u> had brought.(Arthur Hailey, *In High Places*, 11)
　　 b. 彼は<u>過去二日間の出来事のために</u>将来の予測がつかなくなったことを思い出して，途中で口をつぐんだ．（アーサー・ヘイリー『権力者たち』永井淳訳，10）

(83) a. <u>A voice</u> murmured urgently, 'Get him out of here!'
　　　　<u>Another</u> answered, 'He can't go. . . .'(Arthur Hailey, *In High Places*, 28)
　　 b. <u>だれかが</u>催促するようにいった．「彼をここから連れだせ！」<u>別の声が</u>答えた．「そうはいかん．……」（アーサー・ヘイリー『権力者たち』永井淳訳，34）

(84) a. But <u>the glimpse</u> of a uniform in a lighted area ahead had unnerved him . . . .(Arthur Hailey, *In High Places*, 66)
　　 b. だが前方の明るい場所に制服警官の姿が<u>見えたので</u>，急に怖気づいて……（アーサー・ヘイリー『権力者たち』永井淳訳，89）

(85) a. Tears filled her eyes and <u>a temptation</u> seized her to return downstairs; to ask that for just one night, at the hour of sleep, she need not be alone.(Arthur Hailey, *In High Places*, 43)
　　 b. 目に涙が溢れ，階下に戻って，せめて一晩だけ，寝るときに一人にしないでくださいと頼みたい<u>衝動に駆られた</u>．（アーサー・ヘイリー

『権力者たち』永井淳訳, 56)

1.3.2.11 「わたり」の多少
　日本語と比較すると英語のほうが簡潔を旨とする度合が強いようで, それゆえ英語では, キーワードを繰り返すことによって強調するような特別な効果をねらう場合はともかくとして, 同一表現の繰り返しは極度に嫌われる. 一方, 日本語では繰り返しが多用され, 繰り返しの部分が「わたり」あるいはリエゾンの役目を果たすことによってその前後のつながりがスムーズになり, 落ち着きを得る[4].

　例えば, (86)において, 日本語では「驚く」という語が繰り返されているが, 英語ではそれに相当する表現の繰り返しはない. 日本語の「驚くよりも」に相当する意味合いは, 英語ではことばによって表現されなくても自然な形で行間から推論を通して伝わることが期待されている.

(86) a.　'Perhaps I shouldn't have told you all this. Has it <u>upset you</u> very much?'
　　　　'It's made me sad....'(Arthur Hailey, *In High Places*, 41)
　　b.　「こんなことをきみに話すべきではなかったかもしれない. どうだ, ひどく<u>驚いた</u>かね？」
　　　　「<u>驚く</u>よりも悲しくなったわ……」(アーサー・ヘイリー『権力者たち』永井淳訳, 53)

　また, これに似た現象として, 文と文の論理関係を表す語を英語の中で多用すると, 幼稚な, もたついた文体になってしまうのに対して, 日本語ではことばによって表現しておいたほうが潤いのある安定した文体になることが多いようである. 例えば, (87a)(88a)において「∧」印を付けた箇所には前後の文の論理関係を示す語が見あたらないが, 日本語にはそうしたものが見られる. (87b)や(88b)の下線部がそれに相当するが, その部分を省いてしまうと, いかにもことば足らずな, 不自然でなめらかさのない, 箇条書のような文体の日本語になってしまう.

(87) a.　His father was too old and feeble; ∧ he thought he must tend the

store in his stead.(Nida, Taber, and Brannen 1973, 15)
   b.　彼の父親は，もう年老いてとても身体が弱っていた．<u>だから</u>彼は，自分が父に代わって店をやっていかねばならないと思った．（同上）
(88) a.　People like to think of their country as holding the door open for the poor and suffering. ∧ It makes them feel noble. Only thing is, they'd just as soon the poor and suffering keep well out of sight when they get here, and not track lice in the suburbs or muddy up the prissy new churches.　∧ No siree, the public in this country doesn't want wide-open immigration.(Arthur Hailey, *In High Places*, 28)
   b.　国民は自分たちの国が貧しい人々や苦しんでいる人々に門戸を開いているものと思いたがる．そうすればりっぱなことをしているような気分になれる<u>からだ</u>．ただし彼らは貧しい人々や困っている人々がこの国に入国したら，すぐに人目につかないところへ消えてくれるよう望んでいる．郊外住宅地に虱(しらみ)を持ちこまれたり，新しい教会を泥で汚されたりするのはごめんだと思っている．<u>つまり</u>，わが国の大衆は門戸を広くあけた移民政策など望んでいない<u>のだ</u>．（アーサー・ヘイリー『権力者たち』永井淳訳，34-35）

1.4　日英語対照表現構造の原理

　1.4では，1.3の延長として，日英語の間にみられる種々の表現構造の違いは，それぞれが無関係に独立した現象ではなくて，そのうちのいくつかは，Robert B. Kaplanが談話構造の違いを基にしてとらえた対照レトリックの原理と，機能文法で言うところの心理的視点の問題として，統一的にとらえることができることを示す．1.4では特に，人間指向型と状況指向型，人間全体を表すことばと一部を表すことば，統一主語の要求度，時制の一致，指示代名詞などの観点から考察する．

　日本は，まれに見る翻訳王国と言われている（1.3の冒頭参照）．なるほど，過去に出版されたものを見ると，一つの英米文学作品に対して，これまでに数種類の訳書が出版されている例も少なくない．英米では，外国語で書かれた作品に対する英語の訳書は，1種類しかないことが多い．もちろん，複数の訳書が出版されていることもあるが，それは，先行の翻訳に対して異

を唱えて新しい解釈を示す目的で，あるいは，かつて訳された時点から長い年月を経るうちに訳文が古くなったために改訳される，ということが多いようである．こうして見ると，日本は特殊な翻訳王国なのかもしれない．

　しかし，その日本における翻訳には，予想外に誤訳が多いということが表立って問題にされ始めたのは，50年足らず前からのことであり，結果的に見るとグロータース・柴田 (1967) がその火付け役になったと思われる．この本では，外国語を日本語に翻訳する場合に，日本語を駆使する外国人の協力を求めて，上質の翻訳をすべきであるということが力説されている．この本自体が，著者グロータース氏が英語で書いたものを，柴田氏が日本語に訳し，さらにそれに日本語の堪能なグロータース氏が目を通すという，理想的な状況で翻訳されたものであった．その後，翻訳関係の雑誌や単行本が数多く出版されたり，翻訳者養成機関ができたりするなど，翻訳に対する関心の度合はますます高まったように見受けられる．

　ところで，言語の比較対照分析は，本来外国語教育に貢献するために始められたものであるが，その後，生成文法が言語学界の主流になったこともあって，言語間に見られる普遍的な性質を探り出す手がかりを得るためにも用いられるようになった．しかし，いずれの場合にも，翻訳がその研究の中心に据えられることはなく，むしろ，上質の翻訳が比較対照分析の資料として用いられるという状況にとどまっている．ただし，上質の翻訳を資料にして二つの言語を比較対照していくうちに，言語を律している何らかの一般的な原理が得られるならば，外国語教育や言語研究に資するだけでなく，翻訳作業にも資することができるかもしれない．

1.4.1　対照レトリック

　文章を書くときに，書こうとする題材の取り上げ方や，書き方が大切なことは，言うまでもない．書き手は，自分が言わんとすることを，効果的に言い表すためにいろいろな工夫を凝らすものである．米国の大学では，文学関係の学部に限らず，新入生は必ず Freshman English のコースを履修し，徹底的に作文の訓練が行われている．教科書には，話の進め方，すなわちパラグラフ展開方法や，書き方の説明が与えられていて，それに基づいて実地訓

練が行われるような仕組みになっている．一方，日本の大学における全学生を対象とした国語教育，特に作文能力を高めるための体系的な教育は，残念ながらあまり行われていないのが実情であろうが，仮に，わが国でも，米国の大学のような国語教育を始められたとしよう．そうして，日本語によって説得力のある作文を書くことのできる能力が高まったとき，それがそのまま，外国語によって説得力のある作文を書く能力の向上にもつながっていくのであろうか．つまり，ある言語を用いて身につけた効果的な話の進め方が，他のすべての言語に共通して有効であるかというと，必ずしもそうではないようである．

　南カリフォルニア大学の応用言語学教授 Robert B. Kaplan は，アメリカで学んでいる外国人留学生が英語で書いた，700 例の作文を丹念に分析したところ，その英語には，各学生の母語において効果的な話の進め方とされているもの，すなわち，その言語特有のレトリック（談話構造，修辞構造）が反映していて，それが原因で望ましくない英文になっていることを，具体例を挙げながら主張した．そして，Kaplan はその観察に基づいて，5 種類の言語グループにおける話の展開のしかたの違いを，次のような図式 (89) によって，表そうとしている (Kaplan, 1966)．話の展開のしかたとは，すなわち，各言語使用者の思考パターンを表すものでもある．

(89)

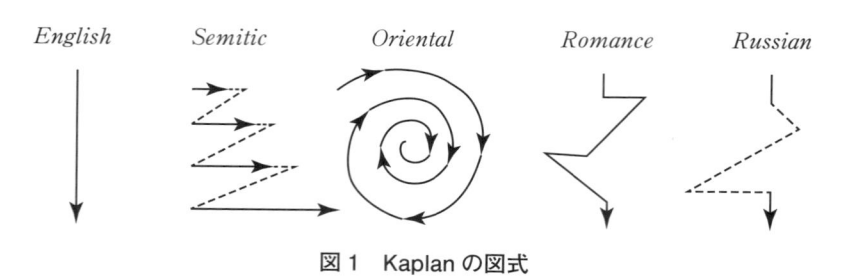

図1　Kaplan の図式

　図1で，英語が直線的であるということは，英語では，そのものずばりのものの言い方が，最初の文から最後の文まで一貫してなされるということであり，主題に関連の深いものでなければ話に出さない，というパラグラフ展

開方法がとられるということである．アラビア語をはじめとするセム系の言語においては，並列構造を用いながらパラグラフを展開させるという特徴が見られるということを示している．一方，東洋語の特徴は，物事の取り上げ方が，直接的でなく，間接的であるということである．話の核心に直接触れるのではなくて，わずかに主題に触れながらそのまわりをぐるぐる旋回するという方法をとる．したがって，われわれ日本語を母国語とする者はそのような書き方を英語に持ち込んで，必要以上に間接的な書き方をした悪文を生み出してしまいがちだ，ということになる．なお，ここで注意を要することは，Kaplan が (89) の図式でいう東洋語とは，具体的には中国語と朝鮮語のことであって，日本語は除外しているという点である．しかし，このように日本語を除外する分類については，Hinds (1983) の言うとおり言語学的な理由がないと思われるし，また Kaplan 自身も，日本語を除外することを，理由を明らかにしないまま脚注で記しているだけであるから，再検証する必要がある．次に，フランス語やスペイン語などのロマンス系言語では，話を進める途中である程度の脱線が見られ，主題を論じるうえであまり関係のないことが途中に出てくるが，最終的にはある方向に向かって論が展開するということを表している．最後のロシア語では，脱線のしかたがさらに激しくて，パラグラフの中心概念とは関係のない挿入的なことがらを，大きく膨らませてしまうため，話の行方がはっきりしなくなってしまう，ということを破線で示している．

　Kaplan は，それぞれの言語と文化が持つ，独特なパラグラフの展開のしかたを，対照レトリック (contrastive rhetoric) と名付け，外国語教育者は，いま対照文法を教えているのと同様にして，対照レトリックをも教えなければならないと説いている．[5]

1.4.2　表現構造の違い

　二つの言語から，同じ場面で使われ，しかも大体同じ機能を持つ表現を比較対照するときに，両者の統語構造の違いを差し引いても，まだ残されている違いがある場合に，それを「表現構造の違い」と呼ぶことにする．すでに，1.3 で，日英語の表現構造の違いについていくつか観察したが，それぞれの

違いを互いに関連づけないままにとらえていた．そこでさらにその延長として，1.3 で取り上げなかった他の表現構造上の違いにも触れながら，それらのいくつかが統一的な原理に基づくものであると考えられることを示してみたい．比較対照する資料としては，1.3 と同様に，主として日本語による原作とその英語訳，および英語による原作とその日本語訳を使用する．

1.4.2.1 人間指向型と状況指向型

　表現構造の違いの一つとして，英語では，人間や個体が表現の中心に置かれ，人間が何かの行為者となるような言い方が好まれるのに対して，日本語では，そのような人間は表現の前面からは退いて，その場面の状況や事柄が表現の中心となるような表現方法が好まれる傾向が見られる（1.3.2.8 参照）．

(90) a. I myself have been working for nearly ten yeas now.... Except for pressing business or an emergency, he has no wish to change his route to work, even though he ought to be thoroughly sick of it.(Tatsuo Nagai, "Morning Mist," Edward G. Seidensticker 訳, 304)
　　　b. 実はこの私も今日まで十年近く，勤め人生活を営んで来ている者であるが……家を出てから，勤め先へ達する順路にしたところが，よほどの用事か突発事故のない限り，毎日通い飽きているはずの道順を，変更する意欲は起きないものである．（永井龍男「朝霧」, 15)

(91) a. He made a nice start.
　　　b. 出足は好調だった．（江川 1964, 27)

(92) a. I've got an important business just now.
　　　b. いま大事な用があるのです．（江川 1964, 224)

　例えば，(90a) では，人間である he が主語として表現の中心に据えられているが，(90b) では，人間は主語の位置から退いて，「意欲」が表現の中心を担っている．同じ趣旨のことを伝えようとする文でありながら，日英語の間でこのような表現構造の違いが見られる．

　(90) で引用した原文のすぐ前の部分では，勤め人で律義者の X 氏というこの小説の主人公が見せる毎日の通勤時の様子についての紹介があり，(90) の部分では語り手が，自らの経験を引き合いに出しながら，自分も X 氏に

共感を示しているところである．したがって，ここは，自分の場合について述べようとしているのであるから，「私」を取り上げて表現するのが，直接的なものの言い方であろう．それに対して，「意欲」という心理状態を表すものはその人間に付属するものであるから，これを表現の中心に据えることによって主体である人間について述べようとするのは，間接的なものの言い方と言うことができよう．ところで，すでに見た Kaplan の図式は，元来，話の進め方，つまりロジックの展開のしかたをとらえたものであるが，(90)–(92) に見られる日英語の違いを先ほどのように考えると，Kaplan の図式は，1.4.2.1 でいう表現構造の違いについてもあてはまると考えることができよう．

1.4.2.2 人間全体を表すことばと一部を表すことば

英語と同様に日本語においても，人間を取り上げて表現しないわけではない．しかも，次の (93)–(100) などにおいては，人の様子を表す表現構造に違いが見られる．英語では，まるまる一個の人間全体を表すことばを中心に据えて表現するのに対して，日本語では，一個の人間の一部分だけを指すような表現を用いている．それが体や体の部位のこともあれば，心理状態などのこともある．

(93) a. Fortunately, it was a small knife, and the bone was hard, so I still have my thumb.(Soseki Natsume, *Botchan*, Alan Turney 訳, 9)
b. 幸いナイフが小さいのと，親指の骨が堅かったので，今だに親指は手に付いている．（夏目漱石『坊っちゃん』, 7)

(94) a. I was so annoyed that I flung the rook I was holding at his head. (Soseki Natsume, *Botchan*, Alan Turney 訳, 13)
b. あんまり腹が立ったから，手にあった飛車を眉間へ擲きつけてやった．（夏目漱石『坊っちゃん』, 9)

(95) a. This so took me aback that I opened my mouth and let out a peal of laughter. I woke up with this, to find the maid opening the shutters.(Soseki Natsume, *Botchan*, Alan Turney 訳, 25)
b. おれがあきれ返って大きな口を開いてハハハハと笑ったら眼が覚めた．（夏目漱石『坊っちゃん』, 19-20)

(96) a. What a long hair you've got!
b. あなたの髪は長いわね．（江川 1964, 224）
(97) a. He was red in the face.
b. 顔が赤かった．（江川 1964, 118）
(98) a. I have a pain in the knee.
b. ひざが痛い．（江川 1964, 118）
(99) a. I was feeling weak in the legs.
b. 脚がまいっているような感じがした．（江川 1964, 118）
(100) a. He has an eye for paintings.
b. 彼には絵を見る目がある．（江川 1964, 369）

　その他，前項の (90) なども，この項にもあてはまる例文である．(90a) では，人間を全体的にとらえた he が用いられているのに対して，(90b) の「意欲」は，人間の一部分しかとらえることのできない，一種の心理状態を表す語を中心に据えた形の表現と考えられよう．
　これらの例文を，Kaplan の図式と比べてみると，日英語のどちらにおいても人の様子を表すための文であって，英語のほうは話題の人の全体像を直接的に表す表現を中心に据えているが，日本語のほうはその人の一部分だけを指すものを中心に据えて，人の周辺的なことを取り上げることによって，その個人について述べていることをにじみ出させるにとどめるという方法をとっている．つまり，この場合にも，日英語の表現構造の違いを Kaplan の図式と結びつけて考えることができよう．
　人に呼びかけるときに，日本語では職業名をはじめとして，役職名や，親族名称など，その人に付随するものを取り上げて，それを呼びかけのことばとして使うと自然な呼びかけと感じられ，英語と違って，もっぱらその人だけしか表さない固有名詞という直接的な名称を用いることができる状況は限られている．特に，ファースト・ネームで呼びかけることのできる状況となると，さらに限られている．つまり，英語では直接的な呼びかけ方をしているのに対して，日本語では間接的な呼びかけ方がされている．このように，呼びかけについても，Kaplan の図式に従って日英語の違いをとらえることができる．

1.4.2.3　統一主語の要求度

英文の書き方のハンドブック（例えば，Leggett, Mead, and Kramer [1985] など）を見ると，同一文中では主語をむやみに変えないようにしなさいと教えているものが多い．その理由の一つには，久野（1978）のいう「視点」の問題が関係していると思われる．話し手（あるいは書き手）は，視点を主語に置くことが最も容易であるため，聞き手（あるいは読み手）も，その発話を受け取るときに，主語に視点を置きながら解釈するのが最も自然である．ところが，短時間のうちに主語が頻繁に変えられると，視点をあちこちと変えなければならないため，聞き手（あるいは読み手）に負担がかかることになる．主語をむやみに変えてはならないという原則は，日英語のどちらにもあてはまると思われるが，次の例文などを見ると，英語の方が日本語よりも，主語の統一を要求する度合が高いようである．

(101) a. <u>I</u> was much impressed with her close-knit tidiness; then, when the husband sat facing me, <u>I</u> was still more impressed, somehow, by the simple fact that age had come upon him. It was not an impression of unhealthiness. It was a feeling of, literally, age.(Tatsuo Nagai, "Morning Mist," Edward G. Seidensticker 訳, 305)
　　　 b. 老夫人の眼立って小じんまりされた様子に，まず<u>私</u>は驚いたが，続いて向い合ったＸ氏の，老い込まれた感じは一層<u>私の胸を打つものがあった</u>．不健康というのではなく，それは文字通りに老い込まれた感じで……（永井龍男「朝霧」, 16）

英語のほうは，(101a) のように主語を I に統一してあるので，読者が心理的な視点を移動する必要がない．しかも，I was impressed という同じ構文が繰り返されているし，2番目のほうには more がつけられていて，書き手の意図が明確にされているために，焦点がはっきりしており，読者に対する負担は非常に少ない．一方，日本語のほうは，最初は「私は」が中心に据えられていたのが，すぐ後では「私の胸を打つものが」に中心が移されているにもかかわらず，読者への大きな負担は感じられない．むしろ，こうした変化をつけることによって，表現にバラエティを持たせる効果がでるし，しかも強く心打たれたことがうまく表現されている，と言えるのではなかろうか．では，もしも，英語の例文 (101a) の最初の文の中で，2番目の主語を

変えたらどうであろうか．例えば，後半の主文を能動態にしてI was much impressed with her close-knit tidiness; then, when the husband sat facing me, the simple fact that age had come upon him still more impressed me, somehow. とすると，読者にかけられる負担が増えると同時に，焦点がぼやけてくる．

これらの観察から，統一した主語を要求するかどうかという問題は，英語のほうが，心理的視点の固定化を強く求めるのに対して，日本語では視点がある程度移動してもかまわない，という一般原則の違いとしてとらえることができそうである．

1.4.2.4　時制の一致

日本語の小説では，過去についての描写をする場合に，最初にタ形（完了相）を用いることによって，読者に記述内容が過去のことであることを知らせておいて，それから後はル形（未完了相）とタ形を織り交ぜる，という手法がよく用いられる．一方，英語ではそのような場合に，次の例に見られるように，すべて過去形で表現される．もちろん，英語にも，歴史的現在の用法がないわけではないが，日本語の場合と平行して用いられるわけではない．

(102)　a.　The boy <u>passed</u> through the already deserted playground of the elementary school and <u>climbed</u> the hill beside the watermill. Mounting the flight of stone steps, he <u>went</u> on behind Yashiro Shrine. Peach blossoms <u>were</u> blooming in the shrine garden, dim and wrapped in twilight. From this point it <u>was</u> not more than a ten-minute climb on up to the lighthouse.

　　　　The path to the lighthouse <u>was</u> dangerously steep and winding, so much so that a person unaccustomed to it <u>would</u> surely have lost his footing even in the daytime. But the boy <u>could</u> have closed his eyes, and his feet <u>would</u> still have picked their way unerringly among the rocks and exposed pine roots. Even now when he <u>was</u> deep in his own thoughts, he <u>did</u> not once stumble. (Yukio Mishima, *The Sound of Waves*, Meredith Weatherby 訳, 6-7)

　　b.　若者はすでに深閑としている小学校の校庭を抜け，水車のかたわらの坂を<u>上った</u>．石段を昇って，八代神社の裏手に<u>出る</u>．神社の庭に

夕闇に包まれた桃の花がしらじらと見える。そこから燈台まで十分足らず登ればよいのである。
　その道は実に崎嶇としていて，馴れない人は昼でもつまずくだろうが，若者の足は目をつぶっていても松の根や岩を踏み分けて行くことができた。今のように，ものを考えながら歩いていてさえ，つまずかない。（三島由紀夫『潮騒』，8）

このように，英語では時制の一致の原則が守られているのに，日本語ではタ形とル形の間を行ったり来たりする，という現象をどのようにとらえたらよいのであろうか。日本語のように，ル形を使うことによって，読者を過去の場面に連れてゆき，あたかもいまその現場にいるかのような臨場感を抱かせる効果が出てくる。これは，とりもなおさず，執筆している現在の時点（読者にとっては，読書時）に心理的視点を置いて過去の出来事を眺めたり，出来事の起こった過去の時点に心理的視点を切り替えて，それを目前で起こっている出来事として眺めたりするということが行われているということを意味している。それに対して，英語のほうは，心理的視点を執筆時（あるいは読書時）に固定しておいて，常にそのカメラ・アングルから眺めるという方法がとられるために，過去の出来事は過去形（あるいは過去完了形）で表されるのであると考えることができよう。つまり，時制の一致をめぐって観察される日英語間の違いについても，1.4.2.3と同じように，心理的視点の置き方の違いとしてとらえることができる。

1.4.2.5　指示代名詞

日本語において，指示代名詞が，前項の時制の一致現象に伴って表れることがある。

(103)　a.　Had he wanted to find a prostitute in his bride? There was astonishing ignorance in the fact, and Shingo felt in it too a frightening paralysis of the soul.
　　　　　Did the immodesty with which he spoke of his wife to Kinu and even to Eiko arise from that same paralysis? (Yasunari Kawabata, *The Sound of the Mountain*, Edward G. Seidensticker 訳, 105)

b. 修一は新妻に娼婦をもとめていたのだろうか．おどろいた無知だが，そこにはまたおそろしい精神の麻痺があるように，信吾には思えた．
   　修一が妻のことを絹子や，また英子にまでしゃべる，つつしみのなさもこの麻痺から来ているのだろうか．（川端康成『山の音』，121）

　日本語の例文 (103b) において，「そこ」は完了相の文の中で使われており，執筆時（読書時）に視点を置いて，そこから過去をながめるという形をとっているのに対して，視点を移して，「この」という指示代名詞が使われると，それに伴ってル形（未完了相）となり現在に変わっており，視点の変化と相まっている．ところが，英語のほうは，一貫して過去時制が使われており，指示代名詞 that が使われていることから見ても，視点の移動が生じていないことが分かる．このように，指示代名詞と時制に関わる現象をめぐる日英語の違いも，英語は視点の一貫性を強く求めるが，日本語は視点の移動を許す，という視点の問題としてとらえることができる．

　以上 1.4 では，日英両語の間に見られるいろいろな表現構造の違いは，それぞれが無関係に独立した現象ではなくて，そのうちのいくつかは，Kaplan が談話構造の違いについて観察した原理と，機能文法で言うところの心理的視点の問題として，統一的にとらえることができることを示した．

1.5　談話構造が文構造に落す影

　1.5 では，まず一つの文を最大の分析対象とする文文法 (sentence grammar) のみでは，記述的妥当性すら満足させることができないことを示す言語事例を挙げ，談話分析の必要性を説く．そのうえで，具体的な文学作品を取り上げて，作者の意図をはじめ，作中人物の性格や作品のコンテクストなどによる談話構造が文構造に影響を及ぼしている様子を具体的に観察する．
　発話の基本的な目的の一つは，情報を伝達することにある．われわれは，

音をいくつか組み合せたものに，意味を与えて語を作り，その語を一定の規則に従って並べることによって文を作る．その間の事情をとらえようとするものが文文法である．そして，二つ以上の文が，ただ無関係に並べられるのではなく，一定のまとまりを維持している場合，談話あるいはテクストと呼ばれる（テクスト性については，1.1.3 参照）．1.5 では，まず談話分析の狙いについて考察し，後半で談話構造が文構造に影響を与えている様子を具体的な作品の中で観察する．

　ところで，アメリカ構造主義言語学や，初期の生成文法においては，文法研究の対象がもっぱら文のレベルの内側に限定されていた．しかし，その後，言語研究の対象を文のレベルを越えた範囲，すなわち談話のレベルにまで広げる必要性が説かれるようになってきた．そこで生まれてきたものが談話文法，あるいは談話分析と呼ばれる研究である．文文法と談話文法の間には，文文法が一つの文を最大の研究対象とするのに対して，談話文法は文を越えた範囲をも対象とするという研究の対象領域の拡大というだけではなく，研究の目標にも違いが見られる．文文法は，文の構成素の構造に見られる法則性を追及することを中心課題とし，談話文法は言語の思想情報の伝達機能面に注目し，その機能を果たすためにどのような原理が働いているかということを追及することを中心課題とする．したがって，談話文法は，一つの文において，あるいは二つ以上のまとまりを持つ文においてとらえられる言語の機能面に関する言語現象が，どのような原理に基づいているかということを扱うものである，と考えることができるであろう．とはいえ，談話分析という用語によって示される範囲や手法は学者によってかなりまちまちであるのが実情であり，Chomsky の唱える次のような考えが正しいとするならば，こうした状況がまだしばらく続くものと思われる．

1.5.1　談話分析と N. Chomsky

　Chomsky (1980) は，人間の精神の働きのことを単一の一様で未分化なものではなく，モジュール (module) 構造を成すものとしてとらえる．すでに1.2.1 で，モジュールの考えをとる生成文法から見た語用論全体についての考察の中でモジュールについて触れることがあった．少し重複する部分もあ

るが，ここでは具体的に談話分析との関係についてもう少し具体的に考察する．モジュールというのは，電子計算機や航空機などの各部門のように，それぞれが固有の構造と特性を備えた基本的な下位体系のことをいう．これらの下位体系が，独自性を保ちながらも相互に密接に作用し合うことによって，有機的に全体を構成する結果，複雑に見える働きがなされる．精神の働きである言語の使用についてもこうしたモジュール性を認めて，いくつもの下位体系から構成されているとの見方をした方がよいと考えているわけである．

　Chomskyは，われわれが言語を知っているという精神の状態を，一般常識や記憶や信念などいくつかの下位体系に分解してそれらの相互作用としてとらえる．そういう下位体系に数えられるものとして，Chomsky (1977, 3; 1980, 59, 224-25) は，とりわけ文法的能力と語用論的能力とを区別する．文法的能力とは，統語構造や音韻・意味に関する計算的 (computational) な能力のことであり，語用論的能力とは，与えられた言語的・非言語的コンテクストの中で，言語をいかにして適切に効果的に用いるかということに関わる能力のことである．

　このように2種類の能力を区別して考えるわけであるが，文文法は文法能力の解明に重点が置かれているものであり，談話文法はその目標の点から見ると語用論的能力の解明に重点が置かれているものということになるであろう．ただし，文文法と談話文法とが，まるで水と油のように初めから分かれているわけではない．文文法の旗頭である N. Chomsky も，Chomsky (1980, 225) において，われわれが言語を知っているというときの言語に関する知識について述べる中で，その「言語に関する知識は，言うまでもなく，文のレベルにとどまるものではない．われわれはさまざまな種類の談話をいかに組み立てまた理解するかを知っており，談話の構造を統制する諸原理が存在することは疑いを入れる余地がない」(同訳書, 303) と，談話文法を積極的に認める趣旨の発言をするに至っている．しかも，モジュール性に関する想定に従い，ある範囲の重要な事実，例えば，談話文法が扱っているものが文法能力を反映したものか，それとも語用論的能力を反映したものであるかというようなことは，ア・プリオリに決めることはできないのであって，経験

的に決められるものであるという想定がなされている．つまり，それぞれの事象の研究を洗練していくことによってのみ，その研究結果に基づいて経験的にいずれの能力を反映したものであるかという所属を決めることができるようになるというのである．したがって，現在談話文法を研究している学者の定義や手法がある程度まちまちであっても，それはいまの研究段階ではいたしかたのないことということになる．

1.5.2 談話分析の動機

生成文法においては，Chomsky (1965, 3-4) に述べられているとおり，言語使用者の記憶の限界や誤りなどに影響されない理想状況を仮定したうえで，コンテクストから独立した一つの文を最大の対象として研究が進められた．しかしその研究がしだいに進むにつれて，言語学をはじめ隣接分野からも談話の研究の必要性が説かれるようになったわけであるが，その動機としておよそ次の三つをあげることができる．

(104) a. 言語現象の中には，文と文にまたがって生じるために一つの文を最大の対象領域としていたのではとらえきれないものがある．
b. 一つの文を最大の対象領域とする文文法によって正文と判断されるものでも，談話の中では非文であるものがある．
c. 一つの文を最大の対象領域としている限りでは見逃していた言語現象がある．

例えば，(104a) に相当する現象として，(105) のような代用表現形式による照応関係をあげることができよう．イタリック体は照応関係を示す．

(105) a. **He* finally realized that *Oscar* is unpopular.
b. I spoke to *Oscar* yesterday. *He* finally realized that Mary is unpopular.
c. I spoke to *Oscar* yesterday. **He* finally realized that *Oscar* is unpopular.
([105] は，Lasnik [1976, 6])

(105a) のようにコンテクストから独立した一つの文の範囲内に，照応関係を結ぶ可能性のある名詞句がありながらも照応関係の成り立たない文は，文

文法によって処理が可能である．一方，(105b) の代用表現 (He) と照応関係にある名詞句は前文中にあるため，一つの文だけを対象にしていたのでは十分な意味解釈が得られない．さらに，(105c) は，独立した一つの文の範囲内ですでに照応関係の成立していない文は，たとえ照応関係を結ぶ可能性のある名詞句が前文中にあるような談話の中に置かれても，非文のままであることを示している．このように，代用表現形式による照応関係を説明するためには，文文法と談話文法の両方が必要とされる．

次の (106)-(108) は，文の適・不適がまさしく先行するコンテクストによって左右されることを示す事例である．「#」印は，コンテクストから独立した文としては構文的に文法的な文であるが，与えられたコンテクストの中では不適格 (unacceptable) であるか，または，よほどのコンテクストがない限り不自然な文であることを示す．指標は照応関係を示す．

(106) a.　Speaker A:　Who is visiting John$_i$?
　　　b.　Speaker B:　His$_i$ brother is visiting John$_i$.
(107) a.　Speaker A:　Who is visiting who?
　　　b.　Speaker B: #His$_i$ brother is visiting John$_i$.
(108) a.　Speaker A:　Who are John$_i$'s brother and Bill$_j$'s brother visiting?
　　　b.　Speaker B: #His$_i$ brother is visiting John$_i$, but I don't know about Bill$_j$'s brother.([106]-[108] は Kuno [1975, 278])

(106b) のように代用表現形式が使えるのは，それと照応関係にある名詞句が先行文脈から判断できるからであって，(107) のように，後続する文脈からでなければ判断できない場合や，(108) のように，照応関係にある可能性のある名詞句が先行文脈にいくつか存在していて，いずれとも判断がつかない場合には代用表現を用いることができない．これも，談話にまで視野を拡大して初めて説明のつく事例である．

最後に，(104c) に該当すると思われるものに (109)-(110) のような事例がある．

(109)　Hankamer: I'm going to stuff this ball through this hoop.
　　　　Sag:　　　It's not clear that you'll be able to.

(110) a.　[Hankamer attempts to stuff a 9-inch ball through a 6-inch hoop]
　　　　 Sag:　　#It's not clear that you'll be able to.
　　　 b.　[Same context]
　　　　 Sag:　　It's not clear that you'll be able to do it.([109]-[110] は Hankamer and Sag [1976, 392])

　照応による動詞句の削除は，(109)のように言語による先行文脈として先行詞が存在する場合には行うことができるが，(110a)のように，非言語的文脈による先行詞しかない場合には削除できない．その場合には，(110b)のように代用表現を残しておかなければならない．このような事例は，ある言語事象が単に複数の文にまたがって起こるということにとどまらず，談話構造そのものが文構造に直接影響を及ぼすということをも明らかにしていると考えることができる．これは，談話を対象として研究するようになるまで見過ごされていた事象である．
　以上のような事例は，一つの文を最大の分析対象とする文文法のみでは，生成文法でいう記述的妥当性 (descriptive adequacy) すら満足させることができないということを指摘しているわけで，談話分析への動機となるものである．

1.5.3　テキスト鑑賞への第一歩

　1.5.3 では，平易で流麗な，しかし味わいのある名文によって読者をぐいぐい引き付ける怪奇な物語として誉れの高い Lafcadio Hearn の *Kwaidan* (Charles E. Tuttle, 1971) の中から "The Dream of Akinosuké" を取り上げて，コンテクストや談話構造が文構造に影響を及ぼしている様子を眺めてみることにする．
　この物語の主人公である Miyata Akinosuké の登場のしかたを見ると，(111) が示すように物語体でよく用いられる形式がとられており，新情報を表す Akinosuké を文の末尾に置くことによって，読者の関心を高める効果を出している[6]．しかも，まず a gōshi という不定名詞句を先に出しておいてから，文末という新情報の極点の位置に固有名詞を持って来るという常套手段がとられている．

(111) In the district called Tōichi of Yamato province, there used to live a gōshi named Miyata Akinosuké....(p. 145)

　さて，この物語の大筋を述べると，主人公のAkinosukéが，ある暑い日の昼下がりに庭の大きな杉の木の下で友人と談笑しているうちに眠気がさしてきたので，横になって昼寝をしたところ奇妙な夢を見る．Tokoyoの国の国王の家来が王の命を受けてAkinosukéを連れにやって来た．言われるままに宮殿に案内されて，国王の姫君の婿として迎えられた後，その国の領土である莱州という島の国守に任ぜられる．妃とともにそこで23年暮らしたが，7人の子供を生んだ妃が急に病死したために任を解かれて故郷へ戻されることになる．船から莱州の島影が見えなくなったときAkinosukéは夢から覚めた．談笑を続けている友人から，Akinosukéの寝ている間にAkinosukéの魂を思わせるような不思議な蝶が現れたということを聞かされたのをきっかけにして，杉の根かたを掘ってみたところ，Akinosukéの見た夢は蟻がそこに作っている巣の世界の様子とまったく同じであったことを知る．
　物語の構成を見ると，現実世界における描写が夢の部分の前後に配置されている．
　さて，主人公Akinosukéの本文中での表れ方を見ると，Akinosukéという形の他に，代用表現のhe, his, himという形で表れたり，相手から話しかけられたことばの中でyouとかyourと呼ばれたり，あるいは妃と併せてthe pairとかtheyという形をとって表れたりする．それらが動詞の主語や目的語などとなって文中に表れてくるわけであるが，文構成におけるAkinosukéの意味役割（semantic role）をとらえるためには，主語・目的語というような統語範疇や，主格・目的格というような格範疇から独立した種々の意味関係という概念を認める必要がある[7]．それぞれの述語は結合価をいくつか持っており，文を構成するためには，その結合価を満足させる名詞句を選択しなければならない．こうして選ばれた名詞句は，述語の意味に応じてそれぞれが述語と特定の意味関係を結んでいると考えられるからである．そのような概念のいくつかを次に列記しておくことにする．

(112) a. 動作主…意志的な動作や行為の主体
b. 経験者…心理状態や非意志的な動作や作用を経験する者
c. 対象……意志の関与なしにある事態 (event)・状態・状態の変化にまき込まれるもの
d. 受益者…所有・可能・必要概念が帰属するもの
e. 起点……移動・状態変化の始発点
f. 着点……移動・状態変化の終着点

これらの概念は意味役割であって，主語とか直接目的語などといった構文的役割と一対一に対応するものではないということが大切である．例えば，(113)のいずれの文においても John が動作主であるが，(113a) では主語であり，(113b) では前置詞 by の目的語という構文的役割を担っている．

(113) a. John opened the door.
b. The door was opened by John.

このような観点から Akinosuké が述語に対してどのような意味関係を結んでいるかということを調べてみると，動作主が現れる文としては，(114) のように Akinosuké が動作主の役割を担っている文もあるにはあるが，(115) のように Akinosuké が対象という意味役割を担い，他の人物が動作主という意味役割を持っている文が非常に多い．（なお (114)-(115) の文中の he, him と，(115c) の you, your は，いずれも Akinosuké を指している．また (115a) の文頭の These は宮殿に到着した Akinosuké を迎えに出てきた王の家来である２人の貴人を指し，(115c) の we は royal 'we' の用法により，国王を指している．）

(114) a. ... he was lying there in his garden. ... (p. 146)
b. He entered the carriage. (p. 147)
(115) a. These, after having respectfully saluted him, helped him to descend from the carriage, and led him through the great gate and across a vast garden, to the entrance of a palace. ... (pp. 147-48)
b. As the king finished speaking, a sound of joyful music was heard; and a long train of beautiful court ladies advanced from behind a

curtain, to <u>conduct Akinosuké</u> to the room in which <u>his bride awaited him</u>.(pp. 149-50)

 c. <u>We will now send you</u> back to your own people and country.(p. 152)

　また，特徴的なことは，Akinosukéが対象という意味役割を担い，他の有生名詞句が動作主になっている文は(115)をはじめいくつも見られるのに対して，逆にAkinosukéが動作主の役割を担い，他の有生名詞句が対象となっている文が非常に少なく，たった2例しかないということである．([114]においては，Akinosukéが動作主ではあるが，他の人物を対象として持つ構文ではない．)このような特徴が見られるのは単なる偶然ではなくて，物語におけるコンテクストや，各登場人物の性格の違いや登場人物間の相互関係などが反映しているのではないかと考えられる点に注目したい．

　つまり，夢の中に登場するAkinosukéには，主体性や積極性がまったく見られず，まるで操り人形のごとく指図されるがままに行動する受身的な立場の人物であり，一方，国王およびその家来たちは主導権を握り，自由に事を運んで行く．こうしたことが談話の中でいろいろな形となって表れてくることが考えられるわけで，たとえAkinosukéが動作主として意志的な動作や行為の主体という意味役割を担わされることがあっても，対象という役割を担った人物が与えられるような構文の中で用いられている例が少ないのは，Akinosukéが受身的な立場に置かれていることの表れの一つであると考えられる．

　このことを裏付けると思われることが他にもいくつか観察される．まず，夢の中ではAkinosukéがことばを口にすることは一度もない．これは，(116)が示すように眠る前には，郷士仲間の友人2人と酒を酌みながら談笑していたという設定と見事に対照的であり，現実世界と夢の世界における同一人物の立場の違いを浮き彫りにさせるのに役立っているように思われる．([116]におけるheはAkinosukéを指している．)

 (116) One very warm afternoon he was sitting under this tree with two of his friends, fellow-gōshi, <u>chatting and drinking wine</u>, when he felt all of a

sudden very drowsy,—so drowsy that <u>he begged his friends</u> to excuse him for taking a nap in their presence.(pp. 145-46)

ここに見られる he begged his friends.... という文は，先ほど述べた Akinosuké を動作主とし他の人物を対象とする数少ない文（2例しかない）の一つであるが，Akinosuké が受身的な立場にある夢の世界での出来事ではなくて，夢に入る前の出来事である点に注意されたい[8]．

また，夢の世界に入った直後の部分で，国王からの使いがやってきたときの Akinosuké についての描写の中で，(117) の前半部分に見られるように，使いの家来のことばに対して返事をしようとしたがことばが出なかったというところには，現実世界から夢の世界への移行が，物言う主導的な Akinosuké から物言わぬ被動的な Akinosuké への変化を伴っていることを象徴的に表しているのではないかと思われる．

(117) Upon hearing these words Akinosuké wanted to make some fitting reply; but <u>he was too much astonished and embarrassed for speech</u>;—and in the same moment <u>his will seemed to melt away from him</u>, so that <u>he could only do as the *kérai* bade him</u>.(p. 147)

しかも，(117) の後半部分に見られる，「自分の意志というものがひとりでに融けて消えて行くような心持ちがした」ということばと，その直後にでてくる「この家来の言うがままになるよりしかたがなかった」ということばによって，夢の中の Akinosuké が主体性のない受身的な立場にあることが決定的に示されている．

一方，家来のほうは，Akinosuké に対して非常に主導的であり，そのことは家来に動作主という意味役割を与え，Akinosuké に対象という意味役割を持たせた (117) の the *kérai* bade him という文によっても明らかにされている．すでに見た (115) の各例文においても，国王側の人物が Akinosuké に対して主導的な立場にあることが同様の文構造によって示されている．王の Akinosuké に対する強い意志や主導性があることは，次の (118) の各例において shall が用いられていることよっても明らかにされている（[118a] は家来が，[118b, c] は国王が，それぞれ Akinosuké に言ったことばである）．

(118) a. Our master, the King, augustly desires that you become his son-in-law ... and it is his wish and command that <u>you shall</u> wed this very day ... the August Princess, his maiden-daughter....(p. 148)
   b. We have decided that <u>you shall</u> become the adopted husband of Our only daughter; —and the wedding ceremony shall now be performed.(p. 149)
   c. ... and We desire that <u>you shall</u> rule them with kindness and wisdom.(p. 151)

さらに，国王側の人物相互間にも主導と被動についての階層が見られるようである．例えば，(119)などにおいても，王が家来に命を下し，家来はその命に従ってAkinosukéに対して社交儀礼的な態度はとりながらも主導性を発揮していることを示す文構造になっており，結局，国王—家来—Akinosukéの順に主導性が低くなっていることが示されている．

(119) Honored Sir, you see before you a *kérai* [vassal] of the Kokuō of Tokoyo. <u>My Master, the King, commands me to greet you</u> in his august name, and to place myself wholly at your disposal. <u>He also bids me inform you</u> that he augustly desires your presence at the palace.(pp. 146–47)

Akinosukéを主語とする構文を調べると，すでに見た(114)の he was lying([120a]として再録)のように，Akinosukéが動作主のものもあるが，(120)の think, see, observe, find, feel などのように，心の働き（特に認知作用）を表す動詞や，感覚・知覚を表す動詞の経験者を表すものとしてかなり用いられている．

(120) a. He <u>thought</u> that as he was lying there in his garden, he <u>saw</u> a procession, like the train of some great daimyō, descending a hill near by,....(p. 146)[he = Akinosuké]
   b. He <u>observed</u> in the van of it a number of young men richly appareled....(p. 146)[he = Akinosuké]
   c. You will <u>find</u> the people loyal and docile....(p. 150)[you = Akinosuké]
   d. But Akinosuké <u>felt</u> such grief at her death that he no longer cared to live.(p. 152)

Lakoff(1966)が動詞の特性に「状態(stative)」と「非状態(nonstative)」という用語を与えて明らかにしたもののうち，これらの動詞は，通例(120)のように，stative な用い方がなされる。これらの主語の意味役割は動作主ではなく，心理状態や非意志的な動作や作用を経験する経験者という役割である．そのため，こういう動詞は，carefully, deliberately, intentionally, purposely, reluctantly, voluntarily, willingly などのような主語指向(subject-oriented)の副詞的語句，すなわち主語の意志との関わりを示すような副詞的語句とともに用いることはできない．受身の立場のAkinosukéが状態性動詞の主語に選ばれやすく，主導性の強い国王側の人物が非状態動詞として選ばれやすいことは談話構造から見ても必然的であると考えられる．

最後に，受動文の主語としてAkinosukéが頻出している点も見逃すことができない．例えば次のような受動文である．

(121) a. Akinosuké was then shown into a reception-room of wonderful size and splendor.(p. 148)
 b. It is now our honorable duty to inform you . . . as to the reason of your having been summoned hither. . . .(p. 148)
 c. With these they attired Akinosuké as befitted a princely bride-groom; and he was then conducted to the presence-room. . . .(p. 149)
 d. Some days later Akinosuké was again summoned to the throne-room.(p. 150)
 e. On this occasion he was received even more graciously than before. . . .(p. 150)
 f. On receiving this mandate, Akinosuké submissively prepared for his departure. When all his affairs had been settled, and the ceremony of bidding farewell to his counselors and trusted officials had been concluded, he was escorted with much honor to the port.(p. 153)

([121f]において，指図されるままに行動するAkinosukéの姿がsubmissivelyという副詞によっても明示されている点にも注目しておきたい．)さて，この物語には，(117)においてすでに見たhe was too much astonished and embarrassed for speech というような普通受身の形で使うこ

との多いものまで含めると，全体を通して，人を主語とする受動態が21例ある．そのうち Akinosuké を主語とするものが15例で，Akinosuké と妃を the pair とか Akinosuké and his bride というような形で主語にしたものが2例，妃のみが主語のものが1例，子供が主語の例が一つ，それに仲間の郷士が主語の例が2例ある．つまり，21例の受身文のうち主語の位置に Akinosuké がきているものが17例にも及ぶわけである．

仲間の郷士が主語になっているものは，(122) にあげた2例であり，いずれも「by＋動作主」という語句を補うことのできる純然たる受動文ではない．しかも，いずれも Akinosuké が夢から覚めてから後のことについて述べた文であるから，受動文の主語として Akinosuké が選ばれやすいという傾向に逆行することを示している例にはならない．

(122) a. But he perceived <u>his two friends</u> still <u>seated</u> hear him,—drinking and chatting merrily.(p. 153)[he=Akinosuké]
　　　b. ... and <u>they were astonished</u>, because he had really slept for no more than a few minutes.(p. 153)[he=Akinosuké]

また，妃と子供が主語の受身文は，それぞれ (123a) と (123b) であるが，(123a) は妃がすでに死者となった時点のことであるため，完全に受身な立場にある点では Akinosuké と共通している．また，(123b) は，王のことばであり，shall にも表れているとおり，裏返して言えば I will care for them fitly という王の意志を表しているものであり，なされるがままの立場にある点でこれまた Akinosuké と共通する．

(123) a. <u>She was buried</u>, with high pomp, on the summit of a beautiful hill in the district of Hanryōkō....(p. 152)[she=妃]
　　　b. <u>As for the seven children, they</u> are the grandsons and the granddaughters of the King, and <u>shall be fitly cared for</u>.(p. 152)

以上，談話分析の観点から，作者の意図をはじめ，作中人物の性格や作品のコンテクストなどによる談話構造が，文構成に影響を与えている事例を観察した．

注

1 Halliday and Hasan (1976, 2) は，テクスト性という概念を表すために"texture"を用語として用い，「テクストをテクストたらしめる特性」(the property of 'being a text') と定義している．文の集合をまとまりのある談話として成り立たせる鍵を握っている意味的関係をcohesion（結束作用）と呼び，その作用を実現するものとして，指示(reference)，代入(substitution)，省略(ellipsis)，接続(conjunction)および語彙による五つのタイプについて論じている．
2 談話分析と会話分析の違いについては，Levinson (1983, 286-94), Mey (1993, 194-95; 2001, 191) を参照のこと．
3 HAVE言語とBE言語の区別については，Issatschenko (1974), 池上 (1981), Mathesius (1975) などを参照のこと．なお，英語のhaveの各種用法と分析については，Bach (1967), Bowers (1981) が詳しい．
4 談話構造の点から繰り返しに関する日英語を対照した研究に西光 (1989) がある．
5 対照レトリックという分野は比較的最近生まれたもので，Kaplan (1966) が先駆的なものであるが，日本語と英語の対照レトリックの分野における比較的最近までの足取りを概観するには，Oi (1984), Ricento (1987), Connor (1996, 2002) が便利である．
6 情報の新・旧については，Chafe (1970, 1976), 井上 (1979) を参照のこと．
7 各種の意味関係の概念については，フィルモア (1975), Chafe (1970), 柴谷 (1978), 井上 (1976) などを参照のこと．
8 残りの1例は，... and Akinosuké, advancing into their midst, saluted the king with the triple prostration of usage. (p. 149) である．Akinosukéが動作主で，国王が対象という意味役割を担っており，主導と被動の関係が，一見，他の動詞の場合の逆のように見えるかもしれない．しかし，三拝の礼は，目下のものが国王のような階級の頂点に近い人物に対して行うわけであるから，saluteという動詞については，この形の文構造によって今まで見てきたようなAkinosukéと国王との関係が示されているものと考えられ，これまで観察してきた内容と矛盾するものではない．
9 Quirk et al. (1985) では，「状態」(stative) と「動態」(dynamic) と呼んでいる．

第2章
認知言語学の意味観

　本章では，認知言語学の意味観について，他の言語理論と比較しながら考察する．まず，2.1においては，生成文法を含めて従来の言語理論と認知言語学（特に認知意味論）を支配しているパラダイムのいくつかについて考察する．そして，それらの理論・方法論に基づいて言語研究が行われるときの背景となっている意味観や言語観について考察し，言語の本質にせまる言語研究がどうあるべきかということについて論じる．特に，カテゴリー化とメタファーを考察の対象とし，言語を科学的に研究するスタンスとして，言語主体である人間の介在が問題にされなければならないことの重要性を問い，その過程で言語理論が意味論を基盤にすることの意義について論じる．

　2.2においては，引き続き2種類の言語観・言語学観の相違，特に意味に関する見方の相違が，メタファーやいくつかの構文の取り扱い方にどのような違いとなって現れるかということを例証し，人間の言語能力を解明する鍵が言語の形式面ではなくて，むしろ人間が状況を理解するしかたを基盤にすることにあるという言語観，言語研究観に基づいた研究が，言語の実態に近い研究であることを検証する．

　2.3においては，格文法や生成文法など従来の言語理論と認知言語学の相違に着目しながら，動作主性の分析に焦点を絞って，従来の言語理論による分析では容認可能性の差を説明できないなどいくつかの問題点があることを

指摘し，それらが認知言語学的分析によって解決できるかどうかを考察する．そして，少なくとも動作主性に関する形式と意味を説明する言語研究方略としては，認知言語学による分析のほうが言語の実態に近づいたものであるということを例証したい．

2.4 においては，意味構造の言語個別性について考察する．言語の意味構造に関して，はたして普遍的特性があるのかそれとも個別的特性があるのかということは，言語科学的な見地から見て必ずしも自明なことではない．仮にその両方が存在すると仮定しても，どこまでが普遍的特性で，どこから先が個別的かということも，いずれ明らかにされなければならない．そこで，2.4 では，将来を見据えながらその第一歩として意味構造の言語個別性について少し考察しておきたい．すなわち，意味構造は言語によって異なりうるものであって，それぞれの言語に固有な性質のものがあるということを，日英語の具体例をあげながら検証することにしたい．

2.1 客観主義の意味論と認知言語学のパラダイム

近年の日本における言語学の状況を鳥瞰すると，言語理論の多様化がその特徴として挙げられるであろう．そうした状況の中で，二つの大きな潮流を認めることができ，その一方の極では生成文法 (generative grammar) のパラダイムが，他方の極では認知言語学 (cognitive linguistics) のパラダイムがそれぞれ発展を続けている，と見ることができるであろう[1]．前者の関心の中心は言語の形式的側面の解明にあり，後者の関心の中心はあらゆる言語事実を意味的基盤の上に解明することにある．これら二つは，両極に見えるが，それぞれに得意としている面，不得意にしている面が異なっている．言語の解明にとって，おそらく両者は相補の関係にあり，将来一つの流れに合流することがあれば，そのときは言語の全体像が今よりも格段に明らかになっていることであろう．現段階で，このように 2 つの大きな潮流ととらえることは，状況を単純化し過ぎているきらいはあるが，両者を比較しながら違いを意識しておくことは，今後のためにも無意味ではなかろうと思われる．

生成文法は Chomsky を出発点とし，言語の諸現象を分析するにあたって

自然科学の手法に近い方法を取り入れ，いくたびとなく大きな修正を繰り返しながら発展を続けて今日に至っている．そして，個別言語の特性をとらえることに努力するとともに，個別言語の背後に人間の自然言語に共通する普遍的な特性があるはずであるという前提のもとにそれを抽出しようという視点を持って，20世紀中頃以降，言語学界の中心勢力として活躍してきた．まずは言語の形式的側面の解明に主力が注がれてきたために，言語の意味的側面は少し脇へ押しやられ，統語論中心の理論を構築してきた．

　一方，生成文法とは異なる言語観に基づいて生まれてきたのが認知言語学であり，機能論や語用論をも包含しつつ，文法も意味も含めて，あらゆる言語事実を，意味を基盤にして解明することを目指している．認知言語学は，言語活動が人間の身体や知覚の経験と深く関連を保ちながら行われるものであり，特に言語の意味とは，そうした身体経験や知覚経験に基づきながらわれわれ人間の脳によって行われる精神作用の結果生み出される概念実体そのもののことであるという立場をとる．したがって，意味を明らかにするということはそうした概念実体を明らかにすることにほかならない．こうして認知言語学が生まれたことにより，言語の分析においてようやく意味的側面に正面から焦点が当てられるようになった感がある．

　生成文法に対立する形をとりながら，互いに独立して展開してきたいくつかの言語理論が，ゆるやかながらも結合したものとして受け取られ，そのグループの総体がひとまとめに認知言語学と呼ばれているものである．全体で認知言語学と呼ばれている諸理論の間では，生成文法におけるGB理論やミニマリストプログラムのように，用語や言語分析の理論・方法論的枠組みが統一されているわけではない．それにもかかわらずひとまとめにして考えられるのは，独自性を保ちながらも，このグループに属する研究者が言語に対する共通の問題意識を持っていると考えられるからである．言語は人間の認知活動の一部が言語という形式をとって現れたものであると見なし，（もっぱら形式だけに注目するのでなく），人間が自らの置かれた状況をどのように経験・理解（すなわち認知）しているかという観点に注目しながら言語の諸相を分析しようとする点では共通の問題意識を持った，複数の研究活動に対するカバー・タームとして，認知言語学という名称が用いられているので

ある.

　このような問題意識に支えられて発展しつつある認知言語学の研究プログラムの中で,理論的発展に大きく貢献してきたのが認知文法論と認知意味論であると言えよう.いずれも言語を人間の認知活動によるものとして動的にとらえ,人間の言語活動を解明する鍵は言語の意味にあるとし,意味を言語の研究方略の基盤として位置づけている.生成文法が,人間の言語能力を解明する鍵は言語の形式にあると考え,モジュール的発想により言語を自律的で静的な体系を成すものとして,もっぱら言語の形式面に重点をおいて解明することを指向するのと比較すると,認知言語学の諸研究は明らかに一線を画するものと言える.

　言語研究のアプローチについて論じる場合,どのようなことに目を向けるべきであろうか.各アプローチがどのような理論や方法論を持っているかということに目を向けただけでは,構築物としての理論や方法論を問題にすることはできても,言語の本質をとらえているかどうかという根本的な問題を素通りしてしまう危険性がある.言語の使用者が人であることを考えると,言語理論や方法論は決して人工的な架空の構築物を生み出すためのものではないはずである.言語の本質をとらえようとする言語研究者が,どのような言語観を持っているのか,言語と言語を使っている言語主体としての人間との関係をどのようにとらえているのか,言語と外界の世界をどのようにとらえているのか,外界の世界と言語主体としての人間との関係をどのようにとらえているのかというような,言語理論や方法論が生まれる以前の研究者のスタンスを明らかにしてこそ,それぞれの言語理論や方法論の存在理由や問題点が浮き彫りになるものと思われる.こうした研究者のスタンスの妥当性が問われないまま,もっぱら理論や方法論の構築だけに努力を払うことは,言語の本質をとらえる研究が行われることが保証されないことを意味する.そのような状態で研究を進めたのでは,もしも暗黙のうちに前提となっている言語観,人間観,世界観に問題があることが後になって判明した場合には,それらが言語活動の根本に関わる問題であるだけに,理論や方法論全体がその土台を失って一度に崩壊してしまう可能性を含んでいる.実際に言語を具体的に研究する段階では,前述したような研究者の言語観,人間観,世

界観は背景となって議論の現場からなりを潜めてしまうことが多いため，ともすれば言語に対する基本的な問題意識が問われないまま議論が進められてしまいがちである．

そこで，2.1 では，生成文法を含めて従来の言語理論と認知言語学（特に認知意味論と呼ばれているもの）を支配しているパラダイムを比較検討し，それらの理論・方法論によって言語研究が行われるときに背景となっている意味観や言語観を明らかにする．そうすることによって，言語の本質にせまる研究はどうあるべきかということを問い，また，その過程で言語理論が意味論を基盤にすることの意義を明らかにしていきたい．

2.1.1　2種類のパラダイム

最初に述べたように生成文法のパラダイムと認知言語学のパラダイムは力点の置きどころが大きく異なり，それぞれにまったく別個のアプローチをとりながら言語の分析を進めている．では，「文法」と「意味」についてこれらの二大パラダイムはどのような考えに立脚しているのであろうか．

まず，意味というものについてどのように理解しているのかということから考察してみよう．そのための手がかりを得るために，特定の言語の知識を構成するものとして，ごく常識的に，「文法」と「語彙」があると考えてみよう．いまここではこれ以外に言語の知識を構成するものが無いのかどうかとか，仮に言語の知識が文法と語彙とだけから構成されているとしても，それらをどのように定義し定式化するのかとか，両者がどのような関係にあるのかというような問題には立ち入らないでおくが，言語の知識を構成するものの中に文法と語彙があるということについては，どの理論においても異論はないと考えて差し支えあるまい．そして，語彙に関する知識としては，語の「形式」だけでなく，形式と不可分な「意味」が含まれていること，すなわち語は形式と意味を備えた「記号」であるということも，どの理論においてもほとんど異論がないであろう．しかし，語の意味とはいかなるものであるかという点になると，理論によって大きく異なる．

人間の言語は，形式と意味を備えた知的メカニズムであることを考えると，言語理論において意味論が極めて重要であることは，あらためて議論す

るまでもなかろう．しかし，これまでの言語研究の歴史を見ると，形式と意味の両面をまんべんなく研究した理論は見当たらない．例えば，アメリカ構造主義言語学は，形式だけを研究し，意味は研究対象から排除されていた．しかも，形式を分類することに終始したために，限界に突き当たる結果に終わった．その後，その限界を解消する形で20世紀中ごろにChomskyを中心に台頭し，何度か理論上の変遷を伴いながら現在も発展している生成文法においては，文法というものを音声の形式と意味内容を結びつける仕組みとしてとらえているため，なるほど形式も意味もともにその研究の射程に入ってはいる．しかし，生成文法では，初期のころから統語論の自律性，すなわち，「統語論は意味に頼ることなく決定されるべきであり，したがって自律的である」と考えられてきた[2]．これは，統語部門において定式化をする際に，意味の情報を取り入れてはならないということである．では，意味に頼らないとするならば，何を基準にして文の統語分析をするかといえば，例えば，どの部分が移動の単位となるかというように，移動規則の適用可能性を基準にする．さらに，「意味を記述する際には統語論の枠組みを参考にすると大いに役立つが，意味そのものをいくら体系的に考慮してもそこから統語論の枠組みを得ることはできないように思われる」(Chomsky 1957, 108) とも述べられている．統語論の自律性ということだけを視野に入れると，統語論も意味論も，同程度に研究されていてよさそうなものだが，生成文法は，人間の言語能力を解明する鍵は言語の形式面にあるという言語観・言語研究観に支えられているため，少なくともこれまでの研究はもっぱら統語論を中心として展開しており，意味論は端役的な存在にすぎない．

　一方，意味論を中心に据えた研究，すなわち人間の言語能力を解明する鍵は言語の意味の面にありそうだという言語観・言語研究観に支えられた言語理論を追究することができるであろうと考えているのが，認知言語学である．近年の言語研究の中で，言語の構造を人間の一般的認知能力，特にその中でも概念化の側面からとらえようという問題意識に支えられた，意味論に中心をおいた一連の言語研究があり，具体的には，George Lakoff, Leonard Talmy, Ronald W. Langacker, Charles Fillmore, Gilles Fauconnier らの各研究者に代表される研究のことである．この他にも William Croft, Anna

Wierzbickaらの研究にも認知言語学的な考え方が見られる．ただし，これらの諸研究は，それぞれ独立に研究されてきたものであり，確固たる明確な共通の枠組みがあるわけではないが，いま述べたような問題意識を共有しており，カバー・タームとして認知言語学という名称で呼ばれている．

　認知言語学が意味論を研究の中心に据えている理由は少なくとも二つある．一つには，言語の構造を人間の認知能力の側面からとらえようとするとき，言語と認知能力の接点になっているものが意味であると考えられるからである．もう一つは，言語は意味のために存在しているのであり，文法，すなわち言語形式は，意味内容を構造化，記号化したものであるという前提に立っているからである[3]．

　認知言語学の大きな特徴であり，従来の言語研究と異なる点の一つは，意味とは何かということについて，新しい考え方を持っているということであろう．従来の多くの意味論研究においては，Gottlob Frege, Bertrand Russel, Alfred Tarskyらの哲学的意味論の伝統を踏まえて，概略的に言うならば，意味論の任務は，外部の世界とそれについて述べた言語表現との関係づけを行うことにほかならないと考えられている．つまり，意味は，客観的な外部世界の状況の中に存在しているものであり，その状況に対する人間の認知・概念化・解釈・理解からは独立して存在しているとのとらえ方である．したがって，外部世界の状況，例えば，雪が降っているという状況と，それに対応する「雪が降っている」という言語表現との関係づけが正しく行われるための必要十分条件，すなわち真理条件（その文がどのような状況のもとで真になるかということ），をとらえることが，このような言語表現の意味をとらえることにほかならないと考えられている[4]．

　それに対して，認知言語学における意味の扱いはこれとは大きく異なり，意味は認知過程によって構成されるものであり，人間の認知のしかた（見方，把握のしかた，理解のしかた，解釈のしかた，焦点のあてかた，切り取り方，概念化，と言い換えてもよい．認知言語学ではこのような外界認知のしかたを解釈［construal］と呼んでいる）に基づいて存在していると考えられている．従来の多くの意味論研究と異なり，意味を真理条件に限ってはいない．このように，意味に関する二つの対立する立場が認められるが，

Lakoff(1987) や Lakoff and Johnson(1980) に倣って，前者の従来の言語研究の意味観を客観主義 (objectivism) と呼び，後者の認知言語学の意味観を経験基盤主義 (experientialism) と呼ぶことにする．そして，それぞれ次のような意味論観に立脚していると考えられる．

(1) 客観主義的意味論観
  意味は外界の客観的な状況の中に内在するものであって，人間が自らとの関連で認知したり理解したりする営みとは独立して存在している．
(2) 経験基盤主義的意味論観
  意味とは，われわれ人間が身体経験や知覚経験に基づきながら人間の脳によって行う精神作用の結果生み出される概念実体そのものである．

(1)のような客観主義的意味論観に立脚する立場では，記号としての語の意味は，記号外の世界の何を指し示しているのかを規定することによってとらえられると考えられているわけである．したがって，記号としての語とその意味である指示対象物との間に介在するものは何も無く，語の意味を記述するということは，単に語と何らかの指示対象物との対応関係を記述することにほかならないという立場をとっていることになる．それゆえ，語とそれが指し示す何らかの指示対象物の間に人間はまったく関与していないと考えられている，と言うことができる．このような意味論観は古くから西洋に見られ，今日まで連綿と続いている意味についての根強い考え方である．古くからある伝統的論理学，記号論理学，論理哲学，形式意味論 (Allwood, Andersson, and Dahl 1977; Bach 1989; Cann 1993; Chierchia and McConnell-Ginet 1990; Dowty, Wall, and Peters 1981; McCawley 1981/1995; Saeed 1997; 白井 1985 など) などと呼ばれる意味論は，そのほとんどがこうした客観主義的意味論観の立場をとっているものである．また，生成文法のGB理論とその延長線上のミニマリストプログラム (Minimalist Program)，生成文法から分岐した語彙機能文法 (Lexical Functional Grammar, 略してLFG) や一般句構造文法 (Generalized Phrase Structure Grammar, 略してGPSG) など，生成文法から発展した理論の枠内で意味解釈が考慮されるときにも，同様の意味論観に基づいていると考えられる意味論を採用していることが多い[5]．

一方，(2) のような経験基盤主義的意味論観に立脚する立場は，記号としての語の意味は，われわれ人間が身体や知覚の経験と深く関連を持ちながら脳によって可能となる精神作用の結果，脳の中に形成される概念そのものであるという考え方をとる立場である．そうした概念を生み出すのは人間にほかならないわけで，人間が関与せずして概念が生じることはありえないのであるから，語とその意味である概念の間には必ず人間が深く関与している，という考え方に立って語の意味というものをとらえている立場である，と言うことができる．人間が外界から得る何らかの情報を脳の精神作用によって加工し，脳の中に概念実体を生み出す過程が認知 (cognition) と呼ばれるものであると考えることができる．それゆえ，(2) のような経験基盤主義的意味論観は，語の意味が人間の認知作用に根差したものであるということを基本に据えた立場であると言うことができる．近年になって急速に注目を浴びるようになった認知言語学はまさにこのような経験基盤主義的意味論観を基にして生まれたものである．認知文法 (Langacker 1987, 1990a, 1991, 1993, 1995a, 1995b, 1996, 2000, 2008)，メタファー理論 (Lakoff 1993; Lakoff and Johnson 1980; Johnson 1987)，メンタル・スペース理論 (Fauconnier 1985/1994, 1990, 1996a, 1996b, 1997; Fauconnier and Sweetser 1996; Fauconnier and Turner 1994, 1996; Sweetser and Fauconnier 1996; Turner and Fauconnier 1995)，構文文法 (Goldberg 1992, 1995, 2006)，などの研究は，それぞれに独自性を保持しつつ研究されてきたものであるが，いま述べたような意味論観や理論的前提を共有しているため，認知言語学と称されているわけである．

　いま述べた意味についての生成文法その他の言語理論のパラダイムと認知言語学のパラダイムとの特徴を，ことばと人の間の関係という観点からまとめてみよう．語と意味とに対して人間がどのように関与しているかという点になると，前者のパラダイムでは，語とその意味の間にその使用者である人間は関与しておらず，語の意味を規定することは，その語が外界の何を指し示しているのかということを規定することにほかならない，と考えられている．言い換えるならば，意味は客観的な状況の中に存在しているのであって，人間の認知や理解からは独立したものとして規定されるものであると考えられていることになる．それに対して，後者のパラダイムでは，語の意味

とは人間の概念化の実体そのもののことであるから，人間が関与せずしては存在しないものであると考えられている．つまり，意味は人間の認知過程によって生まれるものであり，したがって人間の認知や理解を経て初めて生まれるものである，と考えられていることになる．

　次に，生成文法のパラダイムと認知言語学のパラダイムでは「文法」という概念，つまりわれわれの持っている文法の知識をどのように位置づけているのかということを考えてみよう．語が意味を不可分な要素として持っているということはほとんど自明の理としてもよいと考えられるのに対して，はたして文法に関する知識も意味を不可分な要素として持っていると考えてよいのか，それとも文法は何らかの別の要素を媒介として意味と関連を持っているのかということについては，必ずしも自明の理として片づけられるほど明白ではなく，これについても生成文法のパラダイムと認知言語学のパラダイムとでは考え方が大きく異なる．もう少し具体的に言うならば，文法を構成している単位には，文法関係（例えば，主語，目的語など）や，品詞（例えば，名詞，動詞など）や，構文（例えば，結果構文，使役構文など）などがあるが，こうしたそれぞれの単位についての知識が，単語の場合と同様に，意味を不可分な要素として持つ一種の記号であると考えられるのかどうかということについて，両者のパラダイムでは対立する考え方を持っているということである．

　生成文法のパラダイムにおいては，文法に関する知識は，意味と何らかの規則的な形で規定できるような関係にはあるけれども，文法それ自体は，意味とはまったく独立した，すなわち意味との関連で規定することのできない完全に形式的な要素から成り立っている自律的（autonomous）なものであって，意味との関連で特徴づけなければならないような要素を不可分な要素として持っているわけではないと考えられている．こうした「統語論の自律性」と呼ばれる考え方こそが言語の形式的側面の解明に力点をおく生成文法がテーゼとして持っている文法に対する基本的な考え方である．

　一方，Langackerの提唱する認知文法では，基本的な前提として，「すべての言語構造は記号的である」，すなわち，「すべての言語形式には意味がある」と考えられている[6]．すでに上で見た語の場合と同様に，それぞれの文法

関係，品詞，構文についての文法の知識も，それ自体が形式と意味の両方を不可分の要素として備えた一種の「記号」である．つまり，それぞれの文法関係，品詞，構文にも，純粋に形式的な要素だけでなく，それぞれに特定の意味が不可分の要素として備わっていると考えられているわけである．この記号性を備えた文法というとらえ方は，認知文法に特有な文法観であるということができる．

　言語そのものが，情報の伝達を最も基本的な機能とする記号体系であるということを念頭に置くとき，一般常識から考えるなら，言語の主要な部分である文法が記号性を備えているということは，ほとんど自明の理であると思われるかもしれない．しかし少なくとも Chomsky 以来生まれた 20 世紀後半のさまざまな言語理論を振り返るとき，このような文法観は認知言語学によって初めてもたらされた極めて新鮮な考え方であるということができる．また同時に，生成文法が掲げる統語論の自律性という主張が生まれた源をたどると，生成文法の誕生期に，形式的にとらえにくい意味の側面はまずすべて排除しておいて，純粋に形式的な統語面の解明が先決であると考えられたことに由来している．つまり当初は，研究上の方略として意味に関係するものをすべて排除しただけであったものが，その後理論が発展して，人間の言語能力としての文法が，実際にも独自の構成単位と原理を持った自律したシステムから成っているというテーゼとして掲げられるようになったものである．そのことを念頭に置くならば，文法の知識が意味を備えているという考え方，すなわち認知文法の文法観は，常識的に見て自明のものであるとは言い切れないどころか，生成文法に対する挑戦的な考え方であると言うことができるであろう．

2.1.2　カテゴリー化

　従来の言語学と認知言語学のパラダイムについて検討するに先立って，認知言語学における重要な認識上のプロセスについて触れておこう．

　われわれが普通に日常生活の中で思考，知覚，行動，言語活動などを営んでいるとき，実にさまざまなことを行っている．例えば，今書斎にいる．部屋にはドアが二つある．何か音が聞こえた．それが電話のベルの音であると

理解し次の行動に移る．どこが廊下に通じるドアかということを理解し，そこを通って廊下に出る．どちらに曲がれば電話機のある部屋かということを理解し，右に曲がる．いくつか並んでいる受話器の中からどれが電話機の受話器であってインターフォンの受話器でないかということを理解し，その中の一つを手に取る．

　こうした日常生活の営みの中で，われわれは特に意識していない場合も多いが，自分が直面したそういうものをそういうものだと理解しながら，またその理解に基づいて次のまた別の理解へと移りながら，日常の営みを続けている．しかし，もしもこのような理解が正しく行われなかったとしたらどうであろうか．例えば，テレビのコントローラを見て電話の受話器であると理解したり，窓を見て廊下に通じるドアであるというような理解をしたりするようでは，もはや通常の日常生活を送ることができない．つまり，こうした日常の何げない営みの中でも，われわれは何が何であるか，どちらがどれか，だからああだろう，だからこうだというような分類や推論を，意識的であれ無意識的であれ，絶えず継続的に行っているということである．しかもこうした分類や推論は，われわれが日常生活を営んでいくうえで必要欠くべからざる基本的なものである．そして，認知意味論においては，このような，われわれが知覚・経験することによってとらえる情報の帰属先を決定する心的過程のことを，普通カテゴリー化 (categorization) と呼んでいる[7]．

　先ほど述べた電話のベルの音を聞いたときの一連の流れにおける最初の段階で，何か自分の知覚神経を刺激するものがあると感じる．それを感じたときに，いろいろな神経の中でも聴覚神経が刺激されているのであると判断するような，神経レベルでのカテゴリー化についてはここでは割愛する．しかし，音が聞こえたと判断してからそれが何の音であるかを理解したり，どれが廊下に通じるドアかということを理解したり，いくつかの受話器の中から電話の受話器を選んだりするとき，われわれはいつもカテゴリー化を行っているのである．認知意味論において，このカテゴリー化についての研究はとても重要なものである．なぜならば，われわれがあるものに対してカテゴリー化するということは，われわれの概念体系の中でそれを位置づけるということであるから，われわれの概念体系を解明するうえで重要な意味を持っ

ているからである．

2.1.3 従来の言語理論のアプローチ
2.1.3.1 意味論の位置づけ

　言語は形式と意味から成っているというとらえ方は，言語学において従来のみならず現在も自明のこととしてよい．しかし，形式あるいは意味とはどのようなものなのかということに関しては，言語理論によってさまざまに考えられてきたわけで，これまでの言語学の歴史は，形式観と意味観の歴史であったと言っても差し支えないであろう．

　これまでの言語研究の歴史を振り返ってみると，理論の中での意味の位置づけと扱い方は一様ではない．まず，ヨーロッパの伝統文法においては，統語論が意味と不可分の関係にあるという考え方があったものと思われ，統語論が意味論を内包する形の扱いがなされていた．

　また，アメリカにおいては，チョムスキー以前の言語学といえば，構造主義言語学が隆盛を極めていた頃であり，言語学といえば構造主義言語学にほかならない時代であった．構造主義言語学，特にアメリカ構造主義言語学においては，言語学の研究対象から意味的側面を排除し，外部から観察できるもの，すなわち言語の形式面の構造を科学的手法によって発見することを，事実上，目標としていたと考えられる．しかし，アメリカ構造主義言語学において研究領域から意味の面が排されていた理由は，決して意味を無視していたからではなく，意味は複雑すぎて到底科学的手法によって扱いきれないからということである．事実，Leonard Bloomfield は意味に頼らないことを力説しながらも，アメリカ構造主義言語学のバイブルとも言われる Bloomfield(1933, 137-38) において，意味の重大性に触れた箇所で，音声学や音韻論が意味についての知識を前提としていると述べ，また意味論が文法と語彙に分かれるとしていることは興味深い．アメリカ構造主義言語学が意味論を正面から取り扱うことはなかったが，音韻論など言語の形式面を扱い切った暁には，意味も言語学で取り扱わなければならない大きな問題であるとの認識は持っていたということになる．しかしそれが現実のものとならないうちに次の世代の言語学にとって代わられたわけである．

構造主義の後をうけたChomskyの言語学では，初期の理論においては，構造主義の場合と同様に言語の研究領域から意味論が排除されていた．すなわち，生成文法が直接の研究対象とするのは，センテンス・グラマーとしての統語論を中心として，音韻論までが研究の射程内であるが，意味の問題を持ち込まないで研究することこそが，言語学の研究方法としてあるべき姿であると考えられていた．また，意味論が言語理論の一部門として位置づけられて，実質的に意味論研究が行われるようになってから後も，言語研究はあくまでも統語論と音韻論を中心に行われたために，生成文法における意味論の研究は統語論よりも大きく出遅れることとなった．

2.1.3.2　古典的カテゴリー化

　次に，従来の言語学に古典的カテゴリー化という特徴があることを見ておこう[10]．本書で「古典的」カテゴリー化というとき，Taylor(1989/1995/2003, 2.1)に倣って，二つの意味で「古典的」という用語を用いている．すなわち，この種のカテゴリー化が古代ギリシャにまでさかのぼるという意味で古典的であると同時に，今世紀の大半にわたって，心理学，哲学，言語学（特にアメリカ構造主義言語学と生成文法の両方を含めた自律的言語学）において支配的な位置を占めてきたという点でも古典的であるという気持ちを込めて用いている．

　まず，古代ギリシャのAristotleにおけるカテゴリーのとらえ方を概観しておこう．Aristotleは，ものの本質（essence）と偶有的属性（accidents）とを区別した[11]．本質とは，あるものをそのものたらしめているものであり，偶有的属性というのは，たまたま付随的に備わっている属性であって，あるものがそのものたるために必然的に備えていなくてもよいもののことである．Aristotleが例として挙げているものを見ると，「人間」の本質は「2本足の動物」ということになる．人間は「教養がある」というようなことは，偶有的属性であり，ある個人については当てはまるかもしれないが，ある存在物が人間であることを決定するために必要欠くべからざるものではない．したがって，教養があるということは人間の本質に関するものではないということになる．

ところで，古代ギリシャの時代から定義とは何かということがしばしば問題にされてきたが，およそ定義というものが満たしていなければならない最低条件として次のようなものが考えられていると思われる．

(3)　定義は，定義されるものの本質を明らかにするものでなければならない．

ものの本質を明らかにするということは，見方を変えれば，そこで明らかにされている本質を備えているものであれば，すべてその定義されているものであるということになる．先ほどの「人間」の例に立ち返って考えると，Aristotle がとらえた人間の本質は「2本足の」と「動物」という二つの素性であった．これら二つの素性は，どちらの一つが欠けても人間でないものをも指してしまうので，人間というカテゴリーを定義するうえでどちらも必要欠くべからざる素性である．この二つの素性が連帯して初めて人間を定義する定義として成り立つことになる．つまり，あるものがこれら二つの素性を同時に満足することよって人間というカテゴリーの成員になる．したがって，古典的カテゴリーは (4) のようなことを前提としていることになる．

(4)　古典的カテゴリーとは，そのカテゴリーの成員であるための必要十分な素性の連言によって定義されるカテゴリーである．

(4) を言い換えると，定義が定義として機能するためには，あるカテゴリーの成員ならばこれこれしかじかの素性を備えており，またそのような素性を備えているならばそのカテゴリーに属しているということが成り立たなければならないということである．つまり，ある古典的カテゴリーの定義は，そのカテゴリーの成員であるための必要にしてかつ十分な条件を述べたものということになる．

また，Aristotle をはじめとする古典的カテゴリーの考え方によれば，次のようなことも前提とされている．

(5)　古典的カテゴリーにおいて，あるものがそのカテゴリーの成員であるための素性は2項対立的である．

すなわち，そうした素性はカテゴリーの定義に含まれているかいないかのど

ちらかでありその中間はない．また，あるものはそうした素性を持っているかいないかのどちらかでありその中間はない．そして (5) の帰結として考えられるのは，(6) と (7) も前提とされているということである．

(6) 　古典的カテゴリーは明確な境界を持っている．
(7) 　古典的カテゴリーのすべての成員はそのカテゴリーの成員としてすべて同じ地位を持っている．

したがって，ある古典的カテゴリーの定義が与えられると，すべてのものはそのカテゴリーに属するか否かのいずれかにはっきりと分けられ，また，そのカテゴリーの成員はどの成員もそのカテゴリーの完全な成員であって，そのカテゴリーへの帰属度に差はない．すなわち，あるカテゴリーの中で，この成員はあの成員よりも成員としてよりふさわしいというようなことはないと考えられている．

　以上，古代ギリシャにさかのぼることのできる古典的カテゴリー化の特徴を眺めてきたが，次に言語学におけるカテゴリーという概念について考えてみよう．言語学におけるカテゴリーといってもさまざまなものがあり，それぞれの言語理論が設定しているカテゴリーは，他の言語理論におけるものとは異なっていることも多い．しかしいずれにせよ，それぞれの言語理論が行っているカテゴリー化は，言語記述という目的を達成するために基本単位を分類してそれに名前をつけているわけであるから，カテゴリー化のしかたがその言語理論の成否に直接関わってくるほどの重要な意味を持ってくることもある．

　そこで，言語学におけるカテゴリー化の例として，まず伝統文法における品詞分類を取り上げ，それについてアメリカ構造主義言語学や生成文法などがどのように考えていたかということを振り返ることにより，従来の言語理論におけるカテゴリー化の特徴をさぐってみよう．さて，伝統文法における品詞の定義として最も一般的に行われているのは，品詞を名詞，代名詞，動詞，形容詞，副詞，接続詞，前置詞，間投詞の八つに分類するいわゆる「8品詞」であり，それぞれは例えば次のように定義された．

(8) 　a. 　名詞とはものの名前を表す．

b.　動詞とは動作・行為を表す．
　　　c.　形容詞とはものの属性を表す．
　そして，これら伝統文法による品詞の定義について，その後のアメリカ構造主義言語学や生成文法からの批判はおよそ次のようなものであったと言えるであろう．
　(9)　伝統文法における品詞の定義は主観的であり，したがって客観性に欠けた非科学的なものである．また，定義されているものの本質を明らかにするという定義の最低条件を満たしていないため，定義が定義としての資格を備えていない．

　確かに，(8)のようなカテゴリー化によれば，例えば名詞の場合，book, pen, house などについては「もの」の名前と考えられるのでこの定義に当てはまるが，kindness, love, height など抽象概念については果たしてものの名前と言えるであろうか．これらの定義はそれが定義しようとしているものの本質をとらえているであろうか．例えば，arrive について，それが果たして動作を表すと言えるかどうかという問題の他に，たとえ動作を表すとして，それゆえ動詞であるというならば，arrival も動作を表すという点では同じであるからこれも動詞であるということになりはしないか．そうだとすると，定義が備えていなければならない条件(3)も(4)も備えていないということになるではないか．また，例えば however など学者によって見解を異にする語も少なくないということは，定義が主観的であり，客観性に欠けるものということになる，等々，伝統文法における品詞の定義についての批判は尽きない．
　そこで，初期の生成文法において，品詞の定義は，(10)のような書き換え規則（rewriting rules）と呼ばれるものによって行われることになった．
　(10)　a.　N → man, ball, elephant, tiger, arrival, etc.
　　　　b.　V → eat, scare, gallop, swim, arrive, etc.
　　　　c.　A → big, hot, silent, young, possible, etc.
(10)のように定義することによって，例えば(10a)で矢印の右側に定義されているならば，それが名詞である（Nである）ことの必要にしてかつ十分な条件を満たしているということであるとされた．動詞（V）や形容詞（A）

についてもまったく同様の方法で定義されることになった．そして，このような書き換え規則によって品詞を定義するという方法は，伝統文法における品詞の定義方法の欠陥を克服する客観的な科学的方法であるとして歓迎されたわけである．しかしここで注意しなければならないのは，生成文法によって導入された (10) のような新しい品詞の定義も，目先の形は伝統文法の品詞の定義方法とは異なるものであるけれども，やはり先に見た古典的カテゴリー化であるという点では同じであるということである．なぜ古典的カテゴリー化と考えられるかというと，第1に，例えば「Nとは何か」「Vとは何か」「Aとは何か」と問われるならば，それぞれ書き換え規則 (10) の矢印の右側に並んでいる要素であるということになり，そこの要素であるかどうかということがそれぞれの品詞であることの必要にしてかつ十分な条件となっているからである．また，第2に，矢印の右にある要素はどの要素も同じ資格でその品詞であるということが想定されているからでもある．つまり，品詞の定義方法から考えると，伝統文法もアメリカ構造主義言語学も生成文法も，すべて客観主義に基づくものであるということになる．

2.1.4 認知言語学のアプローチ
2.1.4.1 認知言語学におけるカテゴリー化

従来の意味論，すなわち客観主義に基づく意味論は，意味とは言語と外界の状況との間の直接的な対応関係にほかならないとの想定に基づいて，その対応関係を明らかにしようとするものである．言語が言語としての機能を果たすためには，外界の状況と何らかの意味で対応していなければならないはずである．そこで言語の働きを明らかにするということは，言語と外界との対応関係を明らかにすればよいということになるわけである．したがって，そのような意味論が扱うものは言語と外界との直接的な対応関係であるから，言語と外界の状況との間に，人間との関係や，人間の果たす役割などは介入してこない．もちろん，言語は人間が使用しているものであり，従来の言語学においても，特に生成文法は人間の言語能力を明らかにしようとするものであるから，例えば言語直観などのような人間の認識を念頭におきながら研究することはいうまでもない．しかし，そうした研究の結果でてくる意

味論は，あくまでも言語と外界の状況との対応関係であり，そこに人間が介在した形のものではない．

　一方，これとはまったく異なる意味観を持つのが認知意味論である．それは，言語の意味とは，人間が外界の状況と身体とに密接に関連しながら，人間が人間であるがゆえに可能となっている脳の精神作用の結果として生まれる概念体系そのものであり，意味論はそうした概念体系を明らかにしようとするものである，というものである．人間が外界の状況をどのように理解しているか，すなわち認知しているか，ということを明らかにしようとするものであるということができる．したがって，このような立場の意味論は，言語を単に外界の状況と対応しているものと位置づけるのでなく，また，人間の精神作用の特殊な一部分として位置づけるものでもなく，言語は脳が外界の状況についての情報を処理するときの脳の総体的な精神作用に深く関係しているものであると位置づけるものである．認知とは，そのような情報に関する脳の総体的な精神作用そのものであると考えることができる．そして，そのような精神作用を基にした意味論が，認知意味論と呼ばれるものであるということができる．

　先ほど品詞分類を例に挙げながら，客観主義言語学における言語分析は古典的カテゴリー化の考えに基づいているということを述べた．しかし，心理学者の Eleanor H. Rosch が実験によって明らかにしたように，人が日常生活の中の営みとして行っているカテゴリー化は，古典的カテゴリー化と呼ばれているようなものではない．例えば，英語の bird の具体例として robin, sparrow, parrot, eagle, ostrich, penguin などについてさまざまな実験を行うと，英語母語話者の反応はこれらすべてを同じ資格で bird とは見なしていないことが分かる．「同じ」鳥であるにもかかわらず，robin, sparrow などは典型的に鳥らしい鳥，つまり鳥のプロトタイプ (prototype) としてとらえられ，一方，ostrich, penguin などは鳥らしくない鳥としてとらえられているということが確認できる．あるカテゴリーに帰属する要素は，すべてが同じ資格で，いわば必要十分条件を満たすような形で，しかも一様に 100 パーセントそのカテゴリーの要素として帰属しているというよりも，要素の中にはそのカテゴリーを代表するような典型的な要素のものもあれば，そうでな

いいわば周辺的な要素もある，といったものの見方のほうが，はるかにわれわれ人間が営んでいるカテゴリー化の実体を忠実にとらえていると考えられる場合が多い．

このようにあるカテゴリーに帰属する要素として典型的と見なされる例から，典型的でない例に至るまで要素としての有資格性に差が見られる現象をプロトタイプ効果（prototype effect）と呼ぶ．こうした現象があることから，カテゴリーは，古典的カテゴリー化のような均一的かつ一様なものではなく，内部構造を持つものであろうということが示唆される．

認知言語学にはこうした心理学からの知見が言語使用者の姿を忠実にとらえるものとして取り入れられている．先ほどの品詞分類に関連して言えば，この認知言語学におけるカテゴリーのとらえ方を基にすれば，例えば，名詞の中にも，名詞らしいものからそうでないものまでいろいろあると感じる言語使用者の実感を忠実にとらえることができると考えられる．

2.1.4.2　意味論と認知過程との関係

すでに 2.1.4.1 で触れたところからも明らかであるが，認知意味論の立場では，意味とは概念体系そのものにほかならないと想定されている．概念体系というものが認知という情報に関する脳の総体的な精神作用によって構築されるものであるならば，意味は認知という過程によって構築されることになる．そこで，果たして意味が認知過程によって生まれるものであると想定する根拠があるのかどうかということを考察しておくことにする．

認知言語学では，メタファーに関して次のような議論がなされる．まず，次の例文について考察してみよう．

(11) a. Bill forced the ball into the hole.
b. Bill forced Harriet into talking.
(12) a. Bill kept the ball in the hole.
b. Bill kept Harriet talking.（[11] と [12] は 4 例とも Jackendoff [1985, 25-26] より．）
(13) a. He buttressed the wall.
b. He buttressed his argument with more facts.
（[13] は 2 例とも Lakoff and Johnson [1980, 106] より．）

それぞれのペアのa文は具体的な対象物として知覚することのできる領域の行為を表現したものであり，b文は抽象的な領域に属する行為を表現したものである．いずれのペアにおいてもa文とb文が表している対象としての外界の状況はまったく異なるものであり，これら二つの状況の間には，人間の認知のしかた以外に，何らの客観的な共通性もないと考えて差し支えあるまい．それにもかかわらず，それぞれのペアにおいてa文とb文が何らかの共通の意味を持っているということは，言語直観からしても明らかであろう．そうだとすると，言語の意味は外界の状況に客観的に内在しているわけではなく，表現主体である人間の脳の精神作用としての認知過程として成立するものであるとしか考えられないことになる．このことは，認知意味論が認知を基盤にして意味論を構築しようとする根拠になると考えられる．

　従来の客観主義の言語学においては，言語と人間との関わりをできるだけ捨象した形で研究されてきた．そうすることが「科学的」であると考えられたからである．しかし，言語を使っているわれわれは人間であり，一般にものごとを理解することは，われわれが人間としての身体，特に脳の精神作用を通して初めて可能になるのである．この極めて人間的な機能があってこそ，われわれが行う概念化，カテゴリー化，理解，認知などが成立しているわけである．すなわち言語が成立するところにもし人間が介在していなければ，言語そのものが成立しないはずである．確かに，人間が介在しなくても成立する客観的な状況というものは存在しうる．しかし，その客観的な状況をわれわれが理解することができるのは，この人間的な機能によってしか理解できないということに注目すべきである．つまり，人間の脳による精神作用を通してしかわれわれはものごとを概念化したり，カテゴリー化したり，理解したりできないのである．意味論を基盤にして言語理論を構築する意義もそこにある．したがって，客観主義の言語学のように客観的な状況そのものに意味があるとして人間不在の形でとらえようとすることは，言語を科学的にとらえることではなく，客観的状況そのものを説明しようとすることにしかならないのではあるまいか．

　認知意味論のパラダイムのうち 2.1 で取り上げたのはそのほんの一部にすぎないが，それでも，言語を研究する姿勢として，言語を使っているわれわ

れ人間の介在を前面に押し出した形で研究しなければならないということは明らかにすることができたものと思う．人間全体に関わるようなスケールの大きな射程範囲を持ち，かつ柔軟なスタンスで意味論を構築しようとする認知意味論が大きな説明力を備えていることの魅力は尽きない．

2.2　客観主義と経験基盤主義の意味観の顕れ

　2.1においては，生成文法を含めて従来の言語理論と認知言語学（特に認知意味論）を支配しているパラダイムのいくつかについて述べた．2.2においては，引き続き両者を，特に意味論観の観点から比較し，具体的にどのようなところに違いが表れるのかを考察し，言語分析におけるその可能性を探ってみよう．

2.2.1　メタファー

　まず，言語研究におけるメタファー（metaphor）の位置づけについての考え方に触れながら，客観主義と経験基盤主義の間にいかに大きな言語観の違いがあるかということを概観することにしよう．

　メタファーの研究は，古くはAristotleにまで遡るが，伝統的な理論としては，大まかに言えば比較説と代置説と相互作用説がある．比較説は類比，比較という作用を重視する考え方であり，メタファーとは，類似関係に基づく"A is like B."という表現のlikeが原理的には圧縮・省略された比較である，と考えられている．代置説は，メタファーとは，字義どおりの表現形式が用いられずに別の表現によって置き換えられる比喩であるということに注目する説である．それに対して，Ivor A. Richardsによる相互作用説によれば，メタファーとは，表面に現れていない観念（すなわち，意図された意味）と，それを伝えるために使われる記号（すなわち，表現）との間の相互作用に基づいて意味が決まると考えられている．いずれの説においても，メタファーは客観的に存在する意味を直接表現するのでなく，文彩を添えたり，ある意味を効果的に表現したりするためのものにすぎない．すなわち，あくまでも言語だけの問題としてメタファーをとらえている点は共通してい

る．ましてや，メタファーが人間の認識や概念化と密接な関係があるという見方とは，遠くかけ離れている．客観主義の立場では，メタファー表現には，それとは独立に客観的な意図された意味が存在しているはずであり，メタファーはそれを媒介にする形でのみ意味を持つことになる．その客観的な意味と，表現の持つ字義どおりの意味とは，常に明確に峻別できるものでなければならない，とされる．なぜならば，この違いこそが言語表現にメタファーというレッテルをはるための資格を与えるものであるからである．かくして，客観主義にとって，メタファーは正規の慣行から逸脱した，修辞のための表現であり，言語理論に貢献する言語現象とは考えられない．

　ところが，認知言語学の高まりの出発点となったLakoff and Johnson (1980) において，メタファーは言語学が正面から取り上げるべき重要な示唆を与えるものとしての扱いを受けることになった．なぜならば，メタファーが人間の認識や構造化と深く関わっていることが明らかになったからである．すなわち，メタファーは，人間が現実を創造的に理解し行動することを可能にする認識パターンになっているというのである．Lakoff and Johnson (1980) によれば，メタファーは，言語活動だけに特有のものではなくて，思考や行動に至るまで日常の営みのあらゆるところに浸透しており，われわれがものを考えたり行動したりするときに基づいている概念体系が，実は，根本的にメタファーによって成り立っていると考えられている (Lakoff and Johnson 1980, 3)．この点は客観主義のメタファー観と大きく異なっている．このように，メタファーは，単なることばの「あや」や修辞的な文飾の技巧のことではなく，人間が常に持っている創造的な言語能力の表れであり，したがって言語理論が正面切って説明すべき言語現象であると見なされるようになった．メタファーの言語学上の位置づけをめぐって，言語表現の意味ということについての両者の立場の違いが，浮き彫りになってきたと言えよう．

　以上のLakoff and Johnson (1980) の主張は，客観主義では，言語表現の意味は，客観的な外部世界の状況の中に存在しているものであり，言語表現そのものや，言語使用者の認知・概念化・解釈・理解からは独立して存在しているものであると考えられているのに対して，経験基盤主義では，言語表現の意味とは，言語使用者が客観的な外部世界の状況に与える認知・概念化・

解釈・理解の内容であって，客観的な外部世界の状況そのものは，そのような認知・概念化・解釈・理解をするきっかけを与える材料にすぎないと考えられている．しかもこうした考えは，メタファーを巡る議論にとどまらず，新しい言語観や新しい言語学観への広い支持を生み出し，認知言語学として発展するために大きく貢献した．

2.2.2　統語論の自律性

統語論の自律性という Chomsky を中心とする主張に，もう一度立ち返ってみよう．

この考え方の根拠としてよく取り上げられるのは，例えば能動文とそれに対応する受動文のように，同一の客観的な外部世界の状況が，二つの異なる言語表現で表されることが可能であったり，逆に，二つの異なる客観的な外部世界の状況が，同一の言語表現で表されたりすることがあるということである．すでに見たように，客観主義では，意味は客観的な外部世界の状況の中に存在していると考えられている．したがって，同一の意味が二つの異なる統語形式で表現されることもあれば，逆に，二つの異なる意味が，同一の統語形式で表現されることもあるのだから，というわけでこのことを根拠にして，統語形式を律している規則は，意味とは独立している，すなわち統語論は意味から自律していると考えるべきであるということを主張しているわけである．

しかし，この主張は，同一の客観的な外部世界の状況があるということと，同一の意味を持っているということを同一視するという，客観主義の意味観を前提にしたものであることに注意する必要がある．先に述べたように，経験基盤主義では，意味は客観的な外部世界の状況の中にあるのではなく，言語使用者である人間が客観的な外部世界の状況をどのように認知・概念化・解釈・理解するかによって意味が決定される，と考えられている．それゆえ，同一の客観的な外部世界の状況に対して，異なる認知が与えられるなら，異なる言語表現が生まれることになるし，逆に，二つの異なる客観的な外部世界の状況があっても，同一の種類の認知が与えられるなら，同一の言語表現が用いられてもいっこうに不思議ではない，ということになる．し

たがって，このような経験基盤主義の意味観からすれば，統語論の自律性という議論は成り立たなくなる．このように，客観主義と経験主義の間では，意味観の違いによって，統語論の位置づけが大きく異なる．

2.2.3 能動文と受動文

引き続き，能動文と，それに対応する受動文とのペアの意味の扱い方について考察してみよう．生成文法では，初期の頃から (14) のような能動文と受動文のペアがよく取り上げられてきた．

(14) a. John hit Mary.
b. Mary was hit (by John).

そして，大半の分析は，(14a) 文と (14b) 文の知的意味 (cognitive meaning) は等しいということを前提にして議論が進められていた．ただし，この場合の知的意味が等しいということは，その文がどのような状況のもとで真になるかということ，すなわち真理条件 (truth condition) が等しいということを指している．つまり，「ジョンがメアリーをたたいた」が真になる状況では，必ず「メアリーがジョンにたたかれた」も真になるし，逆に「ジョンがメアリーをたたいた」が偽になる状況では，必ず「メアリーがジョンにたたかれた」も偽になる．一方の文の真理値が真なら他方も真であり，一方が偽なら他方も偽であるという観点から見て両文が等しい，ということである．その後，両者の意味の違いが問題にされることもあったが，新情報・旧情報の配列順序の差であるとか，視点または共感度 (empathy)，すなわち話し手のカメラ・アングルをどこに置いて表現するかという問題，による差異が問題にされたにすぎない[12]．これらは，文と文にまたがる談話構造，あるいは機能主義文法で問題になることであり，一つの文を越えない範囲内のことを問題にする文文法の枠内では，あくまでも (14a) と (14b) の知的意味（真理値）は等しいということになるため，両者の違いは，初期の変形文法の言い方からすると意味の変化を伴わずに一方から他方を変形規則によって導くというような，単に統語論の操作上の問題に帰することになる．

ところが，認知言語学では，(14a) と (14b) は知的意味に至るまで異なっ

ていると考える．ただし，この場合の知的意味とは，上記の生成文法の言う知的意味とは異なり，言語使用者が状況を認知・概念化・解釈・理解するしかたのことである．したがって，(14a)と(14b)は表現するきっかけを与える外部世界の状況が同じであっても，言語使用者がそれを把握するしかたが異なっており，それゆえ単に統語論上の問題ではなくて，意味が異なっている，ということになる．

　客観主義の意味観に立つ言語学では，意味というものは，客観的な外部世界の状況の中にすでに内在しているものであり，したがってその状況を人間がどのように認知・解釈するかということとは独立した存在であるというとらえ方をする．言い換えるならば，意味論の任務は単に外部の世界と言語表現とを関係づけることであるという考え方である．また，意味が外部世界の状況に内在しているという立場では，同じ外部世界の状況を描写した二つの異なる言語表現に関して，両者が同じ意味を持っているというとらえ方をすることになる．(14)を用いて述べたように，生成文法において，能動文とそれに対応する受身文とは知的意味が同じであるというときの知的意味とは，真理条件のことであった．すなわち，どちらの文も同じ外部世界の状況について描写しているのであるから，一方の文の真理値が例えば真であるならば，他方の文の真理値も真であり，両者の真理値が同じであるから，したがって意味も同じであると考えられている．それゆえ，外部世界の状況と言語表現との間に，人間の認知作用や理解などは一切介在していないことになる．

　他方，認知言語学のよって立つ意味観は，意味は認知過程によって作り出されるものであって，人間の認知・解釈に基づいて生まれる存在であるという考え方である．したがって，意味論の任務は，人間が外部世界の状況を認知し理解して概念化によって意味を形成する仕組みそのものを明らかにすることであるということになる．同じ外部世界の状況について描写した言語表現であっても，人間の認知・理解のしかたが異なるならば言語表現も異なり，意味も異なるというとらえ方である．したがって，能動文とそれに対応する受動文についても，それが描いた状況についての人間の理解が異なるからこそ言語表現が異なっているのであるというとらえ方がなされ，外部世界

の状況と言語表現との間に，人間の認知のしかたが大きく関っているという意味観に基づいていることになる．このように，客観主義に立つ言語学と経験基盤主義に立つ言語学とは，その意味観が根本的に異なっている．

このように，生成文法と認知言語学における能動文と受動文の扱い方の違いは，客観主義と経験基盤主義による意味のとらえ方の違いが基になっている．議論の出発点となる知的意味という術語の指し示す内容が，すでにまったく異なっているのである．

2.2.4 意味役割

次に，(15)の各例文について考察しよう．

(15) a. Mother killed the cats with fire.
b. Fire killed the cats.
c. The cats died.

これらの文は，格文法(Case Grammar)でよく議論された種類の文である[13]．初期の格文法において，(15)の各文は同じ状況を描写したものであり，含意関係や文相互の包摂関係から見て意味的に関連していると見なされた．文中の名詞句である Mother, the cats, fire が担っている意味役割（格文法ではこれを格 [case] と呼んだ）として，それぞれ，Agent（行為の主体としての動作主），Patient（行為を直接受ける被動者），Instrument（行為に際しての道具）としての役割を担っており，しかも (15) の各文は同じ状況を描写したものであるから，たとえ統語的には主語になっていようと，動詞や前置詞の目的語になっていようと，その意味役割（すなわち，格）はあくまでも変化していない，と考えられた．例えば，Mother は (15a) のように主語として表現されていようと，(15b) や (15c) のように表現されていなくても，Agent であり，the cats は，動詞の目的語になっていようと主語になっていようと，Patient であることに変わりはないというわけである．したがって，(15a)，(15b)，(15c) の違いは，随意的(optional)な格（[15]の場合は Agent と Instrument がこれに相当する）が選択されているかどうかということ以外は，どんな場合にどの格が選択されるかという，統語的な内容に限られてくることになる．

その後，Fillmore（1977a, 1977b）が，視点（perspective）という伝達機能の側面に関わる概念を持ち込んで，例えば，(15a) と (15b) の違いを，Agent の Mother と Instrument の fire のどちらを中核領域（Nucleus）(主語，直接目的語，間接目的語を構成する領域）の要素として位置づけるかという違いとしてとらえようとの試みがなされた。しかし，視点という概念を用いた説明を加えても，知的意味（格文法の場合は格付与がその主たるもの）そのものは，外部世界の状況の中に存在していると考えられており（なぜならば，例えば [15] において，fire には，文法関係とは無関係に常に Instrument が付与されるのであるから），しかも知的意味が視点と連動すると考えられているわけでもない。したがって，この場合も客観主義の意味観が根強く生きていることになる。言語使用者が外部世界の状況をどのように把握しているか，ということが知的意味に反映しているという経験基盤主義のとらえ方とは大きく異なっている。

　それに対して認知言語学では，(15) の各文は，同一の外部世界の状況を表現したものであっても，その状況に対してそれぞれ異なる認知・概念化・解釈・理解をした結果生まれた表現である，というとらえ方をする。

2.2.5　代換

　次の各ペアは，代換（hypallage）と呼ばれる現象を含んでおり，この現象は格文法でよく取り上げられたことがある。

(16)　a.　John jammed pencils into the jar.
　　　b.　John jammed the jar with pencils.

(16a) と (16b) は，同一の外部世界の状況を描写したものであるから，2.2.4 で触れたような格文法における知的意味という用語の内容からすれば，両者の知的意味は同じであって，違いは，統語的なものにすぎないとされた。すなわち，pencils と the jar はいずれの文においても，それぞれ Patient（行為の直接的な対象）と Goal（到着点）であるから，知的意味が等しいということになり，その結果，両者の違いは，単に統語論上の操作の問題に帰することになるわけである。

しかし，S. R. Anderson(1971) が指摘するように，(16)の類例である(17)(18)などのa文とb文の間に，「部分的」(partitive)な解釈と「全体的」(holistic)な解釈という意味上の差異が認められる．すなわち，例えば，(17b)では the wall 全体が paint で塗られたと解釈されるが，(17a)は必ずしもそうではない．

(17) a.　John smeared paint on the wall.
　　　b.　John smeared the wall with paint.
(18) a.　Harry loaded hay onto the wagon.
　　　b.　Harry loaded the wagon with hay.

このように (17) と (18) のそれぞれa文とb文の間に意味上の差異があるにもかかわらず，基底のレベルでは両者が同一の格枠を持つと考える格文法にとって，この差異を基底レベルから予測することができないし，前の段落で触れたような，両者の違いを単に統語的な操作上の違いからくるものとして処理する分析に問題があるのではないか，ということになった．Fillmore(1968, 48n.) は，基底における格付与は従来のままにして，すなわちa文とb文に共通の格枠を与えておいて，この部分的と全体的という解釈上の差異は，表層レベルにおける焦点化 (focusing) の相違としてとらえればよいとしている．しかし，格文法における知的意味の中核である格枠がそのままにされているということは，格文法おいて焦点化の置かれている地位が非常に低いということを示している．つまり，意味的にはこれらの部分的・全体的という差異をさほど重要視していない，ということを示しているものと思われる．

　また，Fillmore(1968, 48n.) 自身が，この焦点化による差異が，(19) や (20) のように，極めてわずかな場合もあろうし，あるいは，(21) や (22) のように，知的意味内容にも関わりそうな場合もあることを認めている．

(19) a.　Mary has the children with her.
　　　b.　The children are with Mary.
(20) a.　He blamed the accident on John.
　　　b.　He blamed John for the accident.
(21) a.　Bees are swarming in the garden.

b. The garden is swarming with bees.
(22) a. He sprayed paint on the wall.
b. He sprayed the wall with paint.

これに対して，まさにこの違いを重要視するのが認知言語学である．すなわち，(16)-(22) などの a 文と b 文は，外界の状況がそれぞれ異なる理解のされ方をしたことを示すものであり，その理解のしかたこそが知的意味に大きく関係するととらえられているので，したがって異なる意味構造を基底に持つと考えられる．

2.2.6 与格動詞

次に，(23) の a 文と b 文のペアについて考察してみよう．これは，give, send, tell など目的語を二つ取る与格動詞と呼ばれる動詞が使われている文の一例で，生成文法では初期の頃から，a 文と b 文をどのように関係づけるかということをめぐっていくつかの分析方法が提案された．与格移動 (Dative Shift) と呼ばれる規則によって，例文 (23a) から (23b) が導かれる，というのもその一つである．このような分析は，a 文と b 文の知的意味 (= 真理値) が等しいという前提に基づいている．

(23) a. I sent a book to the library.
b. I sent the library a book.

しかし，与格移動規則は統語的に見ても根拠が薄弱であることから，結局その存在が否定された．

また，与格の目的語を取る文には，前置詞の目的語を取る文にはない読みがあることが Oehrle(1976) によって指摘された．同論文からの次の (24) を見てみよう．

(24) a. Nixon gave a book to Mailer.
b. Nixon gave Mailer a book.

(24b) には (A)「本の所有権が Nixon から Mailer に移った」，(B)「本を手渡した，または，一時あずけた」，(C)「Nixon がいたおかげで Mailer は本

を書くことができた」という3通りの読みがあるが，対応する (24a) にはそのうちの (A) と (B) の読みしかなく，(C) の読みはない．

しかし，このような与格構文のペアはごく一部の限られた動詞だけに見られる関係であるから，Oehrle(1976, 1977) は，変形としてではなく，語彙的な仕組みで処理する方法，例えば語彙余剰規則 (Lexical Redundancy Rule)，によって扱うのが適当であろうと提案している．

さらに，Green(1974, 156-67) によって，与格動詞の一つである teach には，与格目的語と間接目的語の文の間に含意の点で差異が見られる，例えば，(25a) は Mary が言語学を修得した (Mary learned linguistics.) ことを含意するが，(25b) は，Mary が言語学の学生であることを示すだけで，知識の修得についての含意はない，ということが指摘され，a 文と b 文の基底に別々の意味構造を設定する根拠とされた．しかし，これには基底に別々の意味構造を設定する根拠となるほどの差異ではないとの反論もある．

(25) a. Mary taught linguistics to John.
     b. Mary taught John linguistics.

一方，認知言語学では，これらのペアの間に含意の差を認めるか認めないかによって議論が左右されることはない．これらのペアが，同一の外部世界の状況を描写したものであっても，あるいは，含意の差異が認められないとしても，その状況をそれぞれ異なる認知のしかたで把握していると考えられる．そして，含意の差があると認められるとしたら，a 文と b 文のそれぞれの基底の意味構造の違いからひとりでに説明できるものと考えることができる．

以上 2.2 では，客観主義と経験基盤主義の言語観・言語研究観の相違，特に意味に関する見方の相違が，メタファーやいくつかの構文の取り扱い方にどのような違いとなって現れるかということを論じてきた．人間の言語能力を解明する鍵が形式面ではなくて，むしろ人間が状況を理解するしかたを基盤にすることにあるという言語観・言語研究観に基づいた研究が，言語の実態に近い研究であることを示唆していると言えるであろう．

2.3 動作主性の分析に見る形式と意味の相関関係

2.3 では，格文法や生成文法など従来の言語理論と認知言語学との文法観の違いの一端を明らかにする目的で，動作主性（Agentivity）を軸にして，形式と意味を説明する研究方略について考察する．

2.3.1 記号体系の一環としての文法

言語とはいかなるものかということを説明する方略として，生成文法と比較した場合の認知言語学の持つ最も大きな特徴の一つは，その文法観にあると言うことができる．つまり，言語を形成している構成要素の一つとしての文法をいかなるものと考え，他の構成要素とどのような関係にあると考えているかという点から見て特徴的である．言語の知識には必須の構成要素として文法や語彙が備わっているということについては，どの理論においても疑問の余地はあるまい．そして，語彙の知識としては，語の「形式」とともに，形式と不可分な「意味」が含まれていることも，ほとんど異論の余地がないであろう．したがって，言語理論において語彙の知識を扱う部門が，形式と意味を不可分の要素として扱うことにも異論の余地がないと思われる．しかし，文法についての知識に関しては，その形式と意味がどのような関係にあるのかということになると，言語観の相違に応じて異論が出てくる余地がある．すなわち，文法的な知識を構成する要素として，文法関係（例えば，主語，目的語など），品詞（例えば，名詞，動詞など），構文（例えば，能動文，受動文，結果構文など）などを，語彙の知識と同様に，形式と意味が不可分の要素としてとらえるべきか否かについては，論議の可能性がある．生成文法においては，文法的な知識に関しては，いずれどこかの時点で意味と規則的な関係づけが与えられるけれども，文法それ自体は意味に頼ることなく決定されるべきであり，したがって自律的であると考えられてきた．一方，認知言語学においては，文法的な知識も，語彙の知識と同様に，意味と不可分な関係にある要素から成り立っている一種の記号体系であると考えられている．形式と意味が備わったものは記号であるから，文法を記号体系の一環としてとらえる文法観（"the symbolic view of grammar" と呼ばれる）

に依拠していることになる[14].

　語彙的形態素と文法的形態素を例にとって，もう少し具体的に考えてみよう．意味を持ちうる最も小さい言語単位は，形態素である．生成文法では，意味を有しているかどうかに基づいて，形態素を語彙的形態素と文法的形態素に分類している．例えば，cat, book, pen などの語彙的形態素には意味があるが，cats の -s や前置詞の of などの文法的形態素には意味がないと考えられている．しかし，Langacker の認知文法では「すべての言語構造は記号的である」すなわち「すべての言語形式には意味がある」ということが前提とされているため，生成文法では意味がないとされる文法的形態素にも意味が認められることになる．

　例えば，giraffe（きりん）と言えば具体性の高い意味を持つ語彙的形態素である．しかし，おなじ語彙的形態素という範疇に入るものでも giraffe—mammal—animal—organism—thing と並べてみると，意味が具体性の高いものから次第に抽象的なものへと移っていることが分かる[15]．一方，文法的形態素を見ると，of などは確かに抽象的であるが，of—have—may—above と並べてみると，次第に意味が具体性を帯びてくることが分かる．こうして見ると，語彙的形態素と文法的形態素の区別は，giraffe のような具体的な形態素を一方の極に持ち，of のような抽象的な形態素を他方の極に持つ連続体の両極をとらえただけの区別であって，言語の実体を観察すると，形態素の意味が具体的か抽象的かはあくまでも程度の差にすぎないことが分かる．それゆえ，認知言語学の文法観に立てば，文法的な知識も，語彙の知識と同様に，意味と不可分な関係にある要素から成り立っている一種の記号体系で，文法と語彙の知識が連続体を成すものであると見なされる．

2.3.2　意味役割

　文法と語彙の知識が連続体を成す記号体系であるというとらえ方を言語理論に反映するためには，言語の意味に関して従来とは異なるいくつかの新しい考え方が必要となる．そのような考え方を備えた理論が認知意味論と呼ばれているわけであるが，以下では，そのような新しい考え方を採り入れることによって，従来の言語理論が暗黙のうちに了解してきたことがらに疑問を

投げかけ，認知言語学が従来の言語理論では達成し得なかった説明力を，言語の実体に即した形で具備しうる可能性のあることを示してみたい．

まず，意味役割 (semantic role)[16] という概念について，その内容と働きとが従来の言語理論と認知言語学とで異なっていることについて考えてみよう．ここでは，一例として他動性や使役などいろいろな問題と関わり合いのある動作主 (Agent) という意味役割に関連する言語現象について考察してみる．[17]

英語においては，他動詞の場合，その動詞の表す行為の主体である有生物を指す名詞句が主語になることが多いが，場合によっては，その行為の遂行に用いられる道具としての無生物を指す名詞句が主語になることがある．例えば，

(26) a. John opened the door with the key.
   b. The key opened the door.
(27) a. John broke the window with a hammer.
   b. A hammer broke the window.
(28) a. The researchers have solved the problem with the computer.
   b. The computer has solved the problem.
(29) a. John killed Mary with a gun.
   b. A gun killed Mary.

格文法を筆頭にして従来の理論においては，(26)-(29) の b 文の主語は Instrument（道具）という意味役割を持つものとされ，a 文の主語の Agent（動作主）とは異なる意味役割が与えられている．こうした分析の根拠になっているのは，無生物である the key, a hammer などは John, the researchers などの人間と違って，「ドアを開ける」，「窓を壊す」というような動詞の表す行為を自らの力を用いて意図的に行うわけではなく，たとえ言語によって表現されていなくても人間が動作主としてそうした行為を行っているときに使っている道具にすぎないのだから，という観察結果である．確かに，これらのペアの a 文も b 文も同じ状況について述べるときに使える表現であり，しかも a 文の with 表現は明らかに Instrument を表すものであるから，このような分析がもっともであると思われるかもしれない．

ところで，2.2 でも論じたように，伝統的な格文法をはじめとする従来の理論においては，客観主義の意味観（すなわち，意味は客観的な外部世界の状況の中に存在しているのであり，その状況に対する人間の経験・解釈からは独立して存在しているという意味観）に基づいた分析が行われる．つまり，その状況の中にあるものを指示する名詞句にどんな意味役割が付与されるかということは，言語によって表現される以前に客観的に決定されている，というとらえ方を基にした意味分析が行われる．それゆえ，(26)-(29) の各ペアのa文とb文が同じ状況を描写している場合には，従来の理論においては，それぞれの名詞句に，それらの文法関係の相違と無関係に（すなわち，with句であろうと主語であろうと），まったく同じ意味役割が与えられていると考えられている．従来の理論における客観主義的意味論観によれば，意味役割をこのようにとらえている．一方，認知言語学の基盤となっている経験基盤主義と呼ばれる意味観に立てば，意味は人間の認知プロセスの一部を成すものであり，人間の経験・理解（すなわち認知）のしかたに基づいて存在しているということになる．

2.3.3　客観主義の意味論の問題点

　はたして (26)-(29) の各ペアのa文とb文をめぐる言語の実体について，客観主義の意味論ではどのような記述や説明が与えられるか検討してみよう．その検討に先立って，まず客観主義の意味論が抱えていると思われる問題点を指摘しておく．

　第1の問題点は，客観主義の意味論には，なぜ多くの他動詞が Agent だけでなく Instrument をも取りうるのかということを「説明」するメカニズムが用意されていない．格文法によれば，これらの他動詞が Agent と Instrument を取るときには Agent が主語になり，Agent を取らないで Instrument だけを取るときには Instrument が主語になる，というような形で主語選択の仕組みを記述していた．しかしこれは先に見た客観主義的な意味観に基づいて，外界の状況と，その中に存在するものを指示するために用いられる名詞句との対応関係を「記述」しようとしているにすぎず，なぜ Agent だけでなく Instrument をも取りうるのかということを「説明」する

には至っていない．このような対応関係の記述に終わるレベルにとどまる限り，(26)-(29) の各ペアに用いられているような動詞が，なぜほぼ同様の統語構造で用いられるのかということに対して意味的根拠がないということを暗に主張していることになる．すなわち，このようにほぼ同じ統語構造をしているのは偶然にすぎず，意味的な原理に基づいてそのようになっているわけではないと分析していることになる．なお，このような分析結果は，統語論が意味から自律しているという生成文法のテーゼと並行していることに注意が必要である．

　第2の問題点は，いま見たような客観主義の意味論による分析には，記述のレベルでも問題があるということである．例えば，(26)-(29) の各ペアの a 文と b 文の間には，どちらのほうが自然な普通の文か，あるいは特別なコンテクストが与えられなくても解釈上の負担を感じないで理解できる文かどうかという点で差異がある，ということを記述していない．どちらも英文として成立するけれども，b 文のほうは a 文と比較すると程度の差こそあれ有標 (marked) な文である．すなわち，b 文が自然な文として受け取られるためには，コンテクストからの助けが必要となる．a 文がコンテクストからの助けなしに独立した文としても自然な文として解釈されるのとは異なっている．ところが，先ほどの客観主義の意味論の分析では，言語事実のうちで，Agent が無くて Instrument だけがある場合には Instrument が主語に選ばれるという形の記述がなされるだけであって，どんな場合に Agent が言語表現化されないのかということや，a 文と b 文の無標・有標の違いなどについては何も記述されていない．

2.3.4 認知言語学的アプローチによる解決

　では，認知言語学では客観主義の意味論の欠陥を解決するような説明ができるのであろうか．認知言語学においては，同じ状況について述べたものは意味も同じであるというような客観主義の意味観に立脚しているわけではないので，先ほど見た客観主義の意味論のような意味役割の付与のしかたは受け入れられない．同じ状況について述べた異なる言語表現がある場合に，それぞれがその状況について別々の異なる経験・解釈をした結果である可能性

が十分にあるからである．例えば (26)-(29) の各ペアについて言うならば，b 文の主語が a 文の with 句と同様に Instrument として認知されていなければならない必然性はない．b 文の主語も a 文の主語と同様に Agent として認知されている可能性もあるのであるから，もしも b 文の主語が Agent として理解されていることを明らかにすることができるなら，人間が周囲の状況を実際に認知するしかたを反映した形で，形式と意味との関係を明らかにすることができることになる．さらに，認知言語学におけるプロトタイプや典型性条件などの新しい概念に基づいて分析するならば，客観主義の意味論で説明することのできなかった言語事実に自然な説明を与えることができる．以下ではそうした分析を，動作主性を伴う具体例を用いて示してみたい．

まず，(26)-(29) の各ペアにおいて，b 文の無生物の主語も a 文の主語と同様に Agent としてとらえられていることを示唆する現象が少なくとも二つあることを観察しておこう．まず，(26)-(29) の各ペアに対応する受動文として (30)-(33) の各ペアについて考えてみよう．

(30) a. The door was opened with the key.
　　 b. The door was opened by the key.
(31) a. The window was broken with a hammer.
　　 b. The window was broken by a hammer.
(32) a. The problem has been solved with the computer.
　　 b. The problem has been solved by the computer.
(33) a. Mary was killed with a gun.
　　 b. Mary was killed by a gun.

客観主義の意味論が行う分析によれば，各ペアの with 句と by 句はどちらも Instrument として機能していることになると思われるが，そうではないことを示唆する言語事実がある．確かに各ペアの a 文の with 句は「ドアを開ける」「窓をこわす」「問題を解く」「メアリーを殺す」という行為を行った主体としてではなく，主体に付属して行為の遂行を補助する役目を果たしているにすぎない．それぞれの a 文において，with 句とは別に主体として把握されているものが存在していることは，(34)-(37) の a 文のように，by 句を加えてその主体を文に顕在化させることによって確認することができ

る．一方，b 文の場合には，by 句がその行為の主体としてとらえられているために，(34)-(37) の b 文のように，さらに by 句を加えることは，一つの行為の主体が二つ存在しているかのようなとらえ方をしていることになり，矛盾を生むため，容認不可能な文となる．こうしたことは，(26)-(29) の各ペアにおいて b 文の主語が Agent として機能していることを示唆していると考えられる．

(34) a. The door was opened with the key by John.
     b. *The door was opened by the key by John.
(35) a. The window was broken with a hammer by John.
     b. *The window was broken by a hammer by John.
(36) a. The problem has been solved with the computer by the researchers.
     b. *The problem has been solved by the computer by the researchers.
(37) a. Mary was killed with a gun by John.
     b. *Mary was killed by a gun by John.

(26)-(29) の各ペアにおいて，b 文の主語が Instrument ではなくて Agent としてとらえられていることを示唆する二つ目の言語事実に話を移そう．例文 (38) を，すでに見た例文 (29) と比較されたい．

(38) a. John killed Mary with a red-hot icepick.
     b. *A red-hot icepick killed Mary.(J. M. Anderson 1977, 43)

客観主義の意味論に立脚した分析においては，例文 (29) と例文 (38) の容認可能性の差が説明されないと思われる．なぜならば，客観主義の意味論によれば，(29b) の主語が Instrument であるなら，(38b) の主語も (38a) の with 句と同様に Instrument であるから，(38a) が容認される文である限りは，(38b) も容認されるはずだからである．しかし，実際には (38b) は容認されない文である．例文 (29) と例文 (38) の容認可能性の差が説明されないのは，客観主義の意味観に基づいて分析しようとするところに原因がある．

一方，客観主義の意味観に基づかないで分析するならば，(29b) と (38b) の間にこのような容認可能性の差異が存在する理由を見つけることができる．すなわち，(29b) が容認されるのは，a gun は，人が「殺す」という行

為を行うときの単なる道具として認識されるだけでなく，gun 自らの力で人を殺す Agent として認識されうるからであり，一方，(38) の a red-hot icepick のほうは人が行為を行うときの道具として認識されることはできても，それ自体の力で人を殺す行為を行う Agent としてとらえられることが困難であるからというのが，(38a) は容認されても (38b) は容認されないことの理由であると考えられる．また，(39) の文が容認されない文であることも a red-hot icepick は Agent としてとらえられることが不可能であることを示している．

(39)　*Mary was killed by a red-hot icepick.(J. M. Anderson 1977, 43)

なお，J. M. Anderson(1977, 43) は，アイスピックが非常に高い所から落ちてきた場合などを想像するなら，(38b) の文も (39) の文もその容認可能性が向上するとも指摘している．この指摘は，こうした特殊なコンテクストによって a red-hot icepick に対して動詞 killed の Agent として認識されるに足る状況が与えられるならば Agent として機能することができる，ということを示すものと解される．

こうした無生物が主語の位置で Agent として機能するかどうかは，その無生物を指示する名詞句の語彙情報に含まれるわけでもなければ，文中の動詞の語彙情報によるのでもない．(39) と (40)，(41) と (43) などを比較してみると，語彙情報によるのではなくて，その名詞句と動詞を含む行為・出来事の全体から決まってくるということが分かる．

(40)　a.　John was cutting stone with a chisel.
　　　b.　A chisel was cutting stone.
(41)　a.　John was cutting stone into a statue with a chisel.
　　　b.　*A chisel was cutting stone into a statue.
(42)　a.　Dick is scribbling rapidly with a pen.
　　　b.　A pen is scribbling rapidly.
(43)　a.　Dick is scribbling a poem with a pen.
　　　b.　*A pen is scribbling a poem.

例えば，(40) と (41) を比較してみると，a 文における with 句は Instrument

として機能しているが，with 句に用いられた名詞句を主語にしたb文では，(40b) だけが容認され (41b) は容認不可能な文になっている．この容認可能性の差がなぜ生じているかという点から両者を比較すると，(40b) のように単なる was cutting stone という行為の場合には，a chisel が動作主としてとらえられるけれども，(41b) のように was cutting stone into a statue という行為となると，a chisel には自ら意図的に行うものとしてはその行為の荷が重すぎるため動作主としてとらえられえない，という理由から (41b) が容認不可能という結果になっているものと思われる．(42) と (43) を比較した場合にも，b文の主語に動作主性を認めることができるかどうかの差が容認可能性の差となって現れている，と考えることができる．a pen は (42b) のように is scribbling rapidly という程度の行為に対しては動作主として認知されうるけれども，(43b) において，is scribbling a poem という行為は，有生物による（しかも人間の）高度な技を要するような行為であり，a pen がそのような行為を自ら意図的に行う力を持っているというとらえ方ができないために容認不可能な文となっている，と考えられる．

　2.3.3 で第1の問題点として述べたように，従来の客観主義の意味論では客観的な状況とそれを描写する言語表現との対応関係としてしか記述しない．しかし，経験基盤主義に基づく認知言語学のアプローチを採るならば，なぜ有生物だけでなく無生物も取りうるのかというようなことも，人間の認知のメカニズムと平行する形で説明することができる．

　われわれ人間が持つ認知プロセスにはさまざまな事物の間に類似性や一般性を抽出することによって，それらの事物の間にあるまとまりを認識して分類する（すなわち「カテゴリー化」する）能力が備わっていると考えられる．あるカテゴリーに属しているかどうかはある属性が備わっているかどうかという2項対立（イエスかノーか）によるもの（すなわちそのカテゴリーの境界線がはっきり引けるようなもの）ではない．むしろ，成員の中には誰でもがそのカテゴリーに属していると判断するような典型的な成員（プロトタイプ）から，成員かどうか人によって意見が分かれるようなものまでいろいろある．つまり，各成員のカテゴリーへの帰属度は段階的である．そして各成員がそのカテゴリーにどの程度帰属しているか，すなわちプロトタイプとど

の程度合致しているかを示す基準を典型性条件（typicality conditions）と呼ぶ[18]．典型性条件とは，典型的な成員，すなわちプロトタイプが持っている特性を挙げたものであり，この条件のいくつかを満たしていないものほどプロトタイプからのずれが大きい成員ということになる．つまり，典型性条件のいくつかを満たしていなくても必ずしもカテゴリーから除外されるわけではない．また，人間のカテゴリー認識の能力の中には，カテゴリーの拡張（extension）ということが見られる．すなわち，カテゴリーの中心となるプロトタイプとの類似性はあるものの，ある程度の相違点も見られる事例にまでカテゴリーを拡張してとらえる能力である．

　動作主性というカテゴリーについてもこのような人間の認知プロセスが働いていると考えられる．動作主のプロトタイプが「ある事態を自らの力で意図的に引き起こす有生物[19]」であるとすると，(26)-(29)のa文の主語はこの定義にそのまま当てはまるが，b文の主語は無生物であるので，このプロトタイプから少しずれていることになる．ただし，動作主性についてカテゴリーの拡張が行われてb文の主語もそのカテゴリーの範囲内に納まっているため，b文も容認可能な文となっている．しかし，(41)や(43b)にまで拡張が及ばないために，それらは容認不可能な文となっているというように，人間の認知に基づいた自然な説明を与えることができる．

　客観的意味格論の第2の問題点として既述したように，(26)-(29)のb文よりもa文の方がより自然な普通の文と感じられるというa文とb文の無標・有標の違いを，客観主義の意味論では説明することができない．一方，経験基盤主義の意味観に基づく認知言語学では，こうした有標・無標の違いも，プロトタイプからのずれの有無として自然に説明することが可能である．

2.4　意味構造の言語個別性

　これまで，客観主義の意味観と経験基盤主義の意味観については，たびたび触れる機会があった．この2.4では，意味観の違いを視野に入れながら，意味構造は普遍性を持ったものなのか，それとも言語個別性を持ったものなのか，ということについて考察することにする．

2.4.1 意味の普遍性

　言語の普遍性を求める動きは決して新しいものではない．言語学の主流が，言語体系の間の共通性よりも，むしろその多様性に注目していたアメリカ構造主義言語学から，生成文法へと移り始めていた頃すでに Greenberg (1963b) が編纂されている．生成文法への関心が高まるにつれて，個別の言語を研究するときにも，言語の普遍的特性と個別的特性を区別して抽出しようという意識が常に持たれるようになった．そして，個別言語の研究においても，研究が進むにつれて普遍的特性を求めることが必要になり，普遍性への志向が強くなる．他方，その志向が強くなり過ぎて普遍性の抽出に研究の比重が偏り過ぎると個別的特性の研究へ戻るという具合にして，両方のバランスをとりながら研究が行われてきた．

　生成文法研究の中心が統語論に置かれてきたことも手伝って，このような研究によって抽出しようとされる言語の普遍的特性や個別的特性は，統語構造についてのものが中心であった．しかし，各言語の統語構造に個別的特性があること自体は，何も生成文法のような専門的な言語理論に説明を求めるまでもなく，一般常識的に考えても自明のこととしてよかろう．バベルの搭以来，言語間で意思疎通ができなくなったのは個別的特性によるのであるというような説明は別にしても，言語の統語構造に個別的特性がまったくないという主張をする言語理論が成り立つとは考えられない．むしろ，統語構造にさえ言語に共通する普遍的特性があるということの証明の方が，言語研究の成果としては意義深いものであるということができよう．

　一方，言語の意味構造については，果たして普遍的特性があるのかそれとも個別的特性があるのかということに関して，言語学的な見地から見てもそれほど自明なことではなく，議論の余地がある．

　客観主義に立つ言語学では，意味の普遍性ということが主張されるが，これは，意味は外部世界の状況の中に内在する，という客観主義の意味観から必然的に生まれてくる主張ということができよう．そしてこの考え方はいろいろな形をとって表れてくることがある．まず，すでに見たように，文の意味とは真理条件のことであるという考え方は，言語の相違を超えて意味の普遍性を主張する典型的な客観主義の立場である．

また，ある言語の表現を別の言語に翻訳することが可能であるという翻訳可能性に関する主張は，客観主義的な意味観に基づくものであると言って差し支えないであろう．

　あるいはまた，翻訳可能性の定義をあいまいなままにしておいて，翻訳できるから二つの表現は意味が同じであると主張することも，客観主義の意味観からくるものと考えることができよう．これらの主張は，同じ外部状況を描いたものであれば言語によって表現される前から意味がそこに内在しているのであるから，それを描写する言語表現が異なっていようとも，表される意味そのものは同じであるという意味観に支えられている主張であると考えられるからである．

　さらに，表現の意味とはその表現が指示する対象そのものであるという指示説 (referential theory) も，まさに客観主義の意味観によるものであり，少なくとも次のような三つの問題点を持っていると思われる．第1に，ある表現が意味を持つためには必ず指示対象が存在していなければならないはずであるが，「ユニコーン」などは具体的対象物がないゆえに意味を持っていないことになってしまう．第2に，二つの表現が同じ対象を指示している場合には，必ず意味が同じということになる．それゆえ，「2012年のアメリカ大統領選挙における勝者」と「バラク・オバマ」という二つの表現は，同じ対象を指示しているので意味が同じであるということになってしまう．第3に，逆に同じ表現であっても文脈ごとに異なる対象を指示していれば，異なる意味を持っていることになり，例えば，「このページ」という表現は，その文脈ごとに指示対象が異なるのでその文脈ごとに意味が異なることになってしまう．

　最後に，個別の言語間に見られる語彙構造や統語構造における差異は外見上の形式的な差異にすぎず，意味構造はすべての自然言語において本質的には同じであると考える多くの言語理論においても，客観主義の意味観が前提となっていると考えられる．それは，これらの言語理論では，言語の形式と意味は独立して設定することができると一般に想定されているからである．すなわち，語彙構造や統語構造など言語の形式面における規則性とは独立して意味構造を設定できる．言い換えるならば，個別言語の意味構造を，言語

普遍的な概念構造に置き換えてすべてとらえることができると考えられているからである．

　次に，意味構造と認知作用との関係を論じるためにサピア・ウォーフの仮説を見ておこう．

2.4.2　サピア・ウォーフの仮説

　今日ではすでに古典的になってしまったと見られるむきもあったテーゼに，サピア・ウォーフの仮説 (the Sapir-Whorf Hypothesis) と呼ばれるものがある．この名称は，文化人類学者・言語学者の Edward Sapir とその弟子 Benjamin Lee Whorf が共同して特定の考えを提唱したような印象を与えるが，実際には，後の人々がふたりの書いたものに共通に見られる主張があることに着目してそういう名称を与えたにすぎない．そしてその共通する主張の内容をとって言語相対論(linguistic relativism)，あるいは言語決定論 (linguistic determinism) などと呼ばれることもあるが，その主張を簡単に述べると，個別の言語は外界の事態をそれぞれ独自の枠で分類しているから，異なった言語を話す人々は異なったものの見方を身につけるのではないかというものである．そして，その考え方は，次の Whorf のことばによって象徴されていると考えられる．

　「われわれは，生まれつき身につけた言語の規定する線にそって自然を分割する．われわれが現象世界から分離してくる範疇とか型が見つかるのは，それらが，観察者にすぐ面して存在しているからというのではない．そうではなくて，この世界というものは，さまざまな印象の変転きわまりない流れとして提示されており，それをわれわれの心——つまり，われわれの心の中にある言語体系というのと大体同じもの——が体系づけなくてはならないということなのである．われわれは自然を分割し，概念の形にまとめ上げ，現に見られるような意味を与えていく．そういうことができるのは，それをかくかくの仕方で体系化しようという合意にわれわれも関与しているからというのが主な理由であり，その合意はわれわれの言語社会全体で行なわれ，われわれの言語のパターンとしてコード化されて

いるのである．もちろん，この合意は暗黙のもので明文化などはされていない．しかし，ここに含まれる規定は絶対的に服従を要求するものである．この合意に基づいて定められているようなデータの体系化や分類に従うことなしには，われわれは話すことすらできないのである．」(Carroll 1956, 153 [池上訳])

このWhorfのことばには，現在の認知言語学が基盤としている考え方にそっくりそのまま照応すると見ることのできるとらえ方が随所に見られる．例えば，ここで言われている「自然」とは現実世界ということばに読み換えても差し支えないと思われるが，範疇や型が現実世界に内在しているのではなくて，われわれに提示される現実世界の中の「変転きわまりない流れ」を人間の認知作用を通して分割することによって形成されるものであること，したがって認知作用のしかたが異なれば分割のしかたも当然異なると考えられていることがうかがえること，また，意味についても，現実世界にすでに概念体系として内在しているものではなくて，現実世界の事態に対して，人間が認知作用を通して概念化することによって作り上げられるものであるという点も含めて，これらWhorfのことばは，客観主義の意味観でなく経験基盤主義の意味観に基づいているらしいことがうかがえる．そして 2.4 のテーマとの関連で何よりも興味深いことは，われわれが母語によって設定された線に沿って現実世界を分割し，概念化することによって意味を与えるのであるということは，意味が普遍的なものではなくて言語に個別的な相対的なものであるということをも主張している点である．

そこで，以下では，サピア・ウォーフの仮説を頭に置きながら，意味構造が言語によって異なりうるという点について，2.4.1 に引き続き認知言語学の立場から考察していこう．

2.4.3 意味構造の言語個別的特性

意味構造が言語によって異なりうる，ということは，相当程度まで個々の言語に固有 (language-specific) なものである，という点について認知言語学の立場から考察してみよう[20]．これまで，意味は，人間の認知作用とは独立し

て現実世界の中に内在しているものではなく，人間が認知作用を通して，すなわち理解・解釈することによって生み出すものであることを見てきた．したがって，意味は現実世界をそのまま写しだす不変のものでないことは言うまでもないが，以下では，意味がすべての言語に共通する言語普遍的 (universal) なものでもなく，むしろ各言語に固有な存在である可能性を，英語と日本語を比較しながら具体的に考察してみよう．

まず，語彙の意味構造について考えることにしよう．語彙の意味構造については，各言語に固有なものである点がすでに多くの研究によって明らかにされている[21]．身体の部分を示す語を例にとって，英語と日本語を比較してみよう．日本語の「ひざ」は，身体のどこを指す語であろうか．一見，(44) の例のように，もっぱら①「足のももと，すねとのつなぎめになっている関節の前面で，折れまがるところ」を指すと思えるかもしれない．

(44) ころんでひざをしこたま打った．

しかし，(45) の例などは，②「ひざからももにかけての部分」（①②は，『例解新国語辞典』三省堂による）のことを指していると思われる．よく考えてみると，「ひざ」という語は，「ものを乗せる機能を果たす部分としての大腿部」を指すこともあることに気づく．(44) の文の「ひざ」が②に意味で解釈されることもなければ，(45) の文の「ひざ」が①の意味で解釈されることもないので，①と②の体の部位と機能は明確に区別されているが，用いる語は同じである．

(45) a. ひざに赤ん坊を抱いた．
     b. 荷物をひざに置いて座席をお譲りください．

一方，英語では，①の意味では，(46) のように knee という語を使い，②の意味では，knee を使うことがまったくないわけではないが，多くの場合 (47) のように lap という語を使うようである．しかし，たとえ②の意味で knee を使うことはあるにしても，①の意味で lap を使うことはできない．

(46) The child fell down and cut his knee.
(47) The baby was lying in its mother's lap.

つまり，英語では多くの場合，knee と lap という別の語を，体の二つの部位と機能に応じて使い分けるのに対して，日本語では，両方の体の部位と機能を区別はしているが，いずれの場合にも同じ「ひざ」という語を使う．言い換えれば，英語ではこの場合，体の二つの部位と機能の違いと語の形式上の相違とが有意義な関与的 (relevant) な差異と見なされて，それぞれの語の意味構造に組み込まれているのに対して，日本語ではそうした特性を，弁別を要する関与的な差異と見なさないで非関与的 (irrelevant) な差異と見なして，同じ語を使っていることになる．この場合に重要な点は，英語と日本語において，部位と機能の違いにおける特徴を，形式上別の語を選択することに関与する有意義な差異と見なすか見なさないかは，それぞれが異なった見なし方を選択しているだけであるということ，また，それぞれの選択によるカテゴリー化の違いに優劣があるわけではないということである．

　次に，鈴木 (1973, 40-46) によると，日本語の「くちびる」というと，赤い部分を指すと思われるが，英語の lip は，赤いところだけでなく，口の周囲のかなりの部分をも指すことができ，特に upper-lip というと，日本語の「鼻の下」に相当する部分を言うことが多いとのことである．この場合には，ひざの場合の日英語の関係とは逆で，日本語では口の周囲の赤い部分とそうでない部分とを有意義な関与的な差異と見なして「うわくちびる」と「鼻の下」を使い分けているが，英語ではそうした特徴を非関与的と見なして同じ upper-lip という語を使っているわけである．この場合も日英語がそれぞれに別の選択をしているだけであり，しかも，ひざの場合の日英語の関係とは逆であることを思い合わせると，意味構造というものが言語普遍的でなく，言語個別的であることを示唆しているものと思われる．

　次に，選択制限 (selectional restriction) について考えてみよう．小島 (1988) は第 1 章で日本語と英語の意味のずれを取り扱っているが，日常的なことばほど日英語の違いが大きいと主張している．それを裏づける例の一つとして，また日本人の間違いやすい例として，(48) を挙げ，(48a) という日本語を英語に直す場合，日本語母語話者の英訳には動詞に withered を用いたものが多いが，(48b) のようにすべきであると注意している．英語では動・植物を問わず「生命を終える」という意味では die あるいは be dead を使うと

いうこと，そして withered は，本来しおれて小さくなることであって，枯れかかってはいても「枯れてしまう」意味，つまり「生命を終えた」という意味は含まないということに注意しなければならないと説明している．

(48) a. 庭の松の木が枯れてしまった．
  b. The pine tree in the garden <u>died</u> (or <u>is dead</u>). ([48] は 2 例とも小島 [1988, 9-10])

一方，(49a) のような日本語を英語に直す場合であれば，日本人が die という語を用いて正しく英訳するであろうということは容易に予測されることである．

(49) a. 父は癌で死んだ．
  b. My father <u>died</u> of cancer.

(48) と (49) において，英文のほうは，主語が植物の場合も人間の場合もどちらも die が用いられている．一方，日本文のほうは，主語が植物か人間かによって異なる動詞が用いられていて，日本語において，植物の場合には「死ぬ」は使えず，「枯れる」を用いなければならない．このように，(49) だけ見ていると対応しているように思われる「死ぬ」と die の間には，選択制限の差異が見られる（この場合は，動詞が主語の名詞句に要求する意味上の制限が異なる）．しかし，このような意味構造の差異も，先に述べた語彙構造の場合と同様に，特定の言語がそれぞれに個別の選択をしているというだけであって，それ以上のものではない．「生命を終える」ものが植物であるか，人間を含む動物であるかということが，関与的な有意義な差異であるととらえて「枯れる」と「死ぬ」を区別するという選択をしているのが日本語であり，そのような差異は非関与的であるとして両者の区別をしないという選択をしているのが英語というだけであり，これまた，どちらの選択が優れているかというような問題ではない．ただ，英語を学ぶ日本人にとっては，日英語の選択制限が異なっていることに気づきにくい．そのため，英語では「生命を終える」という場合に，動・植物ひっくるめて die を使うということに気がつかないならば，日本語が干渉して，英語にも「枯れる」に相当する英語があるに違いないと考えて，wither というような語を使いがちで

あり，植物について言う場合に die という語が浮かびにくいということがある，というようなことは言えるであろう．

いま検討してきたような語の選択制限における差異が意味的な性質のものであることは，「松の木が死んだ」や「父は癌で枯れた」という表現が意味的な逸脱によるものであると直観的に感じられることからも明らかであると思われる．しかし，これに関して，これとまったく異なる立場をとっている分析も先行研究の中に見られるので，その妥当性を検討してみよう．

安井 (1988) は，選択制限は「全く意味上の問題と考えることはできないのではないか」(p. 185) と考えている．「選択制限がすべて意味的なものであるなら，それは普遍的なものであるはず」(p. 187) であるから，英語と日本語でずれが生じることはないはずであり，われわれも日本語の直観に基づいて判断すればよいはずであるが，「しかし，実際はそうではない」(ibid.)，すなわち，実際にはずれていることもあるのだから，選択制限には意味上のものと考えられないものもある，という主旨の論を展開している．仮に，その議論が正しいとするならば，前述の日本語の「死ぬ」と英語の die の差異が意味上のものではないということになってしまう．そして安井がまさにそのように考えているということは，英語の pass away の選択制限（主語が通常人であること）が，意味論的なものではないという主張の根拠として，「人間と，犬と，花との死に方に違いのないことは，die ですべて表すことができるということからも明らかである」(pp. 191-92) と述べていることからも明白である．しかし，この議論には問題点があると考えられる．第1に，この議論は，意味構造が普遍的であることを最初から前提としている議論であるから，そのまま受け入れることはできない．第2に，根拠としてあげているような議論が成り立つのであれば，「英語の knee と lap に違いのないことは，日本語の『ひざ』でどちらも表すことができるということからも明らかである」から，knee と lap の違いは意味論的な問題ではないという論法も成り立ってしまうことになる．さらに第3に，こうした論法が仮に正しいとして，しかも安井が前提としているように意味構造が普遍的であるということが仮に正しいとするならば，「人間と，犬と，花との死に方に違いのあることは，『死ぬ』ですべて表すことができないということからも明らかであ

る」という議論も成り立つことになるので、先ほどの主張とあわせると2つの自己矛盾した主張をしていることになり、いずれも受け入れることのできない議論であることが明らかであろう。人間と犬と花の「生命の終え方」の共通性をとらえて一つの枠でカテゴリー化するか（英語の die の場合）、人間と犬の場合と花の場合とで「生命の終え方」が異なることに着目してそれぞれに異なるカテゴリーを与えるか（日本語の「死ぬ」と「枯れる」の場合）は、普遍的に定まっているものではなく、あくまでも本質的には特定言語に固有なものであると言うことができよう。

以上、2.4 では、客観主義の意味観と経験基盤主義の意味観とを視野に入れながら、客観主義の主張するような意味構造の普遍性を意味論研究の前提にすることができないこと、すなわち、意味構造は言語によって異なりうるものであって、それぞれの言語に固有な性質のものがあるということを、日英語の具体例をあげながら検証した。

注

1 　認知言語学の全体的な概念を知るには、Lee(2001), Ungerer and Schmid(1996/2006^2)、河上(1996) が便利である。さらに詳しくは、Lakoff(1987), Langacker(1987, 1990a, 1991)、Taylor(1989/1995^2/2003^3)、杉本(1998), 山梨(1995, 2009, 2012) などを参照のこと。
2 　Chomsky(1957, 17)。なお、チョムスキー自身による統語論の自律性を擁護する議論が、Chomsky(1977, 36-59) にみられる。
3 　Langacker(1987), Lakoff(1987) には、従来の生成文法における言語観とはまったく異なる言語観に基づいて、認知言語学の基本概念や方法論が多くの事例とともに説明されている。
4 　Lakoff(1987, 167) は、客観主義の意味論に見られる基本的な仮定を、問題視して論じている。
5 　GB 理論全般については、Chomsky(1981) などを参照のこと。GB 理論に形式意味論を取り込む試みについては、Chierchia and McConnell-Ginet(1990), Heim and Kratzer(1998) を、語彙機能文法については、Bresnan(2001/2013^2) を参照のこと。また、いわるゆ句構造文法をさらに一般化した文法である GPSG においても、意味論とし

てはやはり形式意味論を用いているものが多い(Sells 1985を参照).
6 さらに詳しくは,Langacker(1987, 81-86; 1991, 105-8)などを参照のこと.
7 カテゴリー化については,Taylor (1989/1995²/2003³), Lakoff (1987), Tsohatzidis (1990), Corrigan, Eckman, and Noonan (1989), Craig (1986), Croft (1991), Rosch and Lloyd (1978)などを参照.
8 例えば,Sweet (1892-98)やJespersen (1909-49).
9 特定言語の発話資料が与えられると,それだけを基にしてその言語の文法を自動的かつ機械的に発見することができる手順のことを,「発見の手順(discovery procedure)」と呼ぶ.アメリカ構造主義言語学自らが発見の手順を第1目標に掲げていたわけではない.しかしChomsky (1957, 51-2)によれば,構造主義言語学は実質的には発見の手順を明らかにすることを目標としているが,一般言語理論の目標としてはこれは高すぎるものであり,生成文法はこれよりもレベルの低い評価の手順を達成することを目標としている.
10 古典的カテゴリーについて,詳しくはTaylor (1989/1995²/2003³, ch. 2)を参照.
11 Aristotle(1933, vol. 5)を参照.
12 新・旧情報については,Halliday(1985),安井・中村(1984),福地(1985),Halliday and Hasan (1976),井上(1979)が参考になる.また,共感度については,Kuno and Kaburaki (1977), 久野(1978), Kuno (1987)が詳しい.
13 格文法については,山梨(1983)が詳しい.
14 The symbolic nature of grammarについては,Langacker (1987, 81-86; 1990a, 105-108; 2008, 14-26)など参照.
15 ラネカーの語彙的形態素と文法的形態素についての見解は,Langacker (1987, 18-19)に見られる.
16 2.3.2で意味役割という用語が指している内容は,理論によって呼び名が異なる.Fillmore(1968)などの格文法においては格(case),生成文法においてChomsky (1981)などでは主題役(theta role),またGruber(1965, 1976)やJackendoff(1972, 1976, 1978, 1983)などでは主題関係(thematic relation)と呼ばれているものであるが,その指示する概念はほぼ同じものである.
17 動作主性(Agentivity)については,DeLancey(1984), Schlesinger(1979; 1989), Cruse (1973)が参考になる.
18 また典型性条件については,Jackendoff (1983, 121-122; 1985)などを参照.
19 Lyons (1977, 483)を参考にした.なお,Jackendoff (1983, 181ff, 258)は,行為が意図的であるかどうかということと,主語が動作主として機能しているかどうかということは,別個に考えるべきであると論じている.
20 この立場をとっている認知言語学のものに,Lakoff (1987), Langacker (1987), Wierzbicka (1988)などがある.フッサールの哲学などでintersubjectivity (相互主観性,共同主観性,間主観性などと訳されている)と呼ばれる概念がこれに関係するが,意味と相互主観性については,友枝他(1996)が参考になる.

21 例えば，小島 (1988)，鈴木 (1973, 1990)，國廣 (1967, 1970, 1981) などを参照.

第3章
思考様式と表現

　本章では，思考様式と表現の関係について具体的に検討する．まず，3.1 では，日英語における指向性や認知パターンの違いが，表現の選択の違いと対応しているということ，そしてそれらが各言語の持つその言語らしさとつながっているということを検証する．ある表現が選ばれるための語用論的条件を探ることが，その言語らしさを追究するために不可欠であることを強調したい．

　3.2 では，認知言語学に属する理論的な枠組みの中でも，生成文法と最も鮮明な対立点が浮き彫りになると考えられる Langacker の認知文法の立場に立って，知覚構文の分析の一端を示す．「すべての言語形式には意味がある」という基本的な前提に基づいて，話し手が描写する事態に関与している要素をどの程度主体化してとらえているかという観点から分析することによって，日英語の相違点に関して言語活動の原理に即した自然な説明を与えることができるということを示す．同時に，言語科学としての日英語対照研究において，認知言語学にみられる文法観・意味論観に基づく研究によって，形式主義のアプローチが示すことのできない言語特性をとらえることができることを論じる．

　3.3 では，文化や思考様式と言語との関係を言語科学的に分析する方略を探るために，異なる文化に属する人間の外界に対する関心や思考様式の違い

と，言語の表現方法の違いとが並行していると考えられることの一端を，日英語を比較しながら検証する．ウチとソトという概念に注目して，それが日本語文化圏と英語文化圏の中でどのようなところに見られるかということに触れ，それが言語にどのような形で表れているかということを，いくつかの言語事実を通して考察する．

3.4 では，英語と日本語の視点 (perspective) についてのケーススタディとして，英語の off limits という表現の意味を知らない日本語話者が，その意味を推測しようとしてまったく逆の意味を考えてしまいやすいのはなぜか，ということについて考察する．off limits が持つ意味を推測しようとするとき，日本語の「制限」という表現の意味を手がかりにして考えてしまいやすい．そのとき逆の意味を思い浮かべるのは，英語の limit と日本語の「制限」という語の意味に付随する視点の方向性が，英語と日本語の間でプラスの方向とマイナスの方向というまったく逆の方向を向いていることに起因していると考えられる，ということを論じていく．

3.1　認知的指向性と適切な表現

言語類型論 (linguistic typology) 的アプローチには，分析の目標の違いによって数種類のものがあるが，その中の一つに，何らかの言語特徴を分析の中心に据えて，一つの言語全体の特徴をつかもうとすることに目標を置いているアプローチがある．そのような観点からの研究の一つに，Ikegami(1978, 1991)，池上 (1981, 1982) があり，これは一つの言語全体の傾向的特徴を「型」としてとらえ，さらにその型とその言語が使われる社会における文化的パターンとの間の関連性を探ろうとするものである．

この研究において，世界の言語は「スル」的な言語 (DO-language) と「ナル」的な言語 (BECOME-language) とに分けられる．そして，英語など多くの西洋語は前者に属し，日本語は後者に属すると分析されている．「スル」的な言語は，ある出来事を表現するときに，その出来事に関与している動作主 (agent) を際立たせて，「個体が何々の行為をする」というような形で表現しようとする言語であるのに対して，「ナル」的な言語には，動作主をな

るべく際立たせないで，あたかも自然の成り行きでそうなったというふうに表現する傾向がある．この点については佐久間 (1941, 214) が早くから指摘している (1.3.1 [28] 参照)．池上の2分法が，厳密に言うと統語論，意味論，語用論のうちのどれにターゲットを絞ったものであるかということについて明言されているわけではないが，いずれの分野においても有効な区別であると考えられるので，本書でも受け継ぐことにする．

3.1 の目的は，英語と日本語を比較対照して，それぞれの言語の指向性を探ることにある．特に，「スル」的な言語と「ナル」的な言語の区別を受け継いだうえで，それに加えて，日本語と英語における指向性や認知パターンの違いが，表現の選択の違いと対応しているということ，そしてそれらが各言語の持つその言語らしさとつながっているということを検証してみたい．ただし，この分析も，「スル」的な言語と「ナル」的な言語の分類と同様に，あくまでも相対的な傾向の対立であって，一方の言語が持っている傾向を示す現象が他方の言語ではまったく見られないというわけではない．しかし，同じ事態を表現するための文法的な手段がいくつか備わっていても，どのような場面でどの手段を選ぶかによって，その言語らしくもなればその言語らしからざるものともなる，といったことも問題とされるべきであって，ある表現が選ばれるための語用論的条件を探ることが，その言語らしさを追究するために不可欠であると考えられる．

3.1.1 出来事のとらえ方と表現形式

英語と比べると日本語においては，自動詞表現が頻繁に用いられる[1]．特に，一組の対応する自動詞と他動詞が揃っている場合には，自動詞表現の方が好んで用いられる傾向のあることが観察される．例えば，ある場面で発せられる日英語の表現として，(1) (2) の例文について考えてみよう．

(1) a. I think I'm lost, I can't find the bridge.
    b. どうやら道に迷ったようだな，橋が見つからない．
    b'. どうやら道に迷ったようだな，橋を見つけられない．
(2) a. Did someone by any chance turn in a lady's watch?
    b. ひょっとして婦人用の時計が届いていないでしょうか[2]．

(1) の文が発せられるような場面において，英語では find という他動詞を使って (1a) のように表現するのが自然であると感じられるのに対して，日本語では (1b) のように「見つかる」という自動詞を使った表現のほうが，これと対応する「見つける」という他動詞表現を用いた (1b') よりも，より自然な日本語であると判断される．

　ある出来事や事象を表現するにあたって，英語などのような「スル」的な言語においては，その場面に関与して動作主として行動する人間を個体として注目し，なるべくそれを際立たせるような表現形式を好む傾向がある．それに対して，日本語のような「ナル」的な言語においては，その出来事や事象に関与して動作主として行動する人間が存在していても，それを個体として焦点を当てることをしないで，全体の中に含めて包みこんでとらえ，個体をなるべく際立たせないような表現形式を好む傾向がある．

　(1) の各文が発せられる場面はまったく同じなのであるから，日本語で発する場合にも英語で発する場合も，そこに関与している人物・事物の事実関係は同じはずである．それなのに，英語では，話し手 "I" を個体として注目し，そのことの表れとして，それを表現形式に含めているのに対して，日本語の (1b) では，話し手が表現形式に加わることなく，「橋が見つからない」という状態がそこに発生しているという感じの表現である．また，(1b') の例文の後半は，話し手を指示対象とする「わたしは」または「わたしが」というような，動作主を示す表現を付け加えることが潜在的に可能であるけれども付け加えなくても差し支えないからそのままにしてあるような文である．ところが (1b) の後半は，そのような動作主を示す表現を付け加えることが潜在的にも不可能な文である．ここで注目すべきことは，日本語では動作主表現を加えることが潜在的に可能であるが用いていない文よりも，動作主表現を加えることがまったく不可能な文のほうがより自然であると感じられるという点である．したがって，(1) における英語と日本語におけるそれぞれの言語らしさは，基本的に主語を省略することができる言語であるかどうかということとは別の問題であることを示している．例文 (2) のような場面でも，英語では動作主としての人に注目して，誰かがそのようなことをしてくれていないでしょうか，と尋ねるのに対して，日本語では，当然そのよ

うな人物がいなければ届くはずもないのに，あたかも時計がひとりでに届いていないでしょうかと尋ねるような文が自然に響くところに注目したい．このように，(1)(2)の英文と日本文についても，「スル」的な言語と「ナル」的な言語の特徴が現われていることが観察される．

また，主格の名詞として日英語ともに同じものを持つ例文(3)を見ると，

(3)　a.　His body has not been found yet.
　　　b.　死体がまだ見つかっていない．
　　　b'.　死体がまだ見つけられていない．

英語の例文も日本語の例文もどちらも同じ指示対象を主格名詞として選んでいるにもかかわらず，やはり英語においては他動詞を使い，日本語のほうは自動詞表現を使ったほうが自然であると感じられる点が注目される．

寺村(1976, 49)は，道を歩きながら「このあたりもずいぶん変わりましたね」と言ったときに，日本文学を専攻していて日本語にも堪能なアメリカ人が発した次の例文を問題にしている．

(4)　ええ，ああいうマンションが最近急にたくさん建てられましたからねえ．

寺村が指摘するとおり，文法的に間違っているというわけではないのに，この文はどことなく妙で日本語らしくないと感じられる．日本人ならば「建てられました」ではなくて，(5)のように「建ちました」というところであろう．

(5)　ええ，ああいうマンションが最近急にたくさん建ちましたからねえ．

受身文である(4)の方は，「建てる」という行為の動作主が深層に潜んでいるが，(5)の方は「建つ」という自動詞であって，動作主は深層にさえ潜んでいない表現方法である．(4)では受身を使うことによって，しかも動作主を指す表現を用いていないにもかかわらず，妙に聞こえるのに対して，動作主を含まない点では同じでありながら(5)のように自動詞を使ったほうが日本語らしいということは，動作主表現を欠いた受身文よりも自動詞文のほうが動作主の存在が薄いと感じられること，さらに，日本語ではこのように動作主表現を際立たせないことを好む傾向がいかに強いものであるか，ということを示している．

自動詞表現が日本語で頻繁に用いられるということは，日本語が「ナル」的言語であり，動作主をなるべく際立たせないで，あたかも自然の成り行きでそのような状況になったというふうに表現する傾向があることを考え合わせると，ごく当然のことであるということになる．

　このように一般に，日本語では，動作主を指す表現を用いないことが多い．さらに，日本語の動作主について付言すると，用いられている動詞が自動詞であれ他動詞であれ，動作主の指示対象が話し手自身である場合には，表出されないことが多い．また，話し手が個人の生理的経験や感情・心理的経験などについて述べるときには，特に表出されない．

(6) a. I have a headache.
　　 b. （わたしは）頭が痛い．
(7) a. I am hungry.
　　 b. （わたしは）おなかがすいた．
(8) a. Oh, I'm surprised.
　　 b. ああ，（わたしは）びっくりした．

　日本語など「なる」的な言語では，「頭が痛い」人物や，「おなかがすいた」人物や，「びっくりした」人物が話し手自身の場合には，(6)-(8)のa文のように，言い表す必要のない限り表出されない．しかし，これらの人物が第三者の場合には，誰がそうなのかということを言い表すが，同時に，話し手がそのことをどのようにして感知したかということを示す「そうだ」「らしい」「とのことだ」などのようなことばも添えて(9)-(11)の各b文のように表現する．一方，「する」的な言語の英語では，誰が何をするのか，誰がそうなのかということをはっきり表現することがごく自然であり，例えば頭の痛い（おなかのすいた，びっくりした）人物が(6)-(8)のa文のように話し手であれ，(9)-(11)のa文のように第三者であれ，特に表現上の違いはない．

(9) a. My brother has a headache.
　　 b. 弟は頭が痛いそうだ．
(10) a. The baby is hungry.
　　　b. 赤ちゃんはおなかがすいたらしい．
(11) a. The children were surprised.

b.　子供たちはびっくりしたとのことだ.

「ナル」的な言語である日本語では，話し手が自分を前面に押し出して表現することを避けようとする傾向があり，特に話し手が関与している授受関係において，自分が他の人に何らかの利益を与える授益者 (benefactor) である場合には，自分を際立てないようにする傾向が見られる．そして出来事がまるでひとりでに発生したかのように表現したり，あるいは誰か他の人がしたかのように思わせるような表現を用いたりすることが好まれる．

(12)　a.　お茶が入りました.
　　　b.　お風呂が沸きました.
　　　c.　会員に大会中止の連絡をしてありますよ.

　お茶はひとりでに入るものではない．誰かが労をとってお湯を沸かし，お茶の葉を土瓶に入れて湯を注ぎ，湯飲み茶碗に注いで初めてお茶が入った状態が生まれる．これを「お茶を入れました」と言ったのでは，相手に恩着せがましいことになりかねないので，自分が授益者であることを極力隠すために，(12a) のようにまるでお茶が自然に入ったような表現が好まれる．(12b) では，お風呂を沸かしたのは話し手自身なのに，自分を前面に押し出すことをしないで，まるで風呂がひとりでに沸いたかのような表現になっている．また，(12c) においても，連絡をしたのがたとえ話し手自身であっても，この表現自体からは，他の誰かが連絡したという解釈も可能な表現であり，話し手が動作主であることを明示しない形の表現になっている．はたして動作主が誰であるかは，状況からしか判断できないような表現方法が好んで使われていることになる．

　このように日本語には，話し手が授益者である場合には，動作主である話し手を示す表現を差し控えるという語用論的配慮がなされるが，一方英語にあっては，授益者が話し手であれ他の人であれ，区別なく動作主を明示することが普通である．

　動作主をぼかしたいという日本語の要請を満たすのにふさわしい構文の一つが受身である．Shibatani(1985) は，再帰代名詞，相互代名詞，自発，可能，敬語，複数形など受身に関係のある言語事実を広範囲に調べながら受身

のプロトタイプを定義することによって，受身とこれらの構文との相関関係をとらえようとしたものである．それによると，受身のプロトタイプは(13)のようにとらえられている．

(13) Characterization of the passive prototype.
 a. Primary pragmatic function: Defocusing of agent.
 b. Semantic properties:
  (i) Semantic valence: Predicate(agent, patient).
  (ii) Subject is affected.
 c. Syntactic properties:
  (i) Syntactic encoding: agent → (not encoded).
    patient → subject.
  (ii) Valence of P[redicate]: Active = P/n;
    Passive = P/n - 1.
 d. Morphological property:
   Active = P;
   Passive = P[+passive].　([13])はShibatani [1985, 837] より)

　この定義によると，(13c[i])が示すとおり，統語的に見ると受身は一般に動作主を言語化しないので，受身の主な語用論的機能は，(13a)に記されているとおり，動作主をぼかすということにある．この定義は世界のいろいろな言語について観察される非人称・非動作主構文としての受身の普遍的性質をとらえようとしたもので，英語についても日本語についても当てはまるものと考えられる．

　動作主の存在をぼかすもう一つの文法的手段は，「ことになる」という表現を使うことであるが，英語を母語とする John Hinds は，友人が(14a)に示す文を発するのを聞いたとき，その英訳として(14b)しか思いつかなかったために，その友人が自分の意志に反して結婚を強制されているのかと勘違いし，真意がつかめるまでにしばらく時間がかかった述懐している (Hinds 1986, 54-55)．さらに，英語ではこのような場面にふさわしい表現として，動作主も意志も明示された(14c)のように表現しなければならない，とも記している．結婚するという，当事者たちの意志によって左右されるはずのことでありながら，日本語では「ことになる」という表現を使うことによって，

そのようなものは影を潜めてしまい，まるでその結婚が別のどこかで決定されて自分たちにとってはひとりでにそのようになったかのような表現手段がとられており，またそのような表現が好まれるのである．

(14) a. もう結婚することになりました．
b. It's been decided that I will get married.
c. I have decided to get married.（[14a-c] は Hinds [1986, 54-55] より）

3.1.2 ぼかした表現

3.1.1 で述べたように，日本語の語用論においては，動作主が授益者の場合にはなるべく動作主を明示しないでおくことが好まれるが，なぜそのような現象が見られるのであろうか．その理由を考えるうえで，社会学や心理学からの知見が参考になる．

日本の社会には他国の社会に見られないほどの強い「ウチ」「ソト」「ヨソ」の意識があることが，中根 (1967) や中山 (1989) によって報告されている．

(15) 「ウチ」「ヨソ」の意識が強く，この感覚が尖鋭化してくると，まるで「ウチ」の者以外は人間ではなくなってしまうと思われるほどの極端な人間関係のコントラストが，同じ社会にみられるようになる．知らない人だったら，つきとばして席を獲得したその同じ人が，親しい知人（特に職場で自分より上の）に対しては，自分がどんなに疲れていても席を譲るといった滑稽な姿がみられるのである．（中根 1967, 49）

このような意識があるゆえに，「ウチ」に属する者に対しては，話し手が授益者である場合に恩着せがましい表現にならないようにするために，自分が動作主であることを表出しないで，ぼかした表現を用いるという語用論的要件を生み出していると考えられる．

一般に日本人があいまいなぼかした表現を好むメンタリティーを持っているということは，古くから指摘されている．例えば，ポルトガルの宣教師で日本語の辞典や文法書の編集にも携わったルイス・フロイスは，すでに 1585 年に書き残した日本人の風俗習慣に関する報告書の中で，「ヨーロッパでは言葉の明瞭であることを求め，曖昧な言葉を避ける．日本では曖昧な言葉が一番優れた言葉で，もっとも重んぜられている」（フロイス 1965, 629）

と記しており，時代は下って今日に至っても，著名な日本文学研究者であり日本文学を英訳する優れた翻訳家でもある Donald Keene をして「『鮮明でない言葉はフランス語ではない』ということばがあるが，日本語の場合，『はっきりした表現は日本語でない』といえるのではないか」（キーン 1970, 156）とか，さらには「美しい日本語なら，あいまいさを嫌うどころか，なるべく表現をぼかすのだ」（同上）と言わしめるほどに，多くの日本語論，日本人論，あるいは日本文化論に関する，特に外国人が著した出版物には，日本人にぼかした表現を好むメンタリティーがあることを一致して指摘している．

3.2　主体性から見た知覚構文

　日英語の対照研究も言語研究である以上，生成文法と認知言語学という二つの大きな流れの中で行われてきたと言うことができよう．しかし，日英語をどのように対照するか，またその結果をどのように記述するかといった方法論がまだ確立しているわけではない．したがって，言語研究のいろいろなアプローチを試してみて，どのようなアプローチが言語の対照研究の観点からも有意義なものであるかということを検証することが必要となってくる．
　3.2 では，認知言語学に属する理論的な枠組みの中でも生成文法と最も鮮明な対立点が浮き彫りになると考えられる Langacker の認知文法の立場に立って知覚構文の分析の一端を示すことによって，認知言語学に見られる文法観・意味観に基づく言語研究が，言語特性をとらえるうえで有意義な方略であることを示してみたい．
　生成文法のパラダイムの中で統語論の自律性というテーゼを支持する現象として考えられそうな言語現象が，実は意味に深く根差した現象であるということをより自然に説明することができるならば，認知言語学における文法観の妥当性を示す極めて説得力のある証左となるではずである．そこで，3.2 では，日本語と英語の知覚構文を対照することによって，文法上の構造の相違が意味の相違を反映しているものであるということを例証してみたい．そうすることができれば，認知言語学における文法観の正しさを示すと

同時に，意味に基盤を置く理論が日英語対照研究にとっても有益な理論であるということの一端を示すことにもなると思われる．

英語の動詞には意味に基づいて分類したときの一区分として知覚動詞 (verb of perception) と呼ばれるものがある．see と hear がその代表例であるが，他に smell, feel, taste などいくつかの動詞があり，いずれも現在眼前に存在することがらを現在形で表現することができるという構文上の特徴を持っている．次の例文 (16)–(20) の a 文と b 文の各ペアは，いずれも英語の知覚動詞構文と，それに対応する日本語の動詞を用いて，話し手が眼前に存在することがらを述べた文である．

(16) a. Aha, I see you!
   b. うん，君が見える．
(17) a. I can hear someone knocking.
   b. だれかがノックしている音が聞こえるわ．
(18) a. I (can) feel something in my shoe.
   b. 靴に何か入っている感じがする．
(19) a. I (can) taste pepper in this soup.
   b. このスープはこしょうの味がする．
(20) a. I (can) smell something burning.
   b. 何か焦げる臭いがする．

各ペアにおいて a 文と b 文は，同一の状況について述べた文であるから，生成文法でいう知的意味，すなわちそれらのペアの真理条件は等しいと考えられるが，文法的に見るといくつかの特徴的な相違点が見られる．

まず第 1 に，各ペアの英語表現のほうにはすべて知覚の主体である話し手が言語表現として顕現しているが，日本語のほうには表れていない．もちろん，各ペアの b 文に「わたし（に）は」というような知覚の主体である話し手を表す表現を付け加えても非文にはならないが，そうすると，「他の人にはともかくとして，自分には」というような特別な意味合いが含まれてくる．これは各ペアの英語表現において知覚の主体を表している I に特別な強勢が置かれて発話された場合に相当すると考えられるが，ここでは知覚表現についてすべてを尽くして論じることが目的ではなく，ごく普通に発話されたときに日英語の相違が明らかに見られる場合を取り上げて，その相違をい

かに説明するかということが問題であるため，特別な強勢が置かれていない場合についてのみ論じることにする．

　第 2 に，英語では，動詞で表現される行為の対象が典型的には動詞の目的語として表現されるが，(16)-(20) の各ペアの英文においても知覚行為を表す動詞の対象が動詞の目的語として表現されている．一方，各ペアの日本語のほうでは，そうした知覚の対象が「ガ」という（典型的には主格に伴うと考えられる）助詞を伴って表現されている．

　こうした日英語の統語構造上の違いを説明するために，生成文法では日本語について次のような分析が盛んに行われていた．すなわち，日本語では，一般に，主体が主語として「ガ」でマークされ，対象が目的語として「ヲ」でマークされるが，これら (16)-(20) の日本文においても，知覚の主体が主語であり，知覚の対象が目的語であることに変わりはない．ただし，これら一部の動詞の場合には，主語が通常省略されることが多いが，省略されない場合には主語に「ガ」・「ニ」交替が生じて「ニ」でマークされ，目的語には「ヲ」・「ガ」交替が生じて「ガ」でマークされる，と論じられていた．しかしこうした分析では，先ほど見た日英語の構造上の相違の第 1 点について，なぜ日本語では知覚の主体が現れていないのかということに対する説明が与えられないままであり，第 2 点についても，なぜ特定の動詞の場合に例外的な格助詞付与が生じるのかということが説明されない限り，いくら分析を精緻なものとしても，言語の形式面の整合性をとらえようとする分析にとどまっていることになり，なぜそうなるのかという本質的な説明が与えられているとは言えない．裏返して言うならば，こうした統語構造上の特徴が，形式面以外の本質的な要因によって生じていないということが明らかになるならば，だからこそ統語論の自律性が正しいテーゼであるということの証左である，と言うことができることになる．

　一方，認知言語学の立場からは，すでに述べた「記号体系の一環としての文法」，あるいは別の言い方をすれば「記号性を備えた文法」，という基本的な前提に基づいて，より自然な本質的な説明が可能である．記号性を備えた文法ということは，「すべての言語構造は記号的である」，つまり，「すべての言語形式には意味がある」ということであるから，その前提に即して，知

覚表現には，知覚行為の主体が知覚の対象をどのようにとらえているかということが言語形式の意味の一部として含まれている，と考えられる．したがって，(16)-(20)の各ペアにおいて，英語の表現と日本語の表現は，同一の状況を描写したものであるから真理条件から言えば等しいけれども，英語と日本語における状況の把握のしかた（これこそが意味にほかならない）が異なっていることが表現の差異となって現れているのである，と考えることができる．

この場合の状況のとらえ方の差異は，各ペアにおいて，知覚の主体に与えられている「主体性(subjectivity)」の度合いの差異が，表現の差異となって現れたものと考えられる．ここでいう主体性とは，Langacker(1985, 1990b)やLyons(1982)が指摘している観点であり，表現の主体が状況をとらえるときの把握のしかたに関わるものである．Langacker(1990b, 6-7)の眼鏡を例にとった説明が分かりやすいのでそれを借用するならば，かけている眼鏡を手にとってそれを見る場合，その眼鏡は視覚の対象となり客体である．一方，眼鏡をかけて何かを見るとき，その眼鏡自体はもはや視覚の純粋な客体ではなくなり，知覚する主体の一部となって視覚行為を成立させる役割を果たしている．前者の場合，眼鏡は「客体」として把握されていると言い，後者の場合，眼鏡は視覚の成立に関与する限りにおいて「主体」として把握されていると言う．

こうした主体と客体の区別は，知覚の場合だけでなく，言語の意味の背後にある概念化の過程においても行われる．そして，客体としての把握が弱まって完全に消失して主体としての把握のみが残ることを主体化(subjectification)という．状況をとらえるときにその状況を話し手が自分とは完全に切り離されたものとして客体化する場合と，意識するかしないかに関わらず，自分がその状況に関与した形で主体的に解釈する場合とがあり，それぞれどの程度主体化したり客体化したりするかによって，状況を構成するものに与えられる主体性(subjectivity)や客体性(objectivity)の度合いに差異が生じることになる．次の例文によってこのような主体性の度合いの違いがどのように表現に反映されているかを見ておこう．

(21) a. Vanessa is sitting across the table from Veronica.
　　 b. Vanessa is sitting across the table from me.
　　 c. Vanessa is sitting across the table.（[21 a-c] は Langacker [1990b, 17, 20] より］

　(21a) では，話し手は，Vanessa をも Veronica をも客体としてとらえている．(21b) のように一人称代名詞を含む文では，話し手は，状況を外的な視座から見て概念化し，話し手自らを，(21a) の Veronica と同じく，客体として把握している．ここには「見る主体としての自己」と「見られる対象としての自己」との分裂が生じており，「見る自己」が「見られる自己」を見ているということが生じているわけである．前者の自己が主体として把握され，後者の自己が客体として把握されている[3]．一方，(21a) や (21c) のような 1 人称代名詞を欠く文では，話し手である「見る主体としての自己」は，状況の中にいわばとけ込んで，状況と一体化した形で把握されており，見られる対象としての自分は存在していない．すなわち，自己の客体としての把握は消滅し，完全に主体としての把握だけが残っている（つまり，話し手は，かけた眼鏡が話し手と一体化するのと同じように，状況と一体化した状態になっており，もっぱら主体として把握されている）．

　ここで (16)-(20) の各ペアに立ち返ってみると，a 文と b 文との間に，知覚の主体の把握のしかたにおいて主体性の度合いに違いが見られるということができるであろう．すなわち，a 文においては話し手が知覚の主体としての自己を「客体」として把握しており，「見る主体としての自己」と「見られる対象としての自己」とが分裂している．それに対して，b 文においては，知覚の主体としての話し手が状況と一体化して把握されているために，自己については主体的な把握だけが残っている．通常において表現として言語化されるのは客体として把握されているものだけであるから，これらの各ペアにおいて a 文では，客体として把握されている知覚の対象が動詞の目的語として表現されているだけでなく，客体として把握された知覚の主体が主語の"I"として表現されていることは自然なことと言える．それに対して，b 文では知覚の主体は客体として把握されていないで，主体化されて解釈されているため言語化されず，客体として把握されている知覚の対象だけが言

語化されているのであるということも自然なことであると考えられる．このように，主体性という概念を持つ認知文法の立場からは，先に見た文法構造上の特徴の第1点について言語活動の原理的な観点から自然な説明を与えることができる．

　各ペアのa文においては知覚という行為が，知覚の主体と対象という二つの項による関係から成り立っていると把握されているのに対して，b文においては，a文のような2者の関係によって状況が成り立っているという解釈が与えられているのではなく，知覚の対象のみの存在が客体として把握されているのであるから，一種の存在文と考えることが可能であろう．尾上(1985)は，この種の日本文について，「『見える』『聞こえる』『(音が)する』などは，視覚的，聴覚的なものの存在を表して，言わば『ある』の変形であると考えられる」(p. 35)と，存在文の一種であるという分析を示し，これらの文の「ガ」格名詞句を主語と呼ぶことが許されようと述べている．認知的言語学の観点から見ても，存在文であるなら，客体としてとらえられたその存在物が主語として「ガ」でマークされることは一向に不思議はない．このように，経験基盤主義的意味論観に基づいた主体性という概念を持つ認知文法の立場からは，先に見た文法構造上の特徴の第2点についても言語活動の原理的な観点から自然な説明を与えることができる．

　以上 3.2 では，英語と日本語の対照研究において，認知言語学的な意味論観や文法観に基づいたアプローチが，言語活動の原理に即した説明力を備えたものであるということの検証を試みた．具体的には，日英語の知覚表現に見られる文法構造上の相違が，生成文法における「統語論の自律性」というテーゼを支持する現象ではないと考えられること，また，認知文法の立場からは，「すべての言語形式には意味がある」という基本的な前提に基づいて，話し手が描写する事態に関与している要素をどの程度主体化してとらえているかという観点から，言語活動の原理に即した自然な説明を与えることができるということを示すことに努めた．

3.3 文化による思考様式が日英語に落とす影

3.3.1 ウチとソト

　文化とは何か．この文化ということばは，実にいろいろな意味で使われているが，言語学や文化人類学でいう文化とは，鈴木 (1973) の定義を借用するならば，「ある人間集団に特有の，親から子へ，祖先から子孫へと学習により伝承されていく，行動及び思考様式上の固有の型 (構図)」(p. i) のことである．文化をこのように定義すると，言語活動の大部分が，文化という範疇に含まれることになる．すると，それぞれの文化から言語を除外した部分の差異が，言語の差異となって投影していてもまったく不思議ではない．また，言語によるコミュニケーションがいろいろな文化活動を支え，その基盤としての役目を果たしていることからすれば，むしろ逆に言語の差異が言語以外の文化に反映している場合もあるかもしれない．

　先ほどのように，文化ということばを一般の人々による使い方よりもかなり狭く定義していても，それでもまだいろいろなものにこの定義があてはまるであろうが，少なくとも人間によって伝承されていくものである以上，そこに関与している人間が外界に対して持っている関心や思考様式の違いが，伝承される文化の違いとなって表れたり，使用する言語に何らかの違いとなって顕現したりすると考えて差し支えあるまい．3.3 では，言語以外の文化の，そうした外界に対する関心や思考様式の違いと，言語の表現方法の違いとが並行していると考えられることの一端を，日英語を比較しながら検証してみることにする．

　これまでに日本文化の特徴について論じたものは，古典的な著作としての Benedict (1954) をはじめ，枚挙にいとまがないが，その後衆目の的となったものを見ると，日本の社会構造をタテ社会であると分析する中根 (1967)，「甘え」を日本人独得の心理としてとらえ，さまざまな日本社会の現象を「甘え」の心理をてこにして説明しようとした土居 (1971)，日本人を好奇心の強い国民としてとらえた鶴見 (1972) など，いずれも日本文化の特徴をそれぞれに興味深い一つの概念で説明しようとしている．

　このような日本人論，日本文化論，日本社会論によって提出されている諸

概念の中に，日本語という言語の特徴をとらえようとするときに役立つ概念があるかどうか検討してみよう．そこで以下では，まずウチとソトという概念に注目して，それが日本語文化圏と英語文化圏の中でどのようなところに見られるかということに触れ，そしてそれが言語にどのような形で表れているかということを，日英語の比較という観点から，考察していくことにする．ただし，ここでは英語文化圏をアメリカに，英語を米語に限って議論する．

　ウチとソトという意識は，対人関係における心理的距離・空間を表す概念であり，内集団（in-group）と外集団（out-group）とを区別する働きを持つ[4]．ウチの意識は仲間意識に通じる概念である．自分が強い関心を寄せ，仲間だと感じている身の回りの者に対してはウチの者意識が働き，他方，無関心でいることのできる赤の他人や，関心を寄せてはいても排除したいと思うような敵対心を抱かせる者に対してはソトの者意識が働く．また，ウチ，ソトという心理的距離・空間が物理的な空間となって反映していることもある．

　ウチとソトの概念は，日本社会だけに存在するわけではなく，普遍的なものと思われるが，日本社会には他国の社会に見られないほどの強いウチの者意識とソトの者意識があるようだ．そのことを象徴するかのように，日本語にはウチとソトの意識を基盤にした表現がいくつか用意されている．例えば，「内の人（＝自分の夫）」「内の者（＝家族）」「内祝い」「内々」「身内」「内輪」などのようにウチという概念を含む表現はかなりたくさんあるし，「内弁慶，外味噌」「内面（うちづら），外面（そとづら）」「内孫，外孫」のようにウチとソトの概念が対照的に用いられる表現もいくつかある．日本人の精神構造にホンネとタテマエがあると言われるが，ホンネはウチの意識に関係し，タテマエはソトの意識に関係すると言うことができるであろう．

　ウチとソトを区別する枠が日本社会でははっきりしているが，それと比較するとアメリカ社会では不明確である．「日本社会は，全体的にみて非常に単一性が強い上に，集団が場によってできているので，枠を常にはっきりしておかなければ──集団成員が自分たちに，常に他とは違うんだということを強調しなければ──他との区別がなくなりやすい．」（中根1967, 50-51）そのために，日本の集団成員は無意識のうちにウチとソトの概念を強く

抱くようになっていると思われる．日本の住宅において，玄関で帽子や履物を脱ぐという行為も，ウチとソトを明確に区別する意識を助長する働きを持っていると思われる．

　一方，アメリカ人の行動様式から判断すると，アメリカ文化ではウチとソトの区別を示す枠が不鮮明なことが多いように思われる．また，個人主義が発達している社会であることが原因しているのかもしれないが，ウチの範囲が非常に狭くて，極端な場合には個人がウチの単位であったり，それとは逆に，ウチとソトの境界が存在していないのと同然なほど広い状態も見受けられたりする．Openhouse と称して，ホストが一定の時間帯を設定しておいて，その時間内は客がいつでもホストの家に自由に出入りし，自由に振る舞うことが許されるという形式のパーティーが開かれたりする．招待された友人たちが，ホストファミリーの家の中で自由に振る舞い，冷蔵庫も勝手に開けてまるで我が家にいるのと同然の行動をとっている．ホストはそれを嫌がるどころか，友人たちがくつろいでくれていることに安心する．このような状態で，ホストも客も楽しく時が過ごせるというのは，日本ではめったに目にしない光景ではなかろうか．日本の住宅には背の高い頑丈なブロック塀によってソトの公道とウチの敷地とを区別しているものが目立って多いが，アメリカでは道路から家までが一つづきの芝生であったり，垣根があっても形ばかりのものが多かったりする．これらのことは，アメリカではソトからウチ空間への出入りが，直接できることが多いので，非常に容易に短時間に行えるということを示している．日本の場合は，ソトからウチ空間内へ入るには，履物を脱ぐなどの，いくつかの関所があるため，時間もかかる．また，いったんウチ空間に入ってしまうと，そこからソトに出るにも時間がかかる．

　では，このようなウチとソトという心理概念，思考様式の日米の違いが，言語に何らかの形で反映しているであろうか．以下ではその点について，言語上のいくつかの項目を通して考察していこう．

3.3.2　We と You

　まず，ウチとソトの概念の日米における違いが言語表現の違いとなって顕現していると思われる例として，単語の選び方，特に we と you の使い方の

違い,を取り上げてみよう.

　特定の人物ではなくて,一般に誰であっても当てはまるという場合の人物,すなわち anyone を指す表現として,日本人学生の多くは好んで we を使いたがるが,そのような場合に英語の生得話者は you を用いることが多い.例えば,(22) に記したような意味のことを英語で表現する場合に,多くの日本人学生は (23) のように we を使う傾向がある.

(22)　小切手用の口座を開くにあたっては,小切手に好きなデザインを選ぶことができます.

(23)　When we open a checking account, we can choose the designs we would like to have on our checks.

しかし,このような場合には,英語では (24) のように you を使うのが普通である.

(24)　When you open a checking account, you can choose the designs you would like to have on your checks.

　また,日本人学生にとって総称人称の you がなじみの薄いものであるらしいことは,(25a) のように総称人称の you を使った疑問文に対して,(25b) のように同じく you で答えることのできる学生が非常に少ないことからもうかがえる.

(25)　a.　What kinds of architecture can you see in this city?
　　　b.　You can see French, Spanish, and Creole architecture.

　もちろん,英語の生得話者も総称人称の we を使うことがないわけではない.Jespersen (1933, 151) は,you の方が話し相手に多少とも直接訴えかける言い方なので,we に比べると親しみの感情がこもっているという程度の違いがあるが,総称人称としてどちらもくだけた文体で使うことができると説明している.また,Bryant (1962, 239) は,we も,you と同様に,くだけた標準英語の不定代名詞用法として確立している,と記している.

　では,you と we が,それらの変化形である your や our なども含めて,どのくらいの比率で用いられるのであろうか.以下では,説明の煩雑さを避

けるために，総称人称の you やその一連の変化形（your, yourself など）をまとめて大文字の YOU で表し，総称人称の we やその一連の変化形（our, us, ourselves など）をまとめて WE で表すことにする．

　YOU と WE のおおよその傾向を知るために，総称人称の表現がたくさん含まれていると思われる諺を資料にして，Ridout and Witting (1967) を使って調べてみた．ただし，たとえ YOU が使われていても，(26) のように，命令文を含む場合には構文からの制約により WE で置き換えることができないのであるから，これらは調査対象からはずした．

(26)　Don't make yourself a mouse, or the cat will eat you.

このようにして同書の 800 個の諺を調べたところ，YOU を使っているものが (27) に列挙したとおり 26 例あり，他方，WE を使っているものは，(28) に記したとおりわずか 2 例しかなく，圧倒的に YOU の方が多く用いられている（英文の引用の直後に記したかっこ内の数字は，同書における諺の番号）．

(27)　a.　A thing you don't want is dear at any price. (676)
　　　　　（欲しくないものはいくらの値段がついていても高すぎる）
　　　b.　As you make your bed, so you must lie in it. (23)
　　　　　（寝床の敷き方どおり寝なければならなくなる［自業自得の報いはまぬがれない］）
　　　c.　As you sow, so shall you reap. (24)
　　　　　（まいた種は刈らねばならぬ）
　　　d.　Between two stools you fall to the ground. (51)
　　　　　（二つの腰掛けの間で尻もちをつく［虻蜂とらずに終わる］）
　　　e.　If you don't like it you may lump it. (332)
　　　　　（気に入らなくても我慢せよ）
　　　f.　If you run after two hares you will catch neither. (333)
　　　　　（二兎を追う者は一兎をも得ず）
　　　g.　If you sing before breakfast, you will cry before night. (334)
　　　　　（朝から笑っていると日暮れまでには泣くことになる［はしゃぎすぎるなよ］）
　　　h.　What can you expect from a hog but a grunt? (724)

（ぶーぶー以外に何を豚に期待しえようか［馬鹿は馬鹿なことしか言わない］）

i. Who chatters to you will chatter of you.(760)
（人のうわさをきみに語る者はきみのうわさもするだろう）

j. You cannot burn the candle at both ends.(777)
（ろうそくの両端を燃やすことはできない［昼間も夜も体を使って無理をすることはできない］）

k. You cannot catch old birds with chaff.(778)
（老鳥はもみがらでは捕れない［一筋縄ではいかない］）

l. You cannot get a quart into a pint pot.(779)
（1クォートの液量を1パイントの容器に入れることはできない［無理なことはできない］）

m. You cannot get blood out of a stone.(780)
（石から血を取り出すことはできない［冷酷な人から同情を得ることは無理なこと］）

n. You cannot have your cake and eat it.(782)
（菓子は食えばなくなる［両方いいことはできない］）

o. You cannot make a silk purse out of a sow's ear.(784)
（豚の耳で絹の財布は作れない［粗悪な材料で立派なものはつくれない；人間の本性は変えられない］）

p. You cannot make an omelet without breaking eggs.(785)
（卵を割らずにオムレツは作れない［まかぬ種は生えぬ］）

q. You cannot make bricks without straw.(786)
（わら無しでれんがは作れない［必要な材料や資金がないのに仕事はできない］）

r. You cannot put old heads on young shoulders.(787)
（若い者に年長者と同じ分別を期待することはできない）

s. You cannot run with the hare and hunt with the hounds.(788)
（兎とともに走り猟犬とともに狩りをすることはできない［内股膏薬はできない］）

t. You cannot sell the cow and drink the milk.(789)
（牛を売りその乳を飲むことはできない［二つ良いことはない］）

u. You cannot serve God and mammon.(790)
（神とマモンの両者に仕えることはできない［汝ら神と財宝とに兼ね仕うるあたわず］）

v. You cannot teach an old dog new tricks.(791)

（老犬は新しい芸を覚えない［老い木は曲がらぬ］）
- w. You may know by a handful the whole sack.(792)
（一握りの品によって大袋の中身全体が分かる［一滴舌上に通じて大海の塩味を知る］）
- x. You may lead a horse to the water, but you cannot make him drink.(793)
（馬を水のあるところまで連れていくことはできても，水を飲ませることはできない［本人にその気がなければどうしようもない］）
- y. You must grin and bear it.(794)
（笑ってこらえねばならない［じっと我慢するしかない］）
- z. You must lose a fly to catch a trout.(795)
（毛針を捨てずに鱒は釣れない［何かするには小さな犠牲は避けられぬ］）

(28)
- a. If each would sweep before his own door, we should have a clean city.(321)
（町をきれいにしたければ自分の家の前を掃けばよい）
- b. We soon believe what we desire.(720)
（願っていることは信じやすい）

　選び出されたリストを眺めてみると，You cannot という同じ表現で始まる諺が非常に多い．このように諺だけを対照にして調査したのでは偏りがあるという危険性は避けられないが，そのことを差し引いて考えても，英語では総称人称として WE よりも YOU のほうがはるかに多く用いられる，ということは言えそうである．

　したがって，上記のように日本人学生が総称人称として WE を使っても間違いであるというわけにはいかないが，日本人が WE を好んで使うのに対して，英語の生得話者は YOU を好んで使う傾向にある，ということは非常に興味深い点である．Anyone という意味を持つ総称人称の表現を使うとき，すなわち誰にでも当てはまるというときには，自分も当然それに含まれているわけであるから，ウチとソトの意識の強い日本人には，自分も含まれていることを明らかに示す WE は使いやすいけれども，他方，YOU を使うと，まるで自分を除外して表現しているかのように思えて，受け入れにくいのであろう．

3.3.3 語順

　いま WE と YOU について述べたことは，語彙の選択とウチとソトの意識による心理的空間に関係することであった．では次に，言語の表現構造にとっては，何がウチとソトの物理的な空間なのであろうか．

　先ほど，ホンネの部分がウチに相当するということに触れた．ホンネとは本心からでたことばであり，ウチの論理に従ったものである．また，タテマエは表向きのうわべのことであり，公のソトの論理に従ったものである．そこで仮説として，言語表現にとってウチの空間とは，談話文法で言うところの，重要な，新しい情報を持っている部分，すなわち話し手が聞き手に伝えたい部分のことであり，ソトの空間とは，重要でない，古い情報を持っている部分，すなわち聞き手にとって既知の部分や言語として成り立つために形を整える部分のことである，と考えてみよう．

　すでに述べたように，ソトからウチへ容易にたどりつけるのがアメリカ社会のウチ空間であり，なかなかたどり着けないのが日本社会のウチ空間であるとするならば，果たしてこうしたそれぞれの社会の特徴が英語と日本語に投影しているであろうか．

　例えば，(29) の日本文を読むとき，第1文で踊子の年齢のことが書いてあるが，第2文に進んで「私には分らない」の部分まで読んだだけでは，まだ年齢のことを引き続き述べようとしているのか，それとも何か他のことについて話を移そうとしているのか判然としない．「古風の」を過ぎて「不思議な」まで読んでもまだ見当がつかない．「形に」「大きく」のあたりまでくると，形のあるもので大小を問題にすることができるものについて言及しているらしい，ということまでは分かるが，まだ具体的に何のことなのか，と読者は焦らされたままである．そして文の最後になってやっと髪の結い方のことだということが分かる仕組みになっている．このように，読者が知りたいと思うウチの部分にまでなかなかたどり着けないわけであるから，日本語の言語表現は，構造的に見て日本社会のウチ空間の仕組みと並行的であるということになる．

　(29)　踊子は十七くらいに見えた．私には分らない古風の不思議な形に大きく

髪を結っていた．（川端康成「伊豆の踊子」, 9）

一方，(29)を英訳した(30)を見ると，

(30) She was perhaps sixteen. Her hair was swept up in mounds after an old style I hardly know what to call.(Yasunari Kawabata, "The Izu Dancer," Edward G. Seidensticker 訳, 108)

日本語とは対照的で，第2文はHer hairが文頭からいきなり示されていて，何のことについて述べているのかということが，容易に短時間のうちに分かる仕組みになっている．英語においても，言語表現とそれが使われている社会の特徴とが並行的である，ということができるであろう．

(29)においては，たまたま「髪」に言及する表現が文末近くに置かれているのであって，(31)のように前のほうに置くこともできる，という反論がなされるかもしれない．

(31) 踊子は十七くらいに見えた．髪は私には分らない古風の不思議な形に大きく結っていた．

しかし，日本語では(31)のようにも表現することができるにもかかわらず(29)のような表現が使われることこそが興味深い点であり，これもウチの意識が強いことを反映していることの証左であるということができるであろう．また，(30)の英語のほうは，her hair を文末近くに移動することはそれほど簡単ではなく，このことも英語においてウチの意識が日本語よりも弱いことを反映していると言えるのではないだろうか．

次に，修飾語と被修飾語との前後関係について考えてみると，日本語では，(29)の「私には分らない古風の不思議な形」の部分のように，被修飾語が修飾語の後に位置するという制約がある．英語では，被修飾語が修飾語の後に位置することもできるが，(30)の mounds after an old style I hardly know what to call の部分のように，被修飾語が修飾語の前に位置することもできる．特に，修飾語が長くなって句や節である場合には被修飾語が前に位置することが普通である．このように，ウチ空間としての被修飾語が日本語ではかならず後置され，英語では修飾語句が長くなればなるほど，被修飾

語句が前置されることが多いということも，ウチ空間に関する日英語社会の違いと並行している．

3.3.4 文順

いま，一つの文の内側における語順とウチ・ソトの意識の間に相関関係があり，日英語の間に相違が見られるということを観察したが，文の枠を越えて，文と文の間にも同様の相違が見られる．

すでに，外山（1973）が，翻訳をするときの心得として，「語順をかえなくては日本語らしくならないのなら，文順も適宜変更しなければ日本語らしくならないはずではなかろうか」（p. 10）と述べて，機械的に語順だけを入れ替えるのではなくて，文順を入れ替えることも必要であるということを指摘しているが，具体的にどのような文順の入れ替えを指して述べているのか，同書からはうかがうことができない．

そこで，日本文学作品とその英語訳とを文順という観点から比較してみよう．

(32) 私は二十才，高等学校の制帽をかぶり，紺飛白の着物に袴をはき，学生カバンを肩にかけていた．一人伊豆の旅に出てから四日目のことだった．修善寺温泉に一夜泊り，湯ヶ島温泉に二夜泊り，そして朴歯の高下駄で天城を登って来たのだった．重なり合った山々や原生林や深い渓谷の秋に見惚れながらも，私は一つの期待に胸をときめかして道を急いでいるのだった．（川端康成「伊豆の踊子」, 8）

(33) I was nineteen and traveling alone through the Izu Peninsula. My clothes were of the sort students wear, dark kimono, high wooden sandals, a school cap, a book sack over my shoulder. I had spent three nights at hot springs near the center of the peninsula, and now, my fourth day out of Tokyo, I was climbing toward Amagi Pass and South Izu. The autumn scenery was pleasant enough, mountains rising one on another, open forests, deep valleys, but I was excited less by the scenery than by a certain hope.(Yasunari Kawabata, "The Izu Dancer," Edward G. Seidensticker 訳, 108)

(32) に引用した，日本語による原作のほうにおいて，第1文を読んだ段階では，高等学校生が通学しているときの様子を描いたものであろう，と予

想しながらも確信できないまま第2文に読み進むと，その予想に反して，伊豆を一人旅している姿を描いたものであることを知らされる．読者はこの時点でやっと状況の全体像を把握することができる．言い換えると，ウチの範囲にたどり着くことができるわけである．一方，(33)に引用した英語訳を見ると，第1文を読んだ時点ですでに全体像がつかめるようになっている．すなわち，原作を基準にして言えば，1人で伊豆を旅しているという部分と，身なりについての細かい描写とが，第1文と第2文の間で入れ替わっている．また，「私」が20才のときのことであるという部分については，全体把握に役立つと思われる記述であるから，英語訳でも元のまま第1文の位置に置かれている．このように英語では，最初から全体を把握しやすくするために，文順の入れ替えや整理が行われている．この一例からも，日本語のほうは，ウチの空間に至るまでに紆余曲折があって時間がかかり，英語のほうは，直接にウチの空間に入れるようにオープンな構造をしているということができよう．

　細かく観察すると，他にもいくつか興味深い違いが見られるが，ここでは割愛する．ただ，もう1点だけ「重なり合った山々や原生林や深い渓谷の秋に見惚れながらも」という部分について指摘しておくと，日本語では，重なり合った山々，原生林，深い渓谷という詳細な具体例を三つ並べておいて，そのあとでその三つを「秋」ということばで総括したうえで，それに見惚れているというふうに続いているのであるから，最後になって筆者のウチの世界にたどり着くようになっている．それと比較すると，英語訳では，最初から The autumn scenery was pleasant enough と書かれており，直接に筆者のウチの世界に案内されてから後に，さらに細かくその内容が mountains rising one on another, open forests, deep valleys と続いており，日本語はウチへの接近に時間がかかるが，英語はウチへの接近が近いということを示している．この例などは，先に述べた文中における語順の入れ替えと，文と文の間の文順の入れ替えとの中間的な段階のもの考えることができよう．

　また，この詳細ないくつかの具体例とそれを総括したことばとの前後の順は，1.4.1 で紹介した Kaplan(1966) の対照レトリックについての主張とも並行していると思われる．Kaplan(1966) は，各国からの外国人留学生が書い

た英作文を対照レトリックの観点から調査して，各留学生の母語において効果的な話の進め方とされている特有のレトリックが，英作文にも投影していることを指摘している．それによると，英語は，話の進め方が直線的であり，そのものずばりのものの言い方をするのに対して，東洋語では，そのものずばりに話の核心に触れるのではなくて，間接的な取り上げ方をし，ある程度は話題に触れながらその回りを，いわば螺旋を描きながら旋回する，という論の展開方法をとる，と分析している．

3.3.5 連結辞

　文順のことを述べたついでに，文章のロジック，すなわち文と文の間の論理関係を表す語についても触れておこう．文と文の論理関係を表す語を英語の中で多用すると，幼稚な，もたついた文体になってしまうのに対して，日本語では論理関係を言語化してつなぎのことばとして表現しておいたほうが，潤いのある安定した文体になることが多いようである，ということを 1.3.2.11 で指摘した．また，時間の経過の前後関係を表す語についても同様である．これらのことを，ウチとソトの概念から検討するために，例えば，先ほどの (32)(33) で引用した箇所を含めた少し長い引用になるが，(34)(35) を観察してみよう．(34) の日本語には，ここで問題としている表現に下線を加え，(35) の英語訳には，それに相当する語が見当たらない箇所に「∧」印を，説明の便宜上，参照番号と共に付けておく．

> (34)　道がつづら折りになって，いよいよ天城峠に近づいたと思う頃，雨脚が杉の密林を白く染めながら，すさまじい早さで麓から私を追って来た．
> 　私は二十歳，高等学校の制帽をかぶり，紺飛白の着物に袴をはき，学生カバンを肩にかけていた．一人伊豆の旅に出てから四日目のことだった．修善寺温泉に一夜泊まり，湯ヶ島温泉に二夜泊まり，そして朴歯の高下駄で天城を登って来たのだった．重なり合った山々や原生林や深い渓谷の秋に見惚れながらも，私は一つの期待に胸をときめかして道を急いでいるのだった．そのうちに大粒の雨が私を打ち始めた．折れ曲った急な坂道を駆け登った．ようやく峠の北口の茶屋に辿りついてほっとすると同時に，私はその入口で立ちすくんでしまった．余りに期待がみごとに的中したからである．そこで旅芸人の一行が休んでいたのだ．（川

端康成「伊豆の踊子」8)

(35) A shower swept toward me from the foot of the mountain, touching the cedar forests white, as the road began to wind up into the pass. I was nineteen and traveling alone through the Izu Peninsula. My clothes were of the sort students wear, dark kimono, high wooden sandals, a school cap, a book sack over my shoulder. I had spent three nights at hot springs near the center of the peninsula, and now, my fourth day out of Tokyo, I was climbing toward Amagi Pass and South Izu. The autumn scenery was pleasant enough, mountains rising one on another, open forests, deep valleys, but I was excited less by the scenery than by a certian hope. $\wedge_1$ Large drops of rain began to fall. I ran on up the road, now steep and winding, and at the mouth of the pass I came to a tea-house. $\wedge_2$ I stopped short in the doorway. $\wedge_3$ It was almost too lucky: $\wedge_4$ the dancers were resting inside.(Yasunari Kawabata, "The Izu Dancer," Edward G. Seidensticker 訳, 108)

(34)に引用した原作の日本語では，論理関係も時間関係も言語化されているが，英語訳の(35)では，ほとんど言語化されないで，前後の関係から判断できるようになっている．英語では，このような前後の論理関係や時間関係をわざわざ言語化しないでも，ただ文を並べるだけで前後の内容からそれらの関係が理解できるということである．

　この箇所は物語冒頭の部分である．最初の段落は，「私」がつづら折りの路上で天城峠を目前にしていたときに，回りに杉の密林が見えるところで急に激しく雨が降り出したことが記してある一文から成る．読者には，私なる人物の人物像をはじめ，なぜ天城峠にいたのかなど，まだ分からない．するとぱっと段落が変わって，自分の人物紹介が始まるので，物語の場面設定の詳細だなと分かる．続いて読者への疑問に答えるかのように，伊豆を一人旅していたところであること，また，この時点に至るまでの詳しい旅の経過説明が始まる．その説明の中で天城を登って来たときの様子がかなり詳しく書かれ，原生林のことも出てくるので，その辺りまで読み進むと，もうそろそろ冒頭の場面に戻って雨の話が出てくるだろうと読者には十分予測が立つ．機が十分熟したところで「大粒の雨」の話になるので，英語版の読者にとっては，「$\wedge_1$」の箇所で，これから雨の話へと移る論理関係を表す表現は不要

だと思われる.「∧₂」では,直後に stopped short と書いてある.急に立ち止まったということは,その直前の行為(「ほっとした」)と同時のはずであるから,わざわざ「と同時に」の意味の連結辞を要しない.また,急に立ち止まったとなれば,読者はその理由を問いたくなるはずであり,すぐ続いてその答えが与えられることを期待する(書き手のほうも,読者を引きつけるためにそのような反応を起こさせることを意図した書き方をしているわけである).したがって「∧₃」にも,次に理由説明があることを表示する連結辞は不要である.その理由説明として,あまりにもラッキーと言えるに等しいとだけ言われても,納得してしまう読者は少なく,何がどうラッキーだったのか,その説明が欲しいと思う読者が多いであろう,という程度に筆者は判断したのであろう.「∧₄」の箇所に,終止符(.)でなくてコロン(:)を使うことによって,読者による論理関係の理解をある程度助けるための表記方法が用いられているものと思われる.

　こうしたことをウチとソトの概念に照らし合わせてみると,日本社会ではソトからウチ空間にたどりつくまでの間に,はっきりとしたいくつかの関所があり段階的になっているのに対して,アメリカ社会では段階的ではなくて直接的にウチ空間に通じていることが,言語表現にも結びついて映し出されている,と言うことができるのではないだろうか.

3.3.6　モダリティ

　Fillmore(1968)は,文というものを(36)のように定義して,

(36)　Sentence → Modality + Proposition

文(Sentence)が,モダリティ(Modality)と命題(Proposition)から成るとする立場をとっているが,この考え方を受け入れるとすると,文は話し手が客観的に世界の森羅万象を描こうとする部分,すなわち命題の部分と,それを素材として話し手が自分の心的態度を聞き手に示そうとする部分,すなわちモダリティの部分から成るということになる.このモダリティの部分がウチの空間に関係し,具体的には,時制,相,否定辞,発話時における話し手の心的態度を表す部分がそれに相当する.例えば,(37)において,

(37) a. わたくしはここに上記通関港における上陸許可を申請し，この申請にかかわるすべての手続きを，ルイス・メイトランド法律事務所のアラン・メイトランドに<u>一任します</u>．（アーサー・ヘイリー『権力者たち』永井淳訳，196）
b. I hereby <u>make</u> application for permission to be landed at the above port of entry and I have retained Alan Maitland of the firm of Lewis and Maitland to act as counsel for me in all matters pertaining to this application.(Arthur Hailey, *In High Places*, 141)

　モダリティは下線部分に含まれているが，日本語ではそれが文末に，英語では文頭にごく近いところに位置しており，ここでも日本語ではウチの空間に至るまでに時間がかかるのに対して，英語ではほとんど文の最初に近いところにウチ空間が位置していることが分かる．

　また，鈴木（1975, 26-27）は，あるイギリス人物理学者の説として，日本人の学者が書く学術論文に，「であろう」，「といってもよいのではないかと思われる」，「と見てもよい」というような，歯切れの悪い文が多用されていることを指摘し，このような論文中の推理や主張の場で使われているこの種の日本語を英語にうつすことはまず見込みがなく，特に「であろう」は英語に訳すことが事実上，不可能であるという考えを引用している．この種の句は，モダリティを表す部分と重なっており，日本語において，ますますウチの領域を分かりにくいものにしていることになる．

　以上，日本文化とアメリカ文化におけるウチとソトの概念の違いが，日英語に言語表現の違いとなって反映していると考えられるということを，いくつかの言語事実を通して検証した．

3.4　日英語の視点　ケーススタディ

　認知言語学では，人間が外界の存在物（目に見えるものも見えないものも含めて）をどのように認知しているか（すなわち理解しているか）という点を重視し，そのような人間の精神作用としての外界認知が反映しているものとしての言語を，研究の直接の対象とする．

　認知言語学が生まれる前には，言語と，それによって表現されている事態

との間には直接的な対応関係が見いだされ，それこそが言語の意味であるというような考え方もあった．しかし，そうではなくて言語とは人間による外界認知の反映したものという言語観を持つと，言語によって表されている事態が，そこに人間がまったく介在していないような存在物ではあり得なくなる．つまり，人間から切り離された，純粋に客観的な存在物などではなくなってくる．人間が人間であるが故に備えている五感を中心とした身体性やさまざまな経験を基盤として，何通りもあるはずのその事態に対する認知のしかたの中から，一つの認知のしかたを主体性に基づいて選択した結果が言語に反映しているはずであり，どのように認知しているかが言語の意味にとって重要な位置を占めていると考えられている．また，すべての人間が同じ認知のしかたをするとは限らず，異なる文化圏や言語圏によって認知のしかたが異なっているということがあったとしても，まったく不思議ではない．

　人間による外界認知のしかたにはいくつもの特性が見られる．例えば，事態をとらえるときに何を前景化(foregrounding)し何を背景化(backgrounding)するか，何が焦点化されて際だち(prominence)が生まれるか，認知的に際立ちがあまり大きくないために直接言及することが困難な概念に対しては，関連する際立ちの大きい概念にまず言及して，そこから，二段構えでその言及しにくい概念をとらえる参照点(reference point)構造と呼ばれる方法を用いるなど，さまざまな特性が見られる．

　では，以下 3.4 では，外界認知のしかたを具体的に見てみよう．

3.4.1　視点

　こうした認知の際に働く特性の一つに視点(perspective)と呼ばれるものがある．視点が問題になる場合はいくつかある．例えば，一般に，上下，左右というような空間上の位置関係をとらえたり，あるものの移動をとらえたりするとき，主体である話し手の視点の取り方によって，つまり何を基点にするかによって，解釈が異なってくる．例えば，鼻と口の位置関係は，鼻を基点にすれば，

　　(38)　口が鼻の下にある

と解釈されるが，口を基点にすれば，

(39) 鼻が口の上にある

と解釈される．このように，上下の位置関係をとらえる場合には，何を基点にするかによってお互いの相対的な位置関係が決定されるわけであるから，基点の置き方が異なれば解釈も異なり，それにしたがって異なった言語表現を用いることになる．客観的に見ればこれら二つの文が表している事態の間に鼻と口の物理的移動があったわけではなく，同じ一つの状況でも視点を変えることによって異なった解釈がなされ，その結果，異なる言語表現が可能になるということである．[5]

また，

(40) a. My bike is near the city hall.
　　　b. The city hall is near my bike.

(40a) と (40b) はどちらも同じ状況を描写したものであるが，(40a) は the city hall を地 (ground)，すなわち背景 (background) とし，my bike を図 (figure)，すなわち前景 (foreground)，としてとらえた表現であり，(40b) は逆に my bike を地とし the city hall を図としてとらえた表現である（図地についてより詳しくは後述の 5.3 を参照）．つまり，両者の間では視点の取り方に相違が見られるわけであるが，(40b) をやや不自然と感じる英語の母語話者は少なくないであろう．

(40b) をやや不自然と感じるのには，さまざまな要因が関係していることが考えられるが，少なくとも次のように，われわれ人間の知覚という認知活動が持つ特性と，英語の構文上の特性との絡みが関わっているのではないかと考えられる．まず，われわれ人間にとって，「市庁舎」のように大きくて移動しないものは知覚のうえで認知的際立ちが低く感じられ，地になりやすい性質を備えているが，それと比較すると「私の自転車」は，小さな移動するものであることや，「私のものである」という特性によって知覚のうえで認知的際立ちが高く感じられ，図になりやすい性質を備えている．一方，文法上の主語は他の文法項と比べると認知的際立ちが高く，したがって統語上

は図の働きをしやすい文法項であり，他の文法項は主語よりも認知的際立ちが低いため，統語上は地の働きをしやすい文法項である．(40a) においては，知覚という認知活動上の特性である認知的際立ちの高い my bike が統語上の認知的際立ちの高い主語の位置にある．それゆえ，(40a) においてはこれら二つの特性の間に矛盾がないために，この文は自然に感じられる．それに対して，(40b) においては，知覚という認知活動上の特性である認知的際立ちが低い the city hall が，認知的際立ちが高い my bike を差しおいて統語上の認知的際立ちの高い主語の位置にきており，二つの特性の間に矛盾が生じるために不自然に感じられるのではないかと考えられる．

このように (40a) と (40b) の場合には，どちらも同じ状況を描写していながらも，視点の取り方の違いが，図と地の関係から，文の自然さ，不自然さにつながっていると考えられるわけである．

このように，認知言語学では外界認知における傾向性をとらえることが重視されるが，先行研究の中で日英語の視点の違いをも視野に入れた研究スタンスが見られるのは，必ずしも狭義の認知言語学に属するものだけにとどまらない．久野 (1978)，國廣 (1982)，池上 (1981)，影山 (1996, 2002) や，巻下 (1997, 2000, 2001) にも日英語の視点に関連する興味深い洞察が見られる．

3.4.2 off limits

個人的な回想になってしまうが，英語の学習段階において off limits という表現に遭遇したことがあった．その時点ではその表現の意味を知らなかった．そこで，すでに自分が持っていた知識を総動員して，「limits は制限という意味であるから，それに off がついた off limits は『制限がはずれている状態』つまり『自由』という意味ではないか」と推測した後に，辞書を引いて意味を確かめてみた．果たして，その推測はまったくはずれており，off limits は「自由」という意味になるかと思うと，実は，むしろその真反対であって，「立入禁止」を意味する表現であることを知り意外に思ったことが思い出される．その後，英語の授業を担当するようになってからも何度かこの表現に接した．そしてそのたびに受講生に意味を推測するように促してみるのだが，ほとんど例外なく，ありし日の筆者と同様の間違った推測をした

という返答が返ってくる．

　なぜこのような判で押したような返答が返ってくるのであろうか．以下では，その原因を探ってみたい．そこで手がかりとして，まず，英語の limit と日本語の「制限」がどのような意味で用いられる語なのか，辞書を頼りに探ってみよう．信頼度を高めるために複数の辞書を用いることにするが，(41) は，*Longman Dictionary of Contemporary English*, 6th ed.（以下 LDOCE[6] と略す）から，また，(42) は，*Oxford Advanced Learner's Dictionary of Current English*, 7th ed.（以下 OALD[7] と略す）から，名詞としての limit について，定義の部分を引用したものである．また，(43)-(45) は，「制限」の定義をそれぞれ，『広辞苑』第 5 版，『使い方の分かる類語例解辞典』，『例解新国語辞典』第 5 版から引用したものである．

(41)　limit *n* [C]
　　　1 GREATEST/LEAST ALLOWED
　　　　　the greatest or least amount, number, speed etc that is allowed
　　　2 GREATEST AMOUNT POSSIBLE (also limits) the greatest possible amount of something that can exist or be obtained
　　　3 PLACE (also limits) the furthest point or edge of a place, often one that must not be passed ([41] は LDOCE[6] より抄録)

(42)　limit *noun*
　　　1 limit(to sth) a point at which sth stops being possible or existing
　　　2 limit(on sth) the greatest or smallest amount of sth that is allowed
　　　3 the furthest edge of an area or a place ([42] は OALD[7] より抄録)

(43)　【制限】限界・範囲を定めること．また，その限界・範囲．「年齢−」「給水−」「速度−」(『広辞苑』)

(44)　【制限】ある範囲を決めて，その中にとどめること．(『使い方の分かる類語例解辞典』)

(45)　【制限】一定の範囲をきめて，それをこえることを許さないこと．また，その範囲．(『例解新国語辞典』)

　これらの定義について考察する前に，確認しておかなければならないことがある．それは 3.4 の最初でも述べたことであるが，一般に，同じ事態に対して可能な認知のしかたが幾通りもあるはずであるが，その中から一つの認知のしかたを話者の主体性に基づいて選択した結果が言語に反映しているは

ずである．例えば，200ml 入りの計量カップに水が入っていて，水の表面が目盛りの 100ml の位置にあるとき，入っている水に注目して「水が半分入っている」と認知することもできるが，場合によっては空になった部分に注目して「水が半分減っている」あるいは「水が半分しか入っていない」などと認知することも可能であり，その場における話者のとらえ方に応じた表現が選ばれるはずである．一般に，文化や言語を異にする二つの地域においても，そこに住んでいるのが人間である以上，同じ事態が存在しているというような場面はいくらでも見られるであろう．そうした同じ事態に対して，いくつかの選択肢の中からどれが選ばれるかはその時々の状況によって，あるいは個人によってまちまちの場合もあれば，ある特定の文化圏や言語圏では特定の選択肢がきまって選ばれるというような傾向性があっても不思議ではない．

以上のことに留意しながら (41)-(45) の辞書の定義に立ち返ろう．英語の limit と日本語の「制限」という語については，いずれも何らかの範囲を定める境界・限界が関与していると思われるが，(41) の定義には先ほど述べたような間違った推測の原因を追究するうえで注目すべき特徴的なことが含まれている．それは，英語の limit という語は，量・数・スピードなどについて，許されている最大（あるいは最小）の範囲はどこまでかということを意味したり，あるいは可能な最大の範囲のことを意味したりするポジティブな，プラスの方向性を伴った概念であって，決して，許されない範囲を示したり，不可能な範囲を示すようなネガティブな，マイナス方向の境界のことを意味しているのではないということである．もちろん，許される範囲を定めるということは，見方を変えれば，許されない範囲を定めることでもあるはずである．しかし，英語の limit という語においては，話者が許される範囲の側に視点をおいて，許される範囲がどこまで伸びているのかというとらえ方をしているということである．

このことは辞書に見られる off limits の定義からさらに明らかである．

(46) off limits
    a) beyond the area where someone is allowed to go
    b) beyond what you are allowed to do or have（[9] は LDOCE⁶ より抄録）

この定義に beyond という語が用いられていることに注目しておきたい．beyond という語は，話者の側から見てある位置，範囲，限界を超えた向こう側を指す概念であるが，この定義に beyond と allowed いう語が用いられているところからも，limit という語は，許される範囲の側に視点を取って，どこまでの範囲かを示す概念であって，off limits というのはそこから見てその先にある許されない範囲のことを意味しているということが確認できよう．

ところで，何らかの範囲を定める境界や限界は，なにも英語文化圏だけに必要とされる概念ではないはずである．もちろん日本語文化圏においても，量・数・スピードなどについて，許される範囲と許されない範囲の境界を定めたり，あるいは可能な最大の範囲と不可能な範囲の境界を定めたりすることも生活の中で必要とされることがらである．つまり，何らかの範囲を定める境界や限界については英語文化圏においても日本語文化圏においても同じ事態が存在する．問題は，その同じ事態をどのように知覚し，認知し，言語化するかということである．

そこで，今度は日本語の「制限」についての定義 (43)-(45) を見ると，英語の limit とはむしろ逆に，許される範囲の外に視点をおいて，許される範囲をどこまでに抑制するかということを意味することが多い語であり，そのことは「年齢制限」「給水制限」「速度制限」などの例からもうかがえる．つまり，範囲の定め方がネガティブな，マイナス方向を指向しているということが言えるであろう．例えば，「給水制限」という場合，現在の給水量を 100 パーセントとすると，それを抑制して何パーセント減らすかというマイナスの方向性を伴ったことを意味するのであって，何パーセントまで給水することが許されるかその範囲を定めるというようなポジティブな視点が伴っているわけではない．

これまで limit の意味について考察したことを，実例を観察しながら確認しておこう．いずれの実例においても，英語の limit は定められた範囲の内側からの視点に支えられて，どこまでが許される範囲，あるいは可能な範囲であるかを示しているのであって，範囲の外から抑制する方向性を伴っているのではないと考えられよう．以下の例に添えた日本語訳には，「制限」と

いう語を用いたものは見あたらない．これは limit と「制限」の間に，これまで考察したような意味上の違いがあることの間接的な裏付けと考えることも可能であろう．

(47) a. There were limits, after all, to the number of things a Prime Minister could become involved in personally, and with so much else....(Arthur Hailey, *In High Places*, 117)
　　 b. 結局一国の首相がみずから処理できる問題の数には限りがあるし，ましていまはほかに山のような問題を……（アーサー・ヘイリー『権力者たち』永井淳訳，160-61）

(48) a. But nearing the city limits after a particularly savage cornering, she touched Richardson's arm.(Arthur Hailey, *In High Places*, 212)
　　 b. だがとくに乱暴なコーナリングのあとで市の境界線に近づいたところで，とうとう我慢しきれなくなってリチャードソンの腕に手を触れた．（アーサー・ヘイリー『権力者たち』永井淳訳，296-97）

(49) a. There was a limit to compromise, even here.(Arthur Hailey, *In High Places*, 154)
　　 b. この期に及んでも妥協には限度があった．（アーサー・ヘイリー『権力者たち』永井淳訳，214）

(50) a. Then he continued, 'As I was about to observe, although there is a time limit involved, namely the question of the ship's departure, this must not interfere in any way with a matter of individual justice.'(Arthur Hailey, *In High Places*, 222)
　　 b. そしておもむろに言葉を続けた．「わたしがいおうとしたのは，たとえ時間的リミット，すなわち船の出航の問題があるにせよ，個々の裁判がそれによって妨げられてはならないということです」（アーサー・ヘイリー『権力者たち』永井淳訳，310）

次に，off limits についても実例を眺めておこう．

(51) The king penguins, biggest in size and slowest to mature, moved into the crèche area(off limits to visitors, but just behind the main penguin pool)until they, too, had fledged, and they were put on public display during the summer.(BNC, B29)[6]

(52) The mortuary is off limits.(BNC, K35)

(53) Bridlepaths and tracks are shared happily with walkers; footpaths are, of course, off limits to bikers.(BNC, CME)
(54) She has also been told that she must not remain in the room after 11:30 pm and that the campus is off limits for her 18-month-old miniature dachshund.(BNC, K5M)
(55) Consequently there is no topic that is off limits for discussion, even if a few are off limits for experimentation.(BNC, BND)
(56) What finally decided her to accept was his ready agreement to her one condition, that a shipboard romance was definitely off limits.(BNC, H7W)
(57) "The rest is private, strictly off limits." (BNC, JXW)
(58) People's reaction to loss remains one of society's least understood and most off limits topics for discussion.(BNC, HTC)

例えば、(51)における off limits は、visitors の側から見て、つまり接近が許される範囲のほうに視点をおいてその範囲の外側を指している。(55)-(57)のように off limits が目に見えない抽象的な範囲を意味する場合であっても、また、(58)のように形容詞的に用いられた場合にも同様である。

先に述べたように、かつて英語の off limits の意味を推測したときに、limits は「制限」という意味であるから off limits は「自由」という意味になるかと思うと、実は「禁止」というまったく逆の意味内容であり、予測を間違えてしまった。英語の limits と日本語の「制限」においては、ここまではいい、これ以上はいけないという範囲を定める方向性が、英語はプラス方向であるのに対して日本語は逆にマイナス方向であるということを考え合わせると、これが間違った予測を引き起こした主たる要因であろうと考えられる。

英語の off limits の意味を推測するときに日本語の「制限」という語を手がかりにしたこと自体に問題がまったくないとは言えないであろう。しかし、英語に speed limit という概念がある一方で、それに関連して日本語にも「制限速度」とか「速度制限」という概念があるところを見ると、予測者に limit と「制限」が同様の事態を描写する表現であるとの前提を持たせるには充分な動機があると言わざるをえまい。

以上 3.4.2 では，英語と日本語の視点 (perspective) についてのケーススタディとして，英語の off limits という表現の意味を知らない日本語話者が，その意味を推測しようとしてまったく逆の意味を考えてしまいやすいのはなぜか，ということについて考察した．その結果，off limits の意味を推測しようとするとき，日本語の「制限」という語の意味を手がかりにして考えた場合，これら二つの語の意味に付随する視点の方向性が，英語と日本語の間でプラスの方向とマイナス方向というまったく逆の方向を向いていることに起因していると考えられるという結論を得た．

一般に英語と日本語ではさまざまな場合に肯定と否定が逆になる言語事実が見られることは，1.3.2.1 でも述べた．巨視的に見れば，英語の limit と日本語の「制限」という語が持つ視点の方向性についての違いも，肯定と否定が逆になることとどこかで繋がっていることが考えられる．

注

1　同様の指摘が Jacobsen (1981) に見られる．
2　例文 (2) は，Jacobsen (1981) の例文を参考にして一部改変したもの．原文では，日本語表現の (2b) が「ひょっとして婦人用の時計が届いているでしょうか」と肯定形で表現されていたが，より自然な日本語にするために「ひょっとして婦人用の時計が届いていないでしょうか」と否定表現に変えた．英語が肯定形指向であるのに対して，日本語が否定形指向であることも，興味深い特徴であるが，これについて詳しくは 1.3.2.1 を参照のこと．
3　このような自己知覚については，本多 (1994) が参考になる．
4　ウチとソトについて社会学的に論じたものとして中野 (1983) がある．
5　視点については，Langacker (1987, 1988a, 1990a, 1991) や Taylor (2003) が参考になる．
6　BNC では出典が 3 文字の略号で示されており，B29 はそのうちの 1 つ．以下同様．

第4章

比喩の働き

　本章では，メトニミーと直喩が持つ比喩の働きについて考える．

　メタファーも直喩も類似性に基づくレトリックと考えられるが，4.1 では，類似性が比喩の認知プロセスの中でどのような働きをしているかについて，特に直喩表現を中心に考察する．その過程で，直喩とメタファーの違いは，「ような」をはじめとする媒体の存在を明示する表現の有無ととらえることはできないということを指摘する．また，比喩表現にみられる比較という要素と，比喩という認知プロセスとの間の関係や，直喩の形式と意味にどのような種類のものがあるかを観察し，最後に，直喩には，類似性の認知枠を強制することが可能であるという特性が備わっているということを指摘する．

　4.2 では，言語表現の意味の中には，記号が記号外の世界にある存在物を指示する機能を明らかにする作業を進めることを主要課題とする真理条件意味論によって切り捨てられている側面があること，また，そのような作業によって得られたものをもって言語の意味と考えたのでは，真理条件意味論には，理論的大変革を行わない限り克服することのできない不備が存在すると考えられることを指摘する．また，メトニミーが認知内容発露機能を持っていることを指摘し，それを記述することができるのはどのような意味論かについて考察する．その点から見て認知意味論の記述妥当性が高いということ

の検証を試みたい．

4.1 直喩において類似性が持つ機能

　何について描写するときでも，われわれはまず，これまでの経験を通して蓄積している知識に照らし合わせてみる．描写したい事態がなじみのあるものの場合には，それを把握する認知プロセスも直接的であるから，事態把握がそれだけ容易であり，それを言い表すことばも見つかりやすいであろう．

　しかし，その事態がこれまでの経験の中でなじみの薄い，あるいはまったく初めての経験という場合には，それを把握するプロセスもおのずから異なってくる．事態把握がそれだけ複雑化する．また，直接言い表すことばを知らないために，どのように表現したらよいかと頭を悩ますことも，日常生活の中でしばしば経験することである．

　しかしそのような事態に対処する場合ですら，われわれは，これまでの経験を通して蓄積している知識に照らし合わせて何とかしようとする．そうした対処の一つとして，われわれは，すでに知っている事態と比較することにより，例えば，それとどのように類似しているのか，あるいは，どのように異なっているのかというとらえ方をする認知プロセスをたどりながら把握する，という事態把握の方法を持っている．

　こうした比較の認知プロセスは，比較することをもっぱらの目的としている場合だけでなく，比喩という認知プロセスの中にも見られるプロセスである．4.1 では，類似性 (similarity) が比喩の認知プロセスの中でどのような働きをしているのかについて考察し，その過程で，直喩 (simile) の特性の一端を明らかにすることを目的としている．

4.1.1 類似関係

　認知言語学の言語観によれば，ことばによる描写には，必ず事態把握が随伴しているはずである．したがって，ことばによる描写が異なるならば，それは事態把握が異なっているからであり，また逆に，異なる事態把握が行われるならば，ことばによる描写も異なったものとなるはずである．このよう

に，ことばによる描写には事態把握のしかたが直接反映していると考えられる．

　こうした考えが正しいとすると，われわれが行う事態把握のしかたがいかに多様かということは，各言語に備わっている単語の数が数え切れないほどあることを考えただけでも容易に推測できる．これほど多くのことばを持っていれば，たいていの事態把握のしかたを直接表現することばがありそうなものであるが，それでもなお不自由を感じることがあるということは，それほどわれわれは多様な物の見方をすることができるということであろう．各言語使用者が言語に備わっている表現をすべて使いこなせるわけでもないし，さらに，言語そのものに無限に多くの表現が備わっているわけでもないことを考え合わせるならば，不自由を感じても不思議ではない．

　そうした場合の対処法の一つとして，事態把握が行われる認知プロセスの過程で，存在物と存在物の間に類似関係があることを見い出し，それに基づいて把握が行われている場合がある．その例として，次の(1)を眺めてみよう．

(1)　電車道から市場の中に通ずるいくつかの横町の角には，それぞれ縄が張ってあって，そこに白服をきた邏卒が二三人ずつ，杭のようにぼんやり立っていた．（石川淳「焼跡のイエス」，298）

この文において，語り手は「邏卒」すなわち見回りの兵卒の様子を把握して描写しようとしているわけである．その様子を直接適格に把握する方法がないのか，あるいはあえてそのような把握のしかたを避けているのかは定かでないが，「邏卒」と「杭」との間に類似点を見い出していることは，記号化された結果「杭のようにぼんやり立っていた」という表現となって顕在化していることからうかがえる．

　(1)は，直喩(simile)と呼ばれる比喩表現の一種を用いた例である．一般に，比喩として認知するプロセスには，「喩えるもの」と「喩えられるもの」，そして「喩えの根拠(類似性やアナロジーなど)」となるものの三つの要素が関係してくる．Richards(1936)は，これら3要素を順に「趣意(tenor)」「媒体(vehicle)」「根拠(ground)」と呼んで区別した[1]．(1)において，趣意は「邏卒」，媒体は「杭」，そして根拠は「ぼんやり立っている」ということ

である。このように，例 (1) においては，これら比喩の認知枠を構成する3要素がすべて比喩表現の中に記号化されているが，比喩表現にいつもこれら3要素がすべて記号化されるとは限らない．例 (2) においては，趣意と媒体は記号化されているが，根拠は文脈を頼りにしながら，同時に夢について自分が持っている知識をも動員しながら推し量るほかない．

(2) おれはこの土地から笈を負って出ていって，遠い東京へ，本郷にあった養父の楡医院へ行ったのだったな，と徹吉は思った．すべてがなんと古く，なんと夢のようであることか．そういえば，実父に連れられて上京する折，苦労をして関山峠を越えていったものだが，その夢をミュンヘンの下宿のベッドで見たこともあった．（北杜夫『楡家の人びと』，1931）

また，例 (3) では，媒体だけが記号化されており，趣意は文脈から補い，根拠は，文脈を参考にしながら，遠雷について読者が自らの経験によって蓄積している知識に照らし合わせて理解することが期待されている．

(3) この国では木の葉が落ちて風が冷たくなるころ，寒々と曇り日が続く．雪催いである．遠近の高い山が白くなる．これを岳廻りという．また海のあるところは海が鳴り，山の深いところは山が鳴る．遠雷のようである．（川端康成『雪国』，244）

このように，類似関係に基づいて成立していると言われている比喩には，媒体の存在を明示する表現を伴っている場合と，媒体の存在をいわば隠して表現する場合とがある．前者は，例 (1)-(3) に見られる「のように」や「のようである」のような典型的な直喩によく見られる形であり，後者は，メタファーと呼ばれる．(4) は，「鬼のやうな我良人」という直喩表現だけでなく，「鬼の良人」というメタファーの例をも含んでいる．

(4) 戻らうか，戻らうか，あの鬼のやうな我良人のもとに戻らうか，あの鬼の，鬼の良人のもとへ，ゑゑ厭や厭やと身をふるはす途端，よろよろとして思はず格子にがたりと音さすれば，誰れだと大きく父親の声，道ゆく悪太郎の悪戯とまがへてなるべし．（樋口一葉『十三夜』，71-72）

この例を見ると，直喩表現から「ような」をはじめとする媒体の存在を明示する表現を省略すればメタファーになるのではないかと思わせられるが，

「ような」を削除してもメタファーとして成立する文になるとは限らず，理解不能な表現になることも多いことを考え合わせると，直喩とメタファーの違いは，媒体の存在を明示する表現の有無が決め手となっているわけではないことを示している．

4.1.2 比喩と比較

　比喩表現には比較という要素が伴っていることはすでに見た．しかし，比較はあくまでも比喩という認知プロセスを構成する一要素にすぎず，比較表現がすべて比喩表現としての働きを持っているわけではない．例えば，(5)や(6)においても，比較によって類似性が取り上げられているが，この種の表現が持つ役割は，もっぱら比較だけであって，そこに修辞性は感じられないため，直喩とは考えられない．

(5) 私は君に似ているだろうか，君はどう思うと云って，F君を見た．（森鷗外「二人の友」, 349）

(6) 見れば見るほど，一郎さんの頭はお父さんにそっくりだね．（吉行淳之介『砂の上の植物群』, 54）

発話としての役割を果たしている限りは，これらの表現も新しい情報を含むものであるに違いないが，そこで取り上げられている類似性についての情報は，聞き手にとって，いわば想定の範囲内のものであり，意外感は伴っていない．修辞性を伴う直喩としての役割を果たすためには，比較されているものの間の類似性に意外性が伴っていなければならない．これまでに見た(1)-(4)の例に見られる類似性には，いずれも聞き手の予測を超えた意外性が感じられ，それゆえ，単なる比較でなく直喩としての修辞性が認められる．

　しかし，類似性に意外性を感じるかどうかは絶対的基準によって決まっているわけではなく，すべての言語使用者が意外性を感じるであろうと思われるものもあれば，人による変異が見られるものもありそうである．(7)の一節には比較を伴う表現が3箇所見られるが，「骸骨」と人との比較による類似性に意外性を感じるか否かによって，修辞性を伴う直喩表現と見なされるか否かが左右されると考えられる．

(7)　ほんとうに，そのときは木乃伊のようになりまして，骸骨と同じでした．ちょうど細川のところの置物に骸骨の標本がございまして，それが主人とそっくりでした．まだ暑いときのことですから，蛆を湧かせる蠅を防ぐため昼間でも蚊帳を釣っておりまして，あの白い蚊帳を透かして見ると，ほんとうに骸骨と瓜二つです．細川の義姉が気持悪がって，置物の骸骨をどこかへ蔵ってしまいました．（井伏鱒二『黒い雨』，584）

4.1.3　直喩の形式と意味

直喩の形式にはいくつもの種類がある．まず，

　　　　XはYのようだ
　　　　XはYみたいだ
　　　　XはYに似ている
　　　　XはYにそっくりだ

というように，類似性表現が述語を形成しているものがある．(8)-(12)はそのような例であり，それぞれの類似性に意外性が含まれているため，直喩としての役割を果たしている．

(8)　人がゴミのようだ．
(9)　酒屋の店さきの水道の水は出っぱなしで，小僧が一升徳利を洗っている．味噌樽がずらりと並び，味の素や福神漬や，牛鑵がずらりと並んで光っている．一口坂の停留場前の三好野では豆大福が山のようだ．（林芙美子『放浪記』，683）
(10)　ここはまるで地獄みたいだな．
(11)　金物店というのはどことなく人気のない水族館に似ている．（村上春樹『世界の終わりとハードボイルドワンダーランド』，1296）
(12)　下の娘さんは，もの腰といい，顔かたちといい，どうもシャクナゲの花そっくりだ．（山本有三『路傍の石』，742-743）

次に，

　　　　Yのように
　　　　Yのごとく
　　　　Yように
　　　　Yみたいに
　　　　Yに負けず劣らず

などのように，直喩が副詞句として用いられる場合も多く，(13)-(17)は，それらが用いられている例である．

(13) 女は剣のようにぴんとした姿勢で，肉体が幻影のように見える．(石川淳「かよい小町」, 308)
(14) 私の腹の傷口は悪鬼のごとく痛んだ．(村上春樹『世界の終わりとハードボイルドワンダーランド』, 588)
(15) のどにとげがささったように苦しんでいた．(吉平敏行師説教 2009.5.31)
(16) ……子供はまたそれをニッキ噛むみたいに，ちょっとクチャクチャやって甘さがなくなったらすぐほかし……(野坂昭如『アメリカひじき』, 133)
(17) そして藍子は相手に負けず劣らず途方もない作り話をした．(北杜夫『楡家の人びと』, 996)

また，形容詞句として，例えば，

YのようなX
YみたいなX
Yに似たX
YそっくりのX

という形で(18)-(21)のように用いられる場合も多い．

(18) 平田大佐は，後からついてきた玉井所長たちに室内に入ることを荒い口調で禁じた．玉井たちと艦の建造を通じて友人のような親しみを抱いていた監督官たちも，その時から純然たる海軍軍人として，玉井たちとの間に一線を劃したのだ．(吉村昭『戦艦武蔵』, 128)
(19) もう，二どと，あんなことをしたらあかん……子供みたいな喜助はんの心に，申しわけがない……(水上勉『越前竹人形』, 405)
(20) 実際には，素足の見えるすきもなく，小鳥の羽づくろいに似た速い操作であった．(石川淳「かよい小町」, 309)
(21) 空の隅に鰯の群れそっくりの雲が浮んでいる秋のよいお天気だったので……(倉橋由美子『聖少女』, 108)

形容詞句として用いられる直喩の形式だけでも多種多様な表現が見られるが，ここではそのいくつかを(22)に挙げるに留める．中村(1977)は，本書で直喩と呼んでいるものにほぼ等しいと思われるものを「指標比喩」と名付

けて，おびただし数の形式の直喩表現を列挙している．直喩の媒体を提示するための表現の数に制約はなく，ある種の意外性や驚きを伴う類似性を表現することば遣いでありさえすれば，どんな表現でもよいと考えられる．

(22) 　Y 顔負けの X
　　　Y も同然の X
　　　Y に負けない X
　　　Y も驚く X
　　　Y に（も）紛う X
　　　Y と同じような X
　　　Y と同様の X
　　　Y と同列の X
　　　Y に類する X
　　　Y に類同した X
　　　Y に類似した X
　　　Y に似通った X
　　　Y に相似の X
　　　Y に酷似した X
　　　Y に近似した X
　　　Y に疑似の X
　　　Y と一脈通じる X
　　　Y と並ぶ X
　　　Y に匹敵する X
　　　Y に敵する X
　　　Y と同工異曲の X
　　　Y とどっこいどっこいの X
　　　Y と大同小異の X
　　　Y と五十歩百歩の X
　　　Y と似たり寄ったりの X
　　　Y に近い X
　　　Y を彷彿とさせる X
　　　Y に生き写しの X
　　　Y に丸写しの X
　　　Y に瓜二つの X
　　　Y そのままの X
　　　Y と同断の X

  Yと見間違えるX
  YそのままのX

また，意味的に見ると，

  YめいたX
  Y風のX
  Y形のX

のように，質的な類似性をとらえて出来上がっている(23)-(25)のような直喩もあれば，

  Yほど
  Yくらい
  Yよりも

のように，量的な類似性をとらえて出来上がっている(26)-(28)のような直喩もある．

(23) 「同志」たちが，いやに一大事の如く，こわばった顔をして，一プラス一は二，というような，ほとんど初等の算術めいた理論の研究にふけっているのが滑稽に見えてたまらず……（太宰治『人間失格』，84）
(24) おかみさん風の女は，そう云ってさめざめと泣きだした．（井伏鱒二『黒い雨』，268）
(25) ネリはだまってきれで包んだ小さな卵形の頭を振って，唇を嚙んで走った．（宮沢賢治「黄いろのトマト」，117）
(26) 島村はその真剣な響きに打たれ，額に皺立て顔をしかめて懸命に自分を抑えている意志の強さには，味気なく白けるほどで，女との約束を守ろうかとも思った．（川端康成『雪国』，55）
(27) 女の印象は不思議なくらい清潔であった．（川端康成『雪国』，26）
(28) 全く彼は驚いてしまったと言うよりも叩きのめされてしまったのである．（川端康成『雪国』，108）

4.1.4 直喩による類似性の認知枠の強制

 直喩による類似性が持つ働きはさまざまである．趣意について描写するにあたり，聞き手や読者がすでによく知っていると思われる媒体を引き合いに出すことによって，分かりやすい描写にするという効果をねらったものと考

えられる場合もある．「YのようなX」という場合に，例文 (29) においては，地面の上へ描き始めたもの（趣意）がどんなものかということを説明するために，媒体として「円」を持ち出している．円なら誰しも馴染みのあるものであり，どんな特徴を備えたものかが明瞭な既知のもののはずであるから，喩えとして有効であろうとのもくろみが働いているものと考えられる．

 (29) この時先生は起き上って，縁台の上に胡坐をかいていたが，こう云い終ると，竹の杖の先で地面の上へ円のようなものを描き始めた．（夏目漱石『こころ』，132-33）

一方，(30) を見ると，媒体が既知のものでない場合もあり得ることが分かる．(30) は，急に下宿のひとり住まいになったものの，自分には何の縁故も無いところにひとりで生活していく能力などなかった，ということを述べた文である．すべての読者が「誰かに襲われ，一撃せられる」経験を持っているわけではなく，むしろそのような経験のない読者のほうがはるかに多いのではなかろうか．しかし，そのような経験のない読者であっても，そうした出来事についてこれまでに報道などを通じて聞いたことがあれば，直接の体験による知識がなくても，それがどんな思いかということは比較的容易に理解できるであろうから，直喩の媒体としては十分に成り立っていると考えられる．

 (30) 自分は，下宿のその部屋に，ひとりでじっとしているのが，おそろしく，いまにも誰かに襲われ，一撃せられるような気がして来て，街に飛び出しては，れいの運動の手伝いをしたり，或いは堀木と一緒に安い酒を飲み廻ったりして，ほとんど学業も，また画の勉強も放棄し，高等学校へ入学して，二年目の十一月，自分より年上の有夫の婦人と情死事件などを起し，自分の身の上は，一変しました．（太宰治『人間失格』，93-94）

人生の早い時期に誰でもがあらゆることを経験しているわけではない．それゆえ，直喩の媒体として用いられているものを読者がすでに経験によって知っているという保証はない．そのような場合には，直喩の媒体が理解されるかどうか分からないままに読者にぶつけられ，いわば筆者によって創設された形の認知枠が，直喩によって読者に強制されていることになる．

このように，直喩においては，類似性の認知枠の強制という手段を用いることが可能である．メタファーにおいてこのような手段を講じると理解不能に陥ってしまうと考えられるが，この点については稿を改めたい．

メタファーも直喩も類似性に基づくレトリックであるが，4.1では，類似性が比喩表現においてどのような機能を果たしているのかということを，特に直喩表現を中心にして考察した．

4.2 メトニミーの持つ認知内容発露機能

前世紀後半における言語学の歴史を振り返ってみると，意味を記述することの必要性を誰もが認めながらも，記述の形式を重んじることが科学的研究方法につながるとの信念も手伝って，統語論や音韻論がまず優先的に研究されたことを思うとき，そうした状況下においてもなんとか真理条件を活用して意味をとらえようとした客観主義の意味論も，決してその意義を否定されるべきものではなく，今後の意味論学界のあるべき姿への発展に寄与するうえからも，評価すべき意義を持っていると言うことができよう．

しかし，人間の関わりをまったく考慮しないで，記号が記号外の世界にある存在物に対して持つ指示機能を，両者の直接的な対応関係のみによってとらえようとする真理条件意味論の方略に対しては，人間の認知作用を重視する経験基盤主義に基づく認知意味論という新たに形成されつつある意味論の立場から，意味に関してまだまだとらえ切れていない側面があることが続々と指摘されるわけである．

4.2では，メトニミーが認知内容発露機能を持っていることを指摘し，それを記述することができるのはどのような意味論かについて考察する．真理条件による意味論は，記号が持つ機能，すなわち記号外の世界にある存在物を指示する機能，を明らかにするための作業を進めることを主要課題とする．ところが，メトニミーを含む言語表現の意味の中には，こうした真理条件を介する意味論によるならば切り捨てられてしまう側面があること，また，そのような作業によって得られたものをもって言語の意味と考えたのでは，客観主義の意味論には，理論的大変革を行わない限り克服することので

きない不備が存在すると考えられることを指摘する．それに対して認知意味論が，メトニミーの持つ人間の認知的精神作用を明らかに示す機能についても記述しうる装置を備えた，より妥当性の高い意味論であることを検証する．

4.2.1 表現の指示機能

まず次の例のように，記号としての表現が持つ指示機能のうち，もっぱら記号外の何を指示しているかを示すことに重点が置かれているような場合を見てみよう．

(31)　a.　The cat killed the rat.
　　　b.　Lee kissed Kim.
　　　c.　The dog is in the kennel.
　　　d.　Kim is on the sofa.

これらの例のような場合には，the cat, the rat, Lee, Kim, the dog, the kennel, the sofa などがそれぞれ何を指示しているかに関して，客観主義の意味論の設けるモデルによれば，記号外の世界の存在物を示すものとして用意されるモデル理論的構築物との対応関係が示され，指示対象が言語表現によって字義どおりに何の問題もなく同定されることが示される．

客観主義意味論観に立つ限りこれで意味の記述は完了するわけであるから，その限りにおいて意味記述に成功しているわけである．また言語表現の指示作用としては(31)のような種類のものが最も普通であると考えられ，こうした例における意味記述を基礎にして，他の複雑な指示作用を含む場合にも，それらをこうした比較的単純な指示作用の記述へ還元する方略を用意することにより意味をとらえることができる，と考えられても不思議はない．

4.2.2 メトニミーの持つ意味の記述

事実，少し複雑な指示作用を含む場合，例えば，

(32)　Plato is on the top shelf.(Fauconnier 1985/1994, 4)

において，Plato は字義から言えばあの人間プラトンの人名であるが，この文における Plato は人間プラトンが指示対象ではない．指示対象は一番上の

棚にある本である．ただ，その本はプラトンが書いた本のことであり，人間プラトンとその本とが，著者とその著作物という密接な隣接関係にあり，それによって，例 (32) は (33) を意味することができるわけである．

(33)　The books by Plato are on the top shelf.(Fauconnier 1985/1994, 4)

(33) は，(32) と異なり，字義どおりの解釈によって指示対象を同定することができる．その点では例 (31) などと同じである．そして，例 (31) などの単純な指示作用の場合の意味記述は成功していると考える真理条件による客観主義の意味論にとっては，例 (32) を (33) のような構造に何らかの方法で結びつける方略を講じることによって，意味を記述しようとする試みがなされることになる．客観主義の意味論にとっては例 (32) のような指示作用は特殊なケースであり，こうしたものは，より一般的な指示作用をとらえる意味記述手段に還元する方略を用意しておけばそれで意味を記述する作業は完了すると考えられていると思われる．

　もしもあらゆる言語表現に関して，指示対象を措定することが，その表現の持つ意味を記述することのすべてであるならば，このような客観主義の意味論における方略によって得られる作業結果は意味を余すところなく記述しているということになるであろう．

　ところで，例 (32) の Plato が持つ意味機能は，一般にメトニミー (metonymy) と呼ばれる[2]．これはある対象（この場合はプラトンが書いた本）を指示するのに，それを字義どおりに表す表現（この場合は the books by Plato) の代わりに，それと隣接関係によって密接に関連すると考えられる別の指示対象を表す表現（この場合は Plato) を代用することによって指示するという機能のことである[3]．例 (32) の場合，

(34)　製造者が製品を表す

というタイプの隣接関係に基づくメトニミーが用いられている．

　このようなメトニミーと呼ばれる機能は，伝統的な文体論などで考えられてきた特殊な修辞的技巧というような言語表現のしかたの問題としてとらえておけばよいものではなく，人間が本来行っている認知作用の中に広く潜ん

でいる様式であり，したがって，人間の概念把握や理解の様式に関わる問題である[4]．つまり，われわれ人間が言語を用いて意味を理解したり概念を把握したりするときに日常的に行っていることであると考えられる．

　こうした認識にたってもう一度例 (32) に立ち返ってみよう．本棚にあるプラトンの書いた本を指すためには，何も Plato と言わなくても，他に幾通りも方法があったはずである．その本の装丁の特徴や，大きさや，色など，その本の持つ数々の特徴を用いて指すことが可能であろう．そしてその可能性の中の一つとして，例 (33) のように言うこともできたはずである．それにもかかわらず (32) のように言ったのはなぜであろうか．

　その理由として，例えば，(33) のようにいちいち the books by Plato というのはいかにも面倒くさいので，代わりに単に Plato と言えば済むのであればそのような表現方法の方がよほど便利である，というわけで，省略法という経済原理に基づいてはしょった言い方をしているのであると説明することは，一面の真理をとらえていて可能かもしれない．確かに，どのメトニミー表現を見ても，くどい表現をはしょった言い方ばかりである．

　しかし，省略法という経済原理だけでメトニミーを用いる理由のすべてが説明できるとは思えない．というのも，例えば，例 (32) の場合，Plato という表現を用いて本を指すときに，その本の装丁などの特徴は発話者の意識に上っておらず，その本の持つ数々の特徴の中から著者がプラトンであるという項目のみが選ばれており，発話者の意識の中にプラトンということのみが映っていることがその表現の動機づけになっていると考えられるからである．発話者にとって著者がプラトンであるということがその本を指示するときに最も重要な要素となっているわけである．また，その文を解釈する場合にも，われわれの注意の焦点をそこへ集中させる働きがある．

　したがって，例 (32) の Plato が持つ意味には，第 1 に，単にある本を指し示すということだけでなく，第 2 に，指し示されているものが持っている特定の側面 (この場合は著者がプラトンであること) にわれわれの注意をいや応なく向けさせるという機能も同時に含まれていることになる．もちろん言語表現は外界の存在物を指示するために用いられるという側面を持つため，第 1 の意味も大切であるが，発話者の認知作用を映し出し，表現の動機

づけとなっている第2の意味もそれに劣らず重要な意味であると考えられる．

　しかし先に見たように，真理条件による客観主義の意味論においては，記号と外界の存在物との対応関係のみが表現の持つ意味とされるため，この第1の意味を記述するだけで意味記述の作業は完了したことになる．そのため，理論上，第2の意味は無視されたまま放置されていると考えられるため，理論の枠組みに大きな変革を行わない限り，第2の意味を記述する仕組みが存在しないと考えられる．

　一方，認知意味論においては，知覚心理学からの図 (figure) と地 (ground) に関する知見を得て，要素間のプロミネンスの違いを記述する仕組みが用意されている．プロミネンスとは「際立ち」のことであり，認知意味論においては，認知におけるプロミネンスをとらえようとする試みが行われている[5]．いくつかの要素から成る情景を見たときに，それらの要素をすべて同程度のプロミネンスでもって見ているわけではなく，要素の中には低いプロミネンスを持っているものと，高いプロミネンスを持っているものがあるというわけでこれを記述しようとするものである．例 (32) の場合には，著者がプラトンであるという特徴がプロミネンスの高い図として理解され，それ以外の本の装丁や大きさなどの特徴がプロミネンスの低い地として理解されているということになろう．

　客観主義の意味論においては例 (32) からこの種の解釈を記述することは望めない．なぜなら上記の第2の意味のようなものは，認知作用をとらえたものであり，客観主義的意味論観にたつ意味論ではそのようなものをモデル理論的構築物として用意することができないからである．

　以上，メトニミーの持つ意味に関して例 (32) を基にして考察してきたが，メトニミーの持つ第2の意味は，メトニミーのタイプによっていろいろ異なることが予想される．そのようにタイプによっていろいろ変わりうるにもかかわらず，認知意味論ではそれを記述することが可能であると考えられる点を観察するために，別のタイプのメトニミーの例として (35) について考えてみよう．

(35)　Nixon bombed Hanoi. (Lakoff and Johnson 1980, 38)

例 (35) は，

 (36) コントロールする者がコントロールされる者を表す

というタイプのメトニミーである．もちろんニクソン自身が戦闘機を操縦してハノイに爆弾を投下したわけではなく，実際に投下したのは米空軍のパイロットなのであろうから，(35) と同じ出来事を描写するのであれば，(37) のように言うことも可能であろう．

 (37) <u>The U.S. Air Force pilots</u> bombed Hanoi.

したがって言語表現の Nixon が持つ第一の意味である指示機能という点からだけ考えると，(35) の Nixon も (37) の the U.S. Air Force pilots も同じ対象を指示していると考えられるため，客観主義の意味論の備える意味記述の手段で取り扱うことができると考えられよう．

 しかし，爆弾を投下した動作主を言い表す方法は，なにも Nixon を用いなくても，実際に爆撃したパイロットの名前（ここでは便宜上 XXX としておく）を用いて，例えば，

 (38) <u>The person named XXX</u> bombed Hanoi.

と言い表すなど，他にいくらでも考えられるであろう．それにもかかわらずわざわざ (36) のようなタイプのメトニミーを用いて (35) のように言う理由はいったいどこにあるのであろうか．それを考えるためには，(32) の場合と同様，何を言うために (35) と言うのかということを考えてみると分かりやすい．例 (35) が表しているような爆撃行為を描写するとき，いろいろなとらえ方が可能であろうが，その中の一つとして（そして一般にこのようなとらえ方がされることが多いと考えられるが），実際に現地で爆撃を行った人物が誰であれ，その爆撃を命令する立場にあった者に責任があるとの認識のもとに，責任の所在に目をむけることによって爆撃行為をとらえるという認知作用が働くものと思われる．例 (35) の場合，最終的には大統領であるニクソンにハノイ爆撃の責任があるとのとらえ方をしているからこそ，例えば (37) や (38) のように言わないで，メトニミーという手段を用いて (35)

と言っていると考えられる．つまりハノイ爆撃の責任がニクソンにあると見なされていて，そのようなとらえ方が発話者の認知作用の中心を占めており，責任の所在という点から見て，ニクソン自らが爆弾を投下したというのと等価な把握をしていることが表現の中に発露していると考えられる．これが，例 (35) の持つ第2の意味ということができよう．責任の所在が認知作用の中心を占めていない場合には，それぞれのとらえ方に応じて，例えば，(37) や (38) のように言うと考えられる．

　また，このように見てくると，例 (32) について論じたときに述べた，メトニミーを用いる理由が省略法による経済原理だけによるわけではないという議論は，例 (35) についてもあてはまると考えられる．

　最後に，もう一つ別のタイプのメトニミーについて考えてみよう．例 (39) は，

(39) 　*The mushroom omelet* left without paying the bill.(Fauconnier 1985/1994, 6)

(34) や (36) とはまた別のタイプに属すると思われ，一般に，

(40) 　使用される物が使用する人を表す

と呼ばれるタイプのメトニミーが用いられていると考えられる．(39) における the mushroom omelet は，食べ物のことではなく，マッシュルーム・オムレツを注文した客を指すために用いられているのであるから，その客を指すためだけならば，(41) のように言うことも可能なはずである．

(41) 　The customer who had ordered the mushroom omelet left without paying the bill.

しかし，これまでに見てきた場合と同様，メトニミーを用いているからにはそれなりの理由があり，例えばレストランの従業員が例 (39) と言う場合には，マッシュルーム・オムレツを注文した人に人間としての関心がいろいろあるわけではない．そうではなくて，注文品に対する勘定に対して抱いている関心に支えられて，それを支払ってくれるお客としての関心があるにすぎ

ないため，目が向けられている方向はその人が何を注文した人であるかの一点に絞られている．そのため，その客が勘定を払わずに行ってしまったことは，従業員の関心事という点からは，マッシュルーム・オムレツが行ってしまったことと等価であるということを言わんがためにこのようなメトニミーを用いていると考えられる．これが (39) のメトニミー表現が持つ第2の意味であるということができる．

なお，例 (32) について論じたときに述べた，メトニミーを用いる理由が省略法による経済原理だけによるわけではないという議論は，例 (39) についてもあてはまると考えられる．

このように，例 (39) のメトニミーにも，これまで見てきた他のタイプの場合と同様，真理条件による意味論では記述することのできない種類の意味が含まれていることが観察される．一方，認知意味論においては，マッシュルーム・オムレツが持つプロミネンスの高さを基にした記述が可能である．それゆえ，この場合も認知意味論の妥当性の高さを示唆している，と言うことができよう．

以上の考察により，真理条件による客観主義の意味論がメトニミーを含む表現の意味記述に関する限り，その仕組みに致命的な欠陥を持つものであり，それに対して認知意味論が，メトニミーの持つ人間の認知的精神作用を明らかに示す機能についても記述を可能にする装置を備えた，より妥当性の高い意味論であることが検証されたと言えるであろう．

注

1　3つの要素の訳語は山梨 (1988, 14) に従っておく．なお，tenor と vehicle，それに ground を表す日本語訳や用語は，研究者によってまちまちである．そうした状況については，芳賀・子安 (1990, 6) に整理して紹介されている．また，英語においても別の用語を用いる研究者もあり，例えば，Ortony (1993) や Paivio and Walsh (1993) は，vehicle と ground は Richards と同じ用語を踏襲しているが，tenor の代わりに topic という用語

2 　メトニミーは従来から「換喩」と訳されることも多い．しかし，本書でメトニミーと読んでいるのは，伝統的な文体論などでことばのあやとされていた特殊な修辞的技巧によるものだけではない．ごく普通の日常的な表現の中に存在する，字義どおりの解釈では意味をとらえることができないものの中に見られる同種の現象も含まれている．そこで，認知言語学で広く行われているように，伝統的な換喩のみに限定しない用語として「メトニミー」を用いることにする．

3 　メトニミーは「隣接関係」に基づく比喩であるという説明が一般に広く受け入れられているが，その隣接関係とはいかなるものかということに関しては古くから研究が行われている．しかし，この点に関して詳しい佐藤(1978)によると，隣接性の正体はあいまいなままであり，したがって「じつを言うと，直喩や隠喩とちがって，換喩とは何かについては，まことに多種多様な意見が入り乱れていて，標準的な定義などというものはまるで存在しない」(同書p. 115)というのが現状のようである．ここでは，隣接関係の正体を明らかにすることが目的ではないので，メトニミーの定義の一部にあいまいな点を残したままではあるが，典型的なメトニミーの例として一般に受け入れられそうな例を用いることによって議論を進めても，本書の目的には大きな支障はないものと考える．

4 　このことを具体的な例を示しながら明らかにし，メンタル・スペース理論と呼ばれるエレガントで説得力のある議論を展開したのはFauconnier(1985/1994)であるが，同様の認識は，佐藤(1978)にも見られる．

5 　概念構造にもfigureとgroundの分化に対応するものを認めようとする議論に関しては，Langacker(1990a)，Talmy(1978, 2000)を参照．

第5章
たたく行為をどう見るか

　人や物が何かにぶつかることをわれわれはどのようなことばで表現しているであろうか．その表現のしかたに英語と日本語の間でどのような共通点や相違点が見られるであろうか．

　認知言語学では，人の精神作用としてのもののとらえ方が，ことばによる表現のしかたにも反映されると考えられている．したがって，一つの事象についてある発話者が別の発話者と異なったとらえ方をしているならば，その事象についての表現のしかたもそれに応じて異なるはずである．また，とらえ方が似ているならば，表現のしかたも似たものになっているはずである．そこで，英語と日本語の表現の間に見られる共通点や相違点を観察することによって，それらの言語の母語話者に精神作用の一部として備わっているはずのもののとらえ方についての共通点や相違点が浮き彫りになることが期待できる．

　本章では，英語のたたく行為を表す動詞表現を構文と意味の面から観察し，同時に日本語とも対照して，両言語の物のとらえ方の違いに触れる．

　5.1 では，同じ動詞でも目的語の取り方が二通りある英語の動詞構文の中から2種類の構文を取り上げ，それぞれ目的語の取り方を基にしてタイプに分けながら，それらの構文が持つ意味の違いを，実例の観察を通して抽出する．認知言語学で一般に考えられているとおり，これらの構文においても，

語彙項目がそれぞれ特有の意味を持っているのと同様に，構文そのものもそれぞれ特有の意味を持っているということができ，そのことが特定の構文を選択する動機となっていると考えられることを検証する．

　われわれが日常行っている事態認知とそれを言い表す表現とは連動していると考えられる．そこで，5.2 では，その事態認知のパターンと，表現における「主語」「目的語」という文法関係との関係について理解するための一助として，他動詞構文に焦点を当てて考察する．まず Hopper and Thompson(1980) による「他動性の階層」という考え方を手掛かりに，他動詞構文のプロトタイプを規定する．そのうえで，ビリヤードボール・モデルに基づいて図示できる事態をいくつか取り上げて，その事態把握に見られる特性と，それが学習英文法でいう第 1 文型と第 3 文型で表現される場合の連動のしくみについて考察する．また，5.1 で観察したように，同じ動詞が二通りの目的語の取り方をしうるという英語動詞の柔軟性に対して日本語母語話者には意外性が感じられるとともに，それら二通りのうちの一方の表現だけに対して意外感が伴うのはなぜなのか，その理由を探りたい．

　認知言語学は，言語も人の認知活動の一部であるととらえるため，認知活動の特性が言語に反映していてもいっこうにおかしくないと考える．それゆえ，知覚心理学における図と地の反転が言語にみられても不思議はない．5.3 では，図と地の区分の重要性を言語学に取り入れる先駆けとなった Talmy の分析と知覚心理学でいう図地反転とが一部異なっていることを指摘し，次に，すでに 5.1 で観察した，二通りの異なる目的語の取り方をする英語の動詞構文の一つを取り上げ，それぞれの目的語の取り方が持つ意味上の相違点を調べ，その二つの目的語の取り方を図と地の反転によるものと考えることが適当でないということについて考察する．二通りの目的語選択と図地反転との関連について現段階ではこのように否定的な結論しか得られなかったが，ではどのような分析が最適かということについてはさらに今後の課題としたい．

5.1 英語における二通りの目的語

　昔，初級の和文英訳を学んだときのことが思い出される．次のような日本文が与えられ，

　(1)　　彼女は彼の頭をたたいた．

それを英訳することが求められた．そのときの学習内容は，まず，日本語で (1) のように「彼の頭をたたいた」と表現される動作について，英語では，「たたいた」ということを動詞 hit で言い表そうとすると，少なくとも (2a) と (2b) の二通りの英文が考えられることを学び，

　(2)　a.　She hit his head.(タイプ A)
　　　　b.　She hit him on the head.(タイプ B)

そしてさらに，これらの文の構造について次のような説明が加えられていたように記憶している．すなわち，日本語の (1) においては，「彼の頭」が全体で名詞句という一つの単位を成した（すなわち一つの構成素 [constituent] を成しているということを学んでいたことになるが）表現が使われている．一方，英語のほうは，(2a) においては，それと同様に his head という 2 語が全体で名詞句という一つの単位を成して動詞 hit の目的語になっているが，そのような表現方法だけでなく，his と head の指示対象をそれぞれ別の名詞句として独立させ，(2b) のように，誰をたたいたのかということと，その人のどこをたたいたのかということを，別々の名詞句にして分けて表現することもできる，と説明された．そして，日本語においては，(3) のように「てにをは」を替えるなどいろいろやってみても (2b) のように二つに分けて表現することはできないので，(2b) のパターンは英語独特の表現の一つとして習熟するようにとの注意が添えられていたように思う．

　(3)　a.　*彼女は彼$_i$を頭$_i$でたたいた．[1]
　　　　b.　*彼女は彼を頭にたたいた．
　　　　c.　*彼女は彼を頭をたたいた．

　英文を書くときに主語の選択のしかたに注意するようにということはしば

しば語られるが，それだけでなく，何を目的語とするかということにも注意が必要であることを学んだ一こまでもあった．5.1 では，何かと何かがぶつかることを日本語と英語で描写するとき，それぞれの表現には統語的・意味的観点から見てどのような特性があるかということを，認知言語学を支える言語観を視野に入れつつ考察してみよう．

5.1.1 二通りの目的語（タイプ A，B）

先ほどの (1) において「彼の頭を」は全体で一つの構成素を成しているが，これが必須の項であることは，それを削除した (4) が非文であることから分かる．同様に，(2a) と (2b) においてそれぞれ his head と him が必須の項であることは，それらを削除した (5a, b) が非文であることから分かる．一方，(2b) の on the head は，それを削除した (6) が非文とならないことから，随意的な項であることが分かる．

(4)　*彼女はたたいた．
(5)　a.　*She hit.
　　　b.　*She hit on the head.
(6)　She hit him.

これらの要素の名称に関連して，日本語にそもそも主語が存在するのか，また主語だけでなく目的語についてもどのように規定するか議論すべき点がある．ここでも日本語の場合に目的語という名称を用いないでおくことも考えられるが，日本語と英語にそれぞれ別の用語を用いると説明が煩雑になるおそれがある．一方，日本語と英語に「目的語」以外の共通の用語を使うと今度は何を問題にしているかがあいまいになるおそれが出てきそうに思われる．いずれにしても論点が分かりにくくなる危険性があるのでそれを避けるために，ここではあえてどちらにも「目的語」という名称を用いることにする．[2]

英語の動詞 hit は，(2a, b) がどちらも正文であるところから，目的語の選択のしかたが二通りあることになる．そこで，説明の便宜上，二通りの目的語の選択方法のうち，(2a) のほうを「タイプ A」，(2b) のほうを「タイプ B」と呼ぶことにする．先ほど観察したように，日本語にはタイプ A だ

けが存在し，タイプBは存在しないようである．

　ところで，Langackerは，文法を記号体系の一環としてとらえる the symbolic view of grammar と呼ばれる言語観に依拠した認知文法の確立を目指している．この文法観の背景には，語彙項目がそれぞれ固有の意味を持っているのと同様に，文法関係，構文，品詞など，文法を構成する単位もそれぞれ固有の意味を持っているはずであるという直観が存在している．言語観の正しさを証明することは容易なことではないが，このLangackerの言語観を検証することも視野に入れながら，上記のタイプAとタイプBの表現の特徴について，具体的な例に即して，考察してみよう．

　まず，タイプAとタイプBの表現は，それぞれ異なる文法的構成単位から成っているが，はたして交換可能な表現であろうか，それとも意味がそれぞれ異なるのであろうか．それぞれどのような場合に使われているか，少し詳しく観察してみよう．

　まず，既出の (2a, b) について考えてみよう．大きな違いの一つは，(2a) の場合，述語動詞 hit の必須要素として表現されている his head の中心語 (head) が head という体の一部分を表す表現であり，タイプBの (2b) の場合は，him という人全体を指す表現であるということである．必須要素であるということは，おのずとそこに重点が置かれている可能性が高いと考えられるであろう．すなわち，(2a) の場合には，誰をたたいたかということよりもどの部位をたたいたかということが焦点になる場合にふさわしい表現であろうし，(2b) の場合には，誰をたたいたかということに焦点が置かれ，さらに付加的に部位についての言及が加えられているということであろう．例えば，腹立たしく思って人をたたこうとする場合を考えてみると，腹立たしい気持ちの矛先は相手の人物そのものに向けられているのであって，決して相手の部位に対してではない．したがってこのような場合には，相手の人物そのものを目的語とするタイプBがふさわしい表現として考えられる．このような話し手 (書き手) の精神作用と表現との関係を，さらにいくつか実例に当たって検証してみよう．

(7) タイプA

Also this week, the British government proposed new restrictions on spanking children. The measure would outlaw the use of canes, belts, and slippers to spank a child and forbids <u>striking a child's head, eyes, or ears</u>.(CNN Transcripts: *Your Health*, 1/22/00)
（また今週英国政府は，罰として子供をたたくことに関する新しい規制を設けるための法案を提出いたしました．この法案は子供を罰としてたたく場合に，杖，ベルト，スリッパを使うことを非合法とし，子供の頭，目，耳をたたくことを禁じるものです．）

(7)においては下線部に見られるようにタイプAが用いられているが，このタイプを用いる動機は何であろうか．この引用部分では，第1文においてすでに子供を罰としてたたくということ(spanking children)が取り上げられ，第2文の前半部でも再度 spank a child という表現が見られる．それゆえ，第2文においてさらに strike という動詞を用いるときには，誰をたたくのかということはすでに文脈の中で確立していると考えられるため，それをわざわざ改めて焦点とすることには意味がない．また，第1文からも，第2文の前半からも，この法案が，子供をしかるためにたたくこと自体を禁止しようというものではなく，子供をしかるためにたたくとき，何を用いてたたくか，どの部位をたたくかということについて新たに規制を設けようということである．したがって，strike という動詞を用いる時点で伝えたい内容は，体のどこをたたくかということが焦点になっていると考えられる．そこで目的語の中心語として a child でなく，head, eyes, or ears が選ばれていると考えることができよう．

別の例(8)について考えてみよう．

(8) タイプA

The boy stood off a few feet and he had the stake again and he was racing innocently in circles, making the buzzing tractor sound with his lips. I'm sorry, I thought to the snake, for you were beautiful. I took the broken length of it around the tractor and I took one of the wrenches from the tool-kit and I <u>struck its head</u>, not looking at it, to kill it at last, for it could never live.(The Brown Corpus)

これは，トラクターに巻きついて切れ切れになってしまった蛇を手に取り，どうせ生きながらえそうにないからというわけで，道具箱からレンチを取り出し，目をそらしたまま頭をたたいて殺したという場面である．実は，この引用部分に至るはるか前からすでに蛇がこの場における解決しなければならない問題の対象としてしっかり登場している．それゆえ，レンチを取り出した時点では，それを用いて何かをたたくという場合，その対象がこの蛇であることはすでに自明であり，どこをたたくかのみに新しい伝達情報が含まれているはずである．したがって，strike の目的語として the snake またはそれを指す it を用いることは緩慢な表現となるためふさわしくなく，焦点であるどの部位かということを示す head が中心語として選ばれていると考えられる．

　さらに別の例に当たってみよう．

(9) タイプ A
> He says that Patsy Ramsey in some way woke up that night, went into her daughter's bedroom, found that she had wet the bed, engaged in a physical struggle with her in the bathroom, knocked her up against the bathtub edge, striking her head, killing her, and then took her downstairs into the basement, fashioned a garrote, a killing device, to put around her neck, strangle her and then sexually assault her—because the evidence is clear that the child was sexually assaulted that night. (CNN Transcripts: *Larry King Live*, 4/14/00)

これはアメリカの美少女 JonBenet Ramsey の殺害事件を取り上げて，誰が犯人かということを議論するテレビ討論の一部である．文中の"he"（JonBenet の母親 Patsy Ramsey のことを怪しいと考えている人物）の説によれば，Patsy Ramsey はなぜかその夜目が覚め，娘の寝室に行き，娘がお漏らしをしていることに気づき，バスルームで娘ともみ合いになり，娘をバスタブの角にぶっつけ，頭をたたいて殺害したという．下線部の先行部分に knocked her up against the bathtub edge と記されていることからも，すでに誰に対してどの程度の行為に及んでいるかということは明らかであるから，次に下線部で頭を殴ったと言うときには，誰に対する行為かということよりも，体のどの部位に対する行為かということを焦点にすることのほう

が，情報伝達価値が高く適切であると考えられる．それゆえ，striking her on the headでなく，striking her headと言い表されていると考えられよう．

次の例は，Gerald R. Ford 元大統領が，発砲されはしたが運良く弾丸が自分からそれたときの様子を語っている部分である．

(10) タイプA

> As I walked out of the hotel to get into the car, a shot took place. And fortunately, it missed me. Now, I'm told that across the street, where the shot came from, a lady, Sarah J. Moore, pulled the trigger. But a Marine standing next to her saw it and <u>hit her hand</u>, and that result was the shot missed me.(CNN Transcripts: *Larry King Weekend*, 2/3/01)
> (……通りの向こう側の発砲場所では Sarah J. Moore という女性が引き金を引いたそうですが，そばに立っていた海兵隊員がそれを目にして，女性の手をたたいてくれたおかげで，弾が私に当たらなかったのだそうです……)

この場面で，海兵隊員がとった行為について考えてみると，Sarahという人物のどこでもいいから，この人物をたたいて打撃を与えること自体に目的があったのではなく，この女性が持っていた銃をたたき落とすなどして人に危害が加わることを避けることにこそ目的があったはずである．したがってそのことを描写する話し手の目には，銃を握っている手をたたくことが発砲による危害を避けることに直結することとして映っているであろう．そのように考えると銃と女性の手が一体となってとらえられ，hit herのような誰をたたいたかというぼんやりした表現ではなく，hit her handという問題の焦点が目的語として表現されていると考えられる．以上観察したいずれの例においても，構文にはそれぞれ固有の意味があり，構文の選び方には，その場の事情を表すのにふさわしい意味を備えたほうの構文が選ばれるという動機があることが分かる．

次に，タイプBについて具体的に観察してみよう．

(11) タイプB

> We had no intention of surfing, however, the weather was great so we

第 5 章　たたく行為をどう見るか　193

　　　　decided to go surfing. And 20 minutes into it, all of a sudden a great
　　　　force hit me on my leg, hit me on hand. I thought it was sea lion. I hit it
　　　　with my right hand and got back on my board, looked around, saw a
　　　　pool of blood around me.(CNN Transcripts: *Larry King Live*, 8/13/01)
　　　　（サーフィンをするつもりはなかったのですが，天気がとてもよかった
　　　　ものですからサーフィンに行くことにしたのです．サーフィンを始めて
　　　　20 分ほど経ったとき，だしぬけに私は何か大きな力によって打たれまし
　　　　た，足と手を……）

　ここは，何か大きな力に襲われたということを初めて述べている箇所である．それゆえ，実際には足や手に打撃が加えられたにも関わらず，文脈の展開上，まず，自分に対して打撃が与えられたということを伝える必要がある．つまり，そこに対峙しているのはその大きな力と自分全体との間の関係であって，大きな力と足や手との間の関係ではない．そのことを伝える必要があるために，下線部の表現としては hit my leg, hit my hand よりも hit me on my leg, hit me on hand のほうが文脈にふさわしく，そのためにタイプ B が選ばれていると考えて差し支えないであろう．
　次に (12) について考えてみよう．

(12)　タイプ B
　　　　Bullets flew towards the Israeli troops. Watch this soldier. He appears
　　　　to be hit in the hand. And armored vehicle moves in to protect him.(CNN
　　　　Transcripts: *Wolf Blitzer Reports*, 4/1/02)
　　　　（弾丸がイスラエル軍めがけて飛んできました．この兵士をご覧ください．どうやら足をやられたようです……）

　この引用部分は戦場を撮影した録画を見ながら説明しているところと思われるが，Watch this soldier という文によって，これから誰に焦点を当てて説明しようとしているかが明らかにされているので，その次の文にはこの兵士に何が起こったかを述べることが期待されている．したがって次の文 He appears to be hit in the hand では，その兵士を指す要素 He が旧情報を担いやすい位置である主語とされ，一方，新情報を担う動詞 be hit とそれに後続する付加語の位置にも新情報として in the hand という体の部位を表す要素が続いて出てくるような構文が選ばれているものと考えられる．これ

を，例えば，The bullets appear to have hit him in the hand と表現したのでは，いくつかの不都合が生じてしまうと考えられる．一つには，すでに Watch this soldier によって兵士に視点を置いて物を見ることがいったん確立しかけたにもかかわらず，再び弾丸からの視点に逆戻りしてしまうという視点の不必要な移動という不都合が生じる．それだけでなく，第1文で弾丸がイスラエル軍めがけて飛んで来たことを伝え，第2文で特定の兵士に注目することを呼びかけているのであるから，この兵士に弾丸が当たったことは十分予想されるとはいえ，第2文までのところではそのことがまだ確認されているわけではない．したがって新情報を担うことになる動詞 hit の後の目的語の位置に旧情報の him を置いてしまうと，文中の語順は一般に文頭から文末へと旧情報を担う要素から新情報を担うものの順に並んでいる，という一般原則に反する表現を敢えて選ぶことになる，という不都合も生じる[3]．このような理由から (12) ではタイプ B が選ばれているものと考えられる．

また，もう一つ別の例を観察してみよう．

(13) タイプ B
  You laughed and then your chest swelled and you felt you could cry for a little bit, and then a feeling <u>hit you like a chill in your stomach</u> and the goose bumps rippled along your arm. (The Brown Corpus)
  (君は笑ったかと思うと胸が一杯になり，しばらくは泣きたいような気分になり，その後，寒気に襲われたときのように感情が胃袋に応え，腕に鳥肌がたったりもした．)

一般的に言って，感情によって人が打撃を受ける場合，その人のどこが打撃を受けるのであろうか．医学的に見てどうかということはさておき，おそらく常識的にはその人の精神なり全存在なりが影響を受けると解釈されるのが最も普通であって，人の体のどこか特定の部位だけが打撃を受けるとは（心臓にこたえるというようなことは考えられるかもしれないが）通常考えにくいのではなかろうか．そうだとすると，(13) の場合にも，動詞 hit に後続する目的語として，影響を受ける人自身を指す you が用いられていることに説明がつく．さらに言うならば，ある感情が胃にこたえたと言うとき，ただ hit you in your stomach と言っただけでは先ほど述べたような理由から分か

りにくいので，その状態を把握しやすくするために like a chill（寒気に襲われたときのように）ということばを添えて，連想による手助けを加えてこの表現を成り立ちやすくしているものと思われる．

　以上のように見てくると，タイプAとタイプBにおける違いは，話し手（書き手）の把握のしかたに並行するものであり，把握の内容こそが意味であるという認知言語学によれば，意味もそれに応じて異なっていることが明らかであろう．したがって，これら二つのタイプの表現も，文法を記号体系の一環としてとらえる言語観の一部を構成しているものと考えることができる．

5.1.2　二通りの目的語（タイプⅠ～Ⅳ）

　以下，5.1.3，5.1.4，5.1.5では，5.1.1とは少し異なる観点から動詞と目的語の関係について考察する．ここでも，引き続き人や物が何かにぶつかることをことばによってどのように表現しているかということについて，英語を調査対象言語として観察し，いくつかのタイプに分類する．その過程で，日本語母語話者にとって意外感を覚えやすい英語表現には特に注意し，それを手掛かりにしながら英語と日本語の相違点，ひいては，英語母語話者と日本語母語話者のもののとらえ方の相違点の一端を探りたい．

5.1.3　「ぶつかる」という事象における参与者

　何かが何かにぶつかるためには，その事象に参与しているものが二つ（あるいはそれ以上）存在しているはずである．仮にいま，pとqという二つのものがぶつかった場合を考えてみると，pとqがぶつかったという一つの事象であっても，pがqにぶつかったと見るか，qがpにぶつかったと見るか，あるいは，pとqが相互にぶつかったと見るかによって，とらえ方の可能性が3通りあるはずである．

　しかも，「ぶつかる」ためには，少なくとも参与者の一つが他の参与者のところまで移動していって接触または衝突しているはずである．興味深いことは，ぶつかりの表現の中で，第1に，pまたはqのどちらが動いたのかということと，第2に，pがqに当たったと見るか，qがpに当たったと見る

か，pとqが相互に当たったと見るかということ，この二つの組み合わせが，言語間で共通しているわけではなさそうだということである．

また，動詞が目的語を取る場合には，その動詞によって何らかの変化（影響）が目的語に与えられると発話者がとらえていることを示しているので，何が動詞の目的語に選ばれているかということを見れば，発話者がその事象をどのようにとらえているかということをうかがい知ることができるはずである．

以下では，いま述べたような観点から，「ぶつかる」事象について言語化するときに英語他動詞を使って何がどのように表現されているかという点に的を絞って例文を観察し，日英語，さらには日英語母語話者に見られる共通点，相違点の一端を明らかにしたい．

5.1.4　有意志性の高い表現

5.1.4.1　動かないものが目的語（タイプⅠ）
まず，(14)-(17)の例文を観察してみよう．

(14)　He began to hit the table with his hand.(BNC, FSL)
(15)　You shouldn't hit children on the head.(BNC, A0D)
(16)　Upright cleaners have a motorised head which beats the carpet to loosen the dirt, while the brushes remove fluff and animal hair.(BNC)
(17)　Also yesterday morning a man was killed when his car struck a telephone poll on the Shore Road, Greenisland.(BNC, HJ3)

これらの例文の下線部は，いずれも有意志性（volitionality）が高いと思われる動作を描写した表現である．また，ぶつかるという事象が生起するためには少なくとも二つの参与者が関わっているはずで，かつ，その少なくとも一方が動いて他方の参与者と接触または衝突しているはずであるが，ぶつかる事象に参与しているものの中で何が動詞の目的語に選ばれているかという観点から見ると，いずれの例文においても動いていないもののほうが選ばれている．（後の説明の都合上，この種の表現を「タイプⅠ」と呼ぶことにする．）したがって，これらの表現が用いられている場合，それぞれの事象は

動いていないほうの参与者に何らかの変化をもたらそうとする動作である，と発話者がとらえていることになる．

　例えば (14) では，「彼はテーブルを手でたたき始めた」というのであるから，じっとしている the table に his hand が振り下ろされてぶつかり始めたわけである．これら二つの参与者の中で，動かない the table のほうが動詞 hit の目的語になっていることから見て，He が the table に何らかの変化（例えば，音を出すとか，震えるとか，壊れるとか）を与えようとし始めた，と発話者がとらえていることを示している．動詞 hit と目的語 the table との関係は，あくまでもテーブルをたたくことが目的でその動作が行われ，その動作の遂行のために自分の手を用いたと考えられる．特殊な文脈があれば別だが，発話者の中では his hand よりも the table のほうに関心の中心があってより強いプロミネンスが与えられており，強くプロファイルされていると考えられる．

　同様に，(15) では，hit という行為の参与者の中から，You に属する動いているもの（例えば，手など）のほうではなく，動いていない参与者である children のほうが選ばれて動詞 hit の目的語になっている（実際には，children は人であるから動いている可能性があるが，表現としては動いていることが前提となっていない）．したがって，hit という行為が，たたく動作をする者の手などに対して変化を与えるというのではなく，子供に何らかの変化を与えるものであるというとらえ方が発話者によってなされていることが示されている．

　(16) では，動いている a motorised head でなくじっとしているほうの the carpet が動詞 beats の目的語になっており，発話者は，参与者の中でカーペット側に何らかの変化をもたらす行為であるととらえていることが示唆されている．また，(17) では，動いている his car ではなく，動いていない a telephone poll が動詞 struck の目的語として選ばれており，発話者は，参与者の中で電柱側に何らかの変化をもたらす事象としてとらえていることが示されている．

　この (14)-(17) のタイプのぶつかり表現に対応する日本語表現は何かと考えてみよう．これらの中で，(14)-(16) の場合には「手でテーブルをたたく」

「子供をぶつ」「カーペットをたたく」などヲ格が用いられ，(17) の場合には「電柱にぶつかる（衝突する，激突する）」などニ格が用いられるという差はあるものの，何を動詞の目的語として選択するかということについては，日英語ともに共通している．それゆえ，日本語母語話者にとって，(14)-(17) の英語表現は意外な感じがしないものと思われる．

5.1.4.2 動くものが目的語（タイプⅡ）

5.1.4.1 では，ぶつかることを意味する有意志性の高い動詞に関わりを持つ二つの参与者の中で，じっとして動かないもののほうが動詞の目的語に選ばれているタイプの例文を観察した．5.1.4.2 では，同じく有意志性の高い動詞の二つの参与者の中で，動くもの（例えば，振り下ろされるもの）のほうが動詞の目的語として選ばれているタイプの例文について観察してみよう（後の説明の都合上，この種の表現を「タイプⅡ」と呼ぶことにする）．

(18)　ALVY: *Hitting his hand on the counter* (Allen 1997, 18)

例文 (18) は映画のシナリオの一部で，Alvy が映画館の入り口のカウンターで行ったしぐさの説明をしているト書きである．Alvy は，個人的な主義として，映画はいつも最初から最後まで観ることにしているのであるが，映画館の入り口でチケット係りの人物に尋ねたところすでに 2 分前に上映が開始されたことを告げられる．そこで，手でカウンターをたたきながら「これじゃダメだ，入るのはよす」と言ってその場を離れる場面である．

(18) において，動詞 hit の目的語としては，参与者の中でも動いたほうの his hand が選ばれており，じっとして動かなかったほうの参与者である the counter は場所を示す副詞表現の形をとるにとどまっている．このように，1.5.4.1 で見たタイプの動詞とは目的語の選び方が大きく異なっている．すでに述べたように，表現が異なっているのは発話者による事態に対するとらえ方が異なっているからであると考えられる．

では，his hand のほうが目的語に選ばれている理由を考えてみよう．このコンテクストから見て，Alvy の動作の目的はタイプⅠの場合のようにカウンターをたたくこと自体にあるのではなく（もしそうであれば，Hitting the counter with his hand と表現するほうが適切であろう），自分の手を使って何かをたたくことに意味があると考えられ，このシナリオの書き手はそのようにAlvyの動作をとらえたはずである．そうであるからこそ動詞 hit の目的語に，じっと動かないカウンターでなく，振り下ろされたほうの参与者である his hand が選ばれていると考えられる．では，自分の手を使って何かをたたく動機は何かということを考えてみると，Alvy の場合には，自分のいらだちの気持ちを表に出すことにあり，発話者にとってそのことをことばで表現するということが動機となってこのタイプの構文が選ばれていると考えられよう．

巻下（1984, 20-22）には「2通りの目的語」と題して，英語に見られる同一の動詞が二通りの目的語の取り方をする事実が指摘してあり，それらの例の中に hit や strike などここで考察しようとしている動詞と重なる部分がある．そして同書には，「動詞が2通りの目的語を取りうるという英語動詞の融通性に対する意外感とともに，2通りのうちの一方の表現（ここでは b の例）に対する意外感に注意をひかれる」と記されている（この「b の例」とは，(18) など，本書でタイプⅡにと呼ぶものに相当する例のことである）．

さらに別の例を観察してみよう．

(19)　ALVY: *He continues to <u>swat the racquet</u> all over the bathroom.* (Allen 1997, 116)

これは Alvy が別居中の妻 Annie から深夜に電話で非常事態なので来てくれと言われ，彼女のアパートに急いで行ってみると，非常事態とは大きなクモが出たことだと告げられたときのことである．深夜に呼び出され，しかもタクシーがないので走って来たのに，その理由がこんなことかと腹立たしく思いながら，バスルームの中でクモを退治すべくテニスラケットであちこちたたき回し，置いてある調度品が音をたてて床に落ちるのもかまわずたたき回している場面のト書きである．クモを退治するための動作のはずではあるが，(19) のように the racquet を swat の目的語として表現してあると，クモを退治することよりも，racquet を振り回すことが Alvy のいらだちによる動作であることを前面に押し出す形で表現されることになると思われる．

こうしてクモを退治した Alvy がバスルームから出て,別の部屋に入って行くと,ベッドの上で Annie は,Alvy に帰らないで欲しい,別れていることが淋しいので,と泣きながら訴え,そのときの Annie のしぐさが (20) のト書きに示されている.

(20) *She <u>beats her fist on the bed</u>.* (Allen 1997, 117)

これもタイプⅡの表現であるが,ベッドを連打することに目的があるのではなくて(その場合には She beats the bed with her fist と表現するのが適切であろう),こぶし her fist を動詞 beat の目的語とすることにより,こぶしで何かを連打する動作に彼女の感情が表れていることを言い表す表現となり,ベッドはその感情をあらわにするためにたたかれた対象であったにすぎないと考えることができよう.

では次に,例文 (21) を観察してみよう.

(21) It was three o'clock the following morning when Tilly Mulliver was woken from a shallow sleep. Voices resounded through the house, (1)<u>voices raised in anger</u>. At first she did not recognise the man's. "You're a slut! God almighty . . . all these years, and I've been blind to what's been going on right under my nose."
　　There was a pause, then a loud bang as though someone had (2)<u>thumped their fist on a table</u> or sent an object flying against the wall. " (3)<u>I want you out of this house! You and that useless son of yours.</u>" (BNC, FPK)

例文 (21) の下線部 (2) 付近には,誰かが握りこぶしを振り下ろしてテーブルを強くごつんとたたいたときのような音がしたということが記されている.例文 (20) と (21) のたたきを表す表現には異なる動詞が用いられているが,目的語の選び方には共通点が見られる.すなわち,動詞 thump の目的語としては,(20) と同様に,参与者の中でも動いたほうの their fist が選ばれており,じっと動かなかったほうの参与者である a table は,これも (20) と同様に,場所を示す副詞表現の形をとるにとどまっている.このように例文 (21) も,5.1.4.1 で見たタイプの動詞とは目的語の選び方が異なっている.すでに述べたように,表現が異なっているのは,発話者のとらえ方が異なっ

ているからであると考えられる.

　では,ぶつかる事象を表現する場合に,動かないほうの参与者であるテーブルを目的語とした場合と何が異なっているのであろうか.この例文の場合も,テーブルをたたくという側面よりも,握りこぶしで何かをたたくという側面が前景化されており,そのことが目的語の選択に表れていると考えられる.

　では,なぜその側面が前景化されているのであろうか.それは,この行為の動機が,テーブルをたたいてテーブルに何らかの変化をもたらすということではなく,握りこぶしで何かをたたくこと自体にその意味があるからであって,その目的は怒りを表に現すことにあると考えられる.また,そのことは下線部 (1) の「怒りの声が上がった」(voices raised in anger) こととも符合しているし,下線部 (3) にある「この家から出て行け!おまえも役立たずの息子もな.」という怒りのことばとも符合している.

　また,次の例文 (22) においても,下線部 (1) の動詞の目的語として選ばれているのは,参与者の中で,じっと動かない the settle (長いす) ではなく,振り下ろされた参与者の握りこぶしのほうである.しかも,下線部 (2) に記されているように,例文 (22) も怒りをあらわにしている場面について表現したものである.例文 (22) と同じく動詞 beat を用いた (23) においても同様の構文が用いられており,下線部 (2) に「彼女を怒ってにらみつけた」と記されていることからもうかがえるように,これも怒りをあらわにしている場面であり,(他のものでなく) ベッドを何かで連打することに意味があるのではなく,(他のものではなく) こぶしで何かを連打すること自体に意味があると考えられる.

(22) ... Aggie now (1)beat her closed fist against the end of the settle as she added (2)angrily. "If she had acted like the friend that she was supposed to be to the mother I wouldn't be faced with this lot tonight." (BNC, CK9)

(23) "... I think you are mad!"
Benedict (1)beat his fist on the bed and (2)glared at her.(BNC, HGV)

　少なくともこれまでに見た例文 (20) - (23) から,次のようなことが言えるのではなかろうか.すなわち,たたく動作について表現する場合,たたくた

めに振り下ろす手や握りこぶしを動詞の目的語にする構文が用いられるのは、振り下ろした手や握りこぶしが対象物に何らかの変化を与えるためではなく、動作主が「苛立ち」「怒り」など激しい感情をあらわにするためにそのような動作が行われていると発話者がとらえている場合ではないかと思われる。

これまでに観察した例文 (20)-(23) で用いられていた動詞 hit と thump と beat 以外の類義の動詞についても、果たしてこのようなことが言えるであろうか。いくつかの動詞を通して、検証してみよう。

まず、例文 (24) は、動詞 strike が用いられた例である。

(24) "There is evil afoot. One murder can be explained, one suicide can be accounted for, but another suicide?" His fat face beamed. "Ah, no, Sir Richard may be pompous, Lady Isabella frosty, Dame Ermengilde may (1)strike her cane on the floor (2)in temper, but Vechey's death cannot be dismissed. There is evil here, and you and I, Athelstan, will stay like good dogs following the trail until we sight our quarry. Come! The living may not want to talk to us but the dead await!" (BNC, H98)

この例では、振り下ろされているのが手ではなく杖であるが、やはりそれが動詞の目的語に選ばれているこの文においても、下線部 (2) に記されていることからうかがえるように、かんしゃくを起こして (in temper) おり、その感情をあらわにするためにこのような行為が行われたと発話者によってとらえられていると考えて差し支えあるまい。

では、動詞 smack を用いた例文 (25)、動詞 pound を用いた例文 (26)、動詞 bang を用いた例文 (27) の場合はどうであろうか。

(25) His arrogance made her even more determined than before. She tightened her lips into a straight line. "You'll be released when I decide."
Taczek hoisted his fist and (1)smacked it down on the table with a hollow bang. "This is outrageous. I demand my solicitor. You just don't know what you're letting yourself in for, meddling with me." His cheeks were the colour of dough and (2)his eyes sparkled with anger. (BNC, G15)

(26)　"... What sort of work were these girls doing for us?"
　　　　"Women are a damned nuisance and I could do without hiring a single female. Their job is at home, in bed and then doing the cooking. But sometimes because they are female they're more suitable for interviewing men susceptible to so-called feminine charm."
　　　　"You mean they were call girls?" Adam enquired.
　　　　"Hell, no!" Hauser (1)pounded his huge fist on the desk and (2)glared. "They were secretarial types — like Peggy. Adam, you've got what you need. Catch the earliest flight down to London, check up on the Lennox twist. OK?" (BNC, CN3)
(27)　(1)In his anger and frustration, he picked up a long, curved clothes brush and (2)banged it down hard on the surface of the table.(BNC, ANY)

いずれもこれまでに観察した例文 (20)-(24) と同様に振り下ろされるものが動詞の目的語に選ばれており，予想どおり，(25) の下線部 (1)smacked it down on the table は，下線部 (2)「目が怒りに輝いていた」が示すように「怒り」の感情をあらわにするためであると考えられる．また，(26) の下線部 (1)pounded his huge fist on the desk は，その直後の下線部 (2)glared（怒ってにらみつけた）から分かるとおり，同じく「怒り」の感情をあらわにするためであると考えられる．さらに，(27) の場合には，下線部 (1) から分かるとおり，「怒りとフラストレーション」から下線部 (2) のように衣装ブラシをテーブルの表面にたたきつけた（banged it down hard on the surface of the table）と考えられる．

では，この構文が選ばれるのは，これまで観察した例文 (20)-(27) に見られた「いらだち」「怒り」「フラストレーション」の感情をあらわにする場合に限られるのであろうか．そのような観点から実例にあたって調べたところ，次のような例文が得られた．

(28)　Keith saw most of the leadership slain. Four earls, no five—Ross, Lennox, Strathearn, Sutherland and Carrick—fell. But still greater losses were Sir Simon Fraser, Sir Alexander Lindsay, Sir John the Graham and the two uncles of the Steward, Sir James and Sir John Stewart. He himself, wounded, had been led off that bloody hill by his own esquire.

"Dupplin Muir again!" Ramsay exclaimed, <u>beating fist on table</u>. "Oh, the folly of it! The purblind folly of men who would never learn! Bruce and Wallace taught their fathers how to fight the English might. And the sons throw all away in prideful stupidity!" (BNC, CD8)

(29) Jim, seated, or perched on his chair, could not settle, but got up and stumbled about, laughing helplessly, or sat and laid his head on the table and laughed, sounding as if he wept, then <u>in an excess of happiness and gratitude</u>, <u>banged his two fists on either side of his head</u>, which banging turned into a little sharp jubilant rhythm.(BNC, EV1)

(30) She cried out <u>in fear</u>, and <u>beat her hands against Johnny's arms</u>.(BNC, G1S)

(31) He <u>struck his fist on the table</u>. "I will do it!" he said.
"At once. Tonight," said Owen.
Osman nodded. "At once," he agreed.(BNC, HTX)

(32) I'm (1)<u>hitting my head repeatedly against something that isn't there</u> and I suppose that that could be a definition of (2)<u>insanity</u>.(BNC, CA3)

例文 (28) は，味方が大きな痛手を受けて，「残念」がってテーブルを連打しているときの様子である．(29) は，「歓喜」と「感謝」のあまり両手の握りこぶしで頭の側面をたたいているときの様子である．(30) は，女性が「恐怖」から男性の腕を手でたたいているときの様子である．また，(31) は，「よし，やろう」と強い「決意」を示してこぶしでテーブルをたたいているときの様子である．最後の (32) は，下線部 (2) が示唆するとおり，「精神障害」のために，自分の頭をありもしないものに何度もぶつけているときの様子を描いたものである．

このように，振り下ろされるものが動詞の目的語として選ばれている構文は，「いらだち」「怒り」「フラストレーション」だけでなく，「残念」「歓喜」「感謝」「恐怖」「決意」「精神障害」など，ある種の強い感情をあらわにするために用いられると考えて差し支えあるまい．

そこで，これまでに見た例文 (20)–(32) に共通している点をまとめておくと，①何か (手や握りこぶしなど) を振り下ろして何か (机など) をたたく動作をしていること，②これらの行為は，一義的には，手やこぶしなどを振り下ろして何かをたたくこと自体に意味があり，たたかれる物に何らかの変

化を与えることにねらいがあるのではない，と考えられること，③動詞の目的語として，（手やこぶしなど）振り下ろされるほうの参与者が選ばれていること，また，④その行為の動機は（「いらだち」「怒り」「フラストレーション」「残念」「歓喜」「感謝」「恐怖」「決意」「精神障害」など）心に抱いている激しい感情をあらわにすることにある，ということである．

　5.1.4.2 で観察してきたタイプⅡの英語の構文が，日本語母語話者には意外感を持って受け取られ，他方，5.1.4.1 で観察したタイプⅠの英語構文は，日本語母語話者にも意外感を抱かれないのはなぜであろうか．考察のヒントとするために，5.1.4.1 のタイプⅠと 5.1.4.2 のタイプⅡの英語表現に対応した日本語表現を挙げてみよう．

(33) タイプⅠ（5.1.5.1 のタイプ）（英語）
  a. hit the table with his hand
  b. beat the carpet
(34) タイプⅡ（5.1.5.2 のタイプ）（英語）
  a. hit his hand on the counter
  b. beat his fist on the bed
(35) タイプⅠ（5.1.5.1 のタイプ）（日本語）
  a. 手でテーブルをたたく
  b. カーペットをたたく
(36) タイプⅡ（5.1.5.2 のタイプ）（日本語）
  a. 手をカウンターにたたきつける
  a'. 手をカウンターに振り下ろす
  a". *手をカウンターでたたく
  b. こぶしをベッドに打ちつける
  b'. *こぶしをベッドにたたく
  b". *こぶしをベッドでたたく

英語では，hit や beat など，同じ動詞がタイプⅠとしてもタイプⅡとしても使える．他方，日本語では，タイプⅠが主流であり，タイプⅡのように動くものを目的語に選んで表現するには，タイプⅠと同じ形の動詞ではなく，複合動詞が用いられる．つまり，タイプⅠとタイプⅡの動詞には別々の表現が用いられる．したがって日本語では，動くものを目的語にとる有意志性の高い動詞はタイプⅠに用いられるだけであり，日本語母語話者にとって，そ

のような表現方法ととらえ方の組み合わせのみが自然なものとして感じられるようになっていると思われる．そのため，日本語母語話者にとっては，英語において，タイプⅠに使える動詞が，タイプⅡの動詞としても使えることに意外感を覚えるものと考えられる．

5.1.4.2 では，これまでたたくという意味の動詞の目的語として，参与者の中で，手やこぶしなど振り下ろされるものが選ばれている構文（タイプⅡ）を観察してきた．そのとき観察した例文では，振り下ろされる手やこぶしに打たれる動かない方の参与者に何らかの変化を与える動作としてとらえられているのではなく，もっぱら心に抱いている激しい感情の発露を示す動作であると発話者がとらえていることが観察された．

しかしさらに広く言語資料を観察すると，手やこぶしなど振り下ろされるものが選ばれている構文（タイプⅡ）には，もっぱら激しい感情の発露を示している表現というよりは，気持ちをこめて一生懸命その動作を行っている様を描写しているという程度のものもある．例文を見てみよう．

(37) There was a broken branch half-buried in the bed of leaves around the base of the tree under which he stood. He pulled it free. It was about a metre long and as thick as his wrist. When he (1)struck it hard against the trunk of the tree it seemed (2)solid and did not break or splinter. Thoughtfully, Rostov laid it to one side. He was not sure that (3)he would need a weapon, but there was no harm in being prepared.(BNC, FSE)

例文 (37) において，動詞 struck の目的語に選ばれているのは，振り下ろされるほうの参与者である木の枝を指す it であって，それが振り下ろされてぶつかる相手の the trunk of the tree（木の幹）の方ではない．したがって，目的語の選び方は 5.1.4.2 の各例の場合と同じであるが，(37) は激しい感情の発露を表現しているものとは考えにくく，下線部 (2)(3) から分かるとおり，木の枝が武器として使い物になるかどうかを確かめるために，その丈夫さ加減を真剣に確認しようとして一生懸命に木の幹にたたきつけている場面と考えられる．5.1.4.2 のような例文を，強い感情の発露のプロトタイプ的な場合であるとするならば，例文 (37) のように，気を入れてこの動作を行っていることは，強い感情の発露の周辺的なものと考えられ，それが振り

下ろされるほうのものを目的語にとる動機になっているものと思われる.

　動詞 hit が用いられた例文 (38) においても, (37) と類似のことが考えられる. これは自分の頭を木に数回ぶつけている光景であるが, 必死になって行っているということは, 木に血が付くまでその動作を行ったと記されていることからもうかがえる. このように必死にこの動作を行っていると発話者がとらえていることは, 強い感情の発露の延長線上にあり, そのことがこの構文を選ぶ動機になっていると考えられる.

(38)　He howled like a wild animal, and hit his forehead several times against a tree, until the wood was covered in blood.(BNC, GWH)

　動詞 pound が用いられた例文 (39) においても, やはり (37)(38) と類似のことが考えられる.

(39)　At first there was no response to Cleo's knock, at which Dauntless was greatly relieved. She looked back over her shoulder at him and pulled a sour face. Then, (1)squaring her shoulders, she lifted the knocker again and (2)pounded it repeatedly against the door.(BNC, GW2)

これはノッカーを使ってドアをノックしている事態であって, 感情の発露のみが動機とは言い難いが, ノックしても最初は応答がなかったので, 熱を入れてノックしたことは, 下線部 (1) に記されているように「肩を張って」までノックしていることや, 繰り返しノックしていることからもうかがえる. 単にノックしたというのでなく, 強い感情の発露の延長線上にある, 熱を入れてノックしているというとらえ方が, この構文を選択させる動機となっていると考えられる.

　動詞 thump が用いられている例文 (40) は, ウサギが巣穴にいるところをイタチにねらわれると, 後ろ足で穴の床面を強く打って危険を仲間に知らせようとすることがよくあるということを説明している一節である. 動詞 thump の目的語には, the tunnel floor でなく its hind foot が選ばれている. ウサギは命をねらわれているわけであり, 通りかかる人間の耳にも足下からその音が聞こえるほどであるから, よほど必死になってこの動作を行っているに違いないというとらえ方を発話者がしていることがこの構文の選択につ

ながっている，と考えて差し支えあるまい．

(40) Rabbits also betray their presence with freshly excavated soil outside their burrow, but they will still be cautious and elusive at this time. Hunting stoats, polecats and weasels are a particular threat to them. If disturbed by a predator within its burrow, a rabbit will often <u>thump its hind foot on the tunnel floor</u> to warn the others of danger. You may be lucky enough to <u>hear the sound, coming up from the very earth beneath your feet.</u>(BNC, G33)

ところで，辞書の strike の項には，他動詞の用法の一つとして，to cause to hit; dash; knock という定義とともに，例えば次のような例文が見られる．

(41) He <u>struck his fist against the table</u> and called for order.(*World Book Dictionary*, s.v. "strike")

この例文も何が動詞の目的語となっているかという観点から見てタイプⅡに属すると考えられるが，彼の動作の目的がテーブルをたたくこと自体にあるのではなくて，握りこぶしで何かをたたくことによって，この場合には注文を取りに来るようにという「意図」をあらわにしたということを表現するための文であり，そのような意味がこの構造自体に備わっているということができよう．

小西(1980, 1523)には，(41)の例文を引用して「注文を取りに来るよう彼はこぶしでテーブルをたたいた」との邦訳を添えたうえで「彼の意図を表す」と注釈が加えてあるが，これは今われわれが観察したことと同趣旨の内容であると思われる．

さらに，次の例文(42)(43)のような beat one's head against a(brick) wall（成功の見込みのないことを辛抱強く企てる）という意味の決まり文句の中においても，振り下ろされるものの方が目的語として選ばれている．これらの文においても，例えば(42)においてシロアリが懸命に動いている姿や，(43)のように限られた可能性に直面して途方に暮れながらも辛抱強く頑張っている姿を描いているわけであるから，懸命になっている姿を描くということがこの構文を用いる動機となっていると考えられよう．

(42) Soldier termites sound an alarm by beating their large hard heads on passage walls.(BNC, EFR)
(43) Where the old cinematic heroes had beaten their heads against the wall in frustration at the limited range of possibilities offered to them, the new culture celebrated limitless potential.(BNC, A7L)

このように，動くものの方が動詞の目的語として選ばれている場合に，5.1.4.2 の前半で見たような，もっぱら感情の発露というプロトタイプ的な場合から，5.1.4.2 の後半で見たような，少し周辺的なものが動機となっている場合に至るまで，さまざまなものが存在していると考えられる．

5.1.5　有意志性の低い表現
5.1.5.1　動かないものが目的語（タイプⅢ）
5.1.4 では有意志性の高い表現について観察したが，今度は有意志性の低い表現と思われるものについて考えてみる．

まず，有意志性の低い表現で動かないものが目的語に選ばれている実例を見つけようとしたが，今のところ見つかっていないところから見て，ここでは，このタイプ（後の説明の都合上，この種の表現を「タイプⅢ」と呼ぶことにする）の構文は存在していないと考えておきたい．逆に言うと，動かないものを目的語にすると，タイプⅠのように有意志性を備えているというとらえ方に基づく文と同じになってしまい不都合なので，避けられているということであろうか．

5.1.5.2　動くものが目的語（タイプⅣ）
では，ぶつかることを意味する有意志性の低い動詞の二つの参与者の中で，動くもののほうが動詞の目的語として選ばれているタイプ（後の説明の都合上，この種の表現を「タイプⅣ」と呼ぶことにする）の例文について観察してみよう．

まず，例文 (44) では，動詞 hit が用いられているが，転んで頭をベンチにぶつけてしまったという不可抗力によるものであり，意志性は感じられない．

(44) Adam had fallen over in the playground, hit his head on a bench, been taken to hospital.(BNC, CLD)

例文 (45) では，急に起き上がったというところまでは意志性が伴っているが，その結果頭をひさしにぶつけてしまったという動作に意志性はない．

(45) He sat up quickly and hit his head on the eave.(BNC, CAB)

また，例文 (46) では，空中に浮きあがった結果天井に頭をぶつけるというのであるから，やはりこれにも意志性は含まれていない．

(46) I'm sure I'm going to leave the ground and float up and hit my head on the ceiling, and all the time the voices are call "DO IT DO IT DO IT . . . ."(BNC, BMS)

例文 (44)-(46) は動詞 hit が使われている文であったが，その他の動詞についても同じことが言えるかどうか検証してみよう．次の例文 (47) を見ると，転んで頭を手すりにぶつけてしまったということであり，動詞に struck が使われている場合も不可抗力によるものであり，動詞 hit の場合と同じく動作主の意志性はないと考えられる．

(47) "He lashed out just once, Dean fell and struck his head against the bannister."(BNC, CEN)

例文 (48) の動詞 banged が使われている文の場合も，走っていて足をすべらせ，その結果，足を歩道に強く打ちつけたというのであるから，やはり意志性はない．

(48) One evening as I was nearing Farr's entrance, I was running, tripped, with the result that I banged my head on the pavement.(BNC, B22)

例文 (49) は，酔っ払いが歯磨きをしているときに歯ブラシを床に落としたので拾おうとして頭を洗面台に打ちつけてしまったのであるから，やはり意志性はない．

(49) He began to clean his teeth, jabbing at his mouth, then dropped the toothbrush on to the floor. He picked it up, banging his head on the

bowl.(BNC, A7A)

最後に，例文 (50) を記しておく．

(50) Didn't, one of those hostages had suffered brain damage from the Oh, I don't know. Well, cos he was thrown against the wall and <u>hit a mole on his head or something</u> and it caused a bruise and it has actually damaged his brain.(BNC, KD0)

これは，人質が壁に投げつけられて脳に損傷を被ったという事態について触れられている箇所である．壁にぶつけられた際に動いた方の参与者であったのは人質の頭であったはずである．そして下線部は，壁に投げつけられた結果として生じた a mole（あざ）を，それを引き起こした動作を表す動詞 hit の目的語にしている表現である．いわば原因となる行為を表す動詞が，その行為の結果を先取りして目的語にしている表現，つまり原因と結果が一つの動詞句内に同居した形の表現になっている．

なお，日本語には，振り下ろされる物を目的語にしたタイプⅡの用法を持つ動詞はなかったが，不可抗力による衝突を伴ったタイプⅣに属する日本語動詞表現はどうやらありそうである．次の，英語の例文 (51a) においても，日本語の例文 (51b) においても，頭を打ったのは不可抗力によると考えられる．

(51) a. The child <u>struck her head against the crib</u>.(*World Book Dictionary*, s.v. "strike")
b. その子は<u>ベビーベッドで頭を打ってしまった</u>．

また，日本語においては，タイプⅠの (35) と同じ動詞「たたいた」を用いて (52) のように言うと，不可抗力のぶつかり行為を表すタイプⅣの使い方が出来上がる．

(52) 彼女はテーブルで手をたたいた．

彼女にそのような意図はなかったけれども，何かの弾みで手がテーブルに当たってしまい，「あ痛っ！手をたたいてしまった！」と言うような場合のこ

とを意味し，意図のない不可抗力による行為が表される．

　以上，英語にも日本語にも，振り下ろされる物を目的語にし，かつ，タイプⅡのように，強い感情や意図を表すのではない表現タイプⅣがあることが分かった．これらの例文からうかがえることは，このタイプの構文は，有意志性が低く，ぶつかりの行為はもっぱら不可抗力によるということである．

5.1.6　各タイプのまとめ

　5.1では，二通りの目的語を取りうる英語の動詞構文の中から2種類の構文を取り上げ，それぞれについて，いくつかのタイプに分けてそれぞれのタイプの構文が持つ意味の違いを中心に考察した．これらの構文についても，認知言語学で考えられているとおり，語彙項目がそれぞれ特有の意味を持っているのと同様に，構文そのものも，それぞれ特有の意味を持っているということができ，そのことが特定の構文を選択する動機となっていると考えられることを検証した．

　人や物が何かにぶつかることをどのように英語と日本語とで表現しているかについて観察した．その結果，机のようにたたかれるもののほうを動詞の目的語として選んで表現しているときは，その動作主がそれに何らかの変化を与える目的の行為であることが確認された．また，英語においては，振り下ろされるもの（手や握りこぶしなど）を動詞の目的語として選んで表現しているときは，その動作主が激しい感情を発露している行為であると発話者がとらえている場合か，または，動作主に意志性が伴っていない不可抗力によるもののどちらかであることが観察された．

　また，英語においては，ぶつかり動作において止まっているほうの参与者が目的語として選ばれる場合と，振り下ろされるものが目的語として選ばれる場合のどちらにおいても同じ動詞を用いることができるために，それができない日本語を母語とする話者には意外感が伴うと考えられるのであろうということについても触れた．

　5.1で扱ったたたく行為を表す動詞の各タイプについて整理すると，表1のようになる．

表 1

タイプ名	有意志性	目的語の種類	特徴	例
I*	高	動かないもの	・ねらいは対象物の変化を与えること	He hit the table with his hand. She hit his head. She hit him on the head
II	高	動くもの	・強い感情や意図の発露 ・対応する単独の日本語動詞はない	He hit his hand on the table.
III	低	動かないもの	・該当する表現がない	該当する表現がない
IV	低	動くもの	・不可抗力による	He hit his head on the eave.

*タイプA, タイプBはタイプIに属する.

5.2 事態把握のパターンと表現の対応関係

　わが国の学習英文法において，批判もある中で，基本的な構文を説明するには有用だとして，動詞が主語以外にどんな文の要素（具体的には目的語と補語）を必要とするか否かという基準に従って，すべての文を五つのパターンに分けるいわゆる5文型と呼ばれる分類方法が長年にわたって用いられてきた．このように5文型は，「主語」や「目的語」などという文法関係に焦点を当てたものであり，そのルーツはOnions(1971, §5, 同書の初版は1904)のようである．もちろんすべての英文がわずか五つの文型で説明しきれるものではないが，そのことが理解できる程度にまで学習を進めるうえでは便利だというわけで今日に至っているというのが実状であろう．

　5.2では，この5文型でも用いられている「主語」と「目的語」に焦点を当て，特に第3文型と第1文型と呼ばれる構文がどのような事態認知を経て用いられるのかを探るために，事態把握のパターンと表現の対応関係について英語と日本語を資料としながら考察したい．

5.2.1 文法関係

　学習文法における5文型とは(53)の各構文のことである.

(53) a. 第1文型　主語＋動詞 (S + V)
　　 b. 第2文型　主語＋動詞＋補語 (S + V + C)
　　 c. 第3文型　主語＋動詞＋目的語 (S + V + O)
　　 d. 第4文型　主語＋動詞＋間接目的語＋直接目的語 (S + V + O + O)
　　 e. 第5文型　主語＋動詞＋目的語＋補語 (S + V + O + C)

これらは可能な限り文中から削除できるものをすべて削除した後に残った要素がどんな働きをするものかを基準にして分類した結果である．すなわちこれ以上要素を削除すると非文となるという，ある意味で臨界状態にいたるまで要素を削除した後のものを基にして分類したものである．このような分類をするとき，動詞は英語の構文では最も大切な要素であるとの認識から，これら5文型に用いられている動詞のうち，第1,第2文型のように，目的語をとらない動詞を自動詞と呼び，第3-5文型のように目的語を取る動詞を他動詞と呼んで，動詞を大きく二つに区別することができると考えられてきた．

(53) で確認した5文型の中で用いられている「主語」や「目的語」という文法関係は何を基準にして規定されているのであろうか．伝統的な文法理論においては，いま見たように目的語の有無を基準にして動詞を他動詞と自動詞に機械的に大別するという考えがとられ，「主語」も「目的語」も純粋に統語的概念であって，これらを意味的に定義づけることはできないと考えられてきた．確かに，次の (54) の各文の主語が持っている意味役割を考えてみると，

(54) a. Floyd broke the glass (with the hammer).
　　 b. The hammer (easily) broke the glass.
　　 c. The glass (easily) broke. (3例ともLangacker 1990a, 216)

主語という点では同じであっても，(54a) のように主語の意味役割が動作主 (Agent) であったり，(54b) の場合のように道具 (Instrument) であったり，(54c) のように被動作主 (Patient) であったりと，まちまちであり，文法関係としての「主語」に共通する意味的特徴を一意的に抽出することはとてもできそうにない．

ところで認知文法では，文法的な知識も，語彙の知識と同様に，意味と不可分な関係にある要素から成り立っている一種の記号体系であると考えられ

ており，このことはすぐれて文法的な知識である「主語」「目的語」についても例外ではないはずである．認知文法における「意味」とは，発話者の事態把握，すなわち発話者が事態をどのように見ているか（とらえているか，解釈しているか）といった主観的な側面を含んだものである．それゆえ，意味とはすなわち意味役割のことである（言い換えると，意味役割だけが意味の中身である）と考えるのでなければ，以下で見るように，プロトタイプとスキーマという発話者の事態把握のしかたに見られる特性を両方ともカテゴリーの特徴づけに取り入れることによって，「主語」「目的語」といった文法関係のカテゴリーも意味的に定義することは可能である．

5.2.2 他動性の階層

一般には，現実世界に存在する，記号外のある存在物（entity）がある対象に向けて行った能動的な行為や事態を言い表す場合には他動詞構文が用いられ，一方，そうした存在物の状態または自律的な変化を言い表す場合には自動詞構文が用いられる傾向がある．しかし，どのような構文が用いられるかをとらえようとする場合，先に見たように統語的概念としての「目的語」を取る他動詞を用いた他動詞文と，目的語を取らない自動詞を用いた自動詞文という，古典的カテゴリーに基づく2分法による形式的な分類をしたのでは，言語使用者による文理解の現実を十分にとらえきることができないと思われる．実際に用いられている文を観察すると，形式的には他動詞構文の形をとっていても必ずしも能動的な行為について言い表していない場合もある．また逆に，形式的には自動詞構文の形をとっていても，必ずしも自律的な変化を言い表していない文も見られる．

そこで，構文の種類をどのように見るべきかという問題を解決する糸口を得るために，「動作から受ける影響の程度」という概念を基準にすることができないであろうか．動作から受ける影響の程度という概念は，Hopper and Thompson（1980, 252）に見られる「他動性の階層」（transitivity）という考え方と連動しているのではないかと考えられ，また，このふたりは Givón（1979）が語についてプロトタイプということを考えているらしいことにヒントを得てそれを発展させて他動性の階層という考え方にたどり着い

たと思われる．Hopper and Thompson (1980, 252) は，他動性を規定する要因として (55) の 10 個の特性を認定し，それぞれの項目を他動性の高い程度 (HIGH) から低い程度 (LOW) まで階層をなしているパラメータと考えている．

(55)

		HIGH	LOW
A.	Participants	2 or more participants, A and O.[5]	1 participant
B.	Kinesis	action	non-action
C.	Aspect	telic	atelic
D.	Punctuality	punctual	non-punctual
E.	Volitionality	volitional	non-volitional
F.	Affirmation	affirmative	negative
G.	Mode	realis	irrealis
H.	Agency	A high in potency	A low in potency
I.	Affectedness of O	O totally affected	O not affected
J.	Individuation of O	O highly individuated	O non-individuated

(55) の表が示すところによれば，A から J までの各項目において，HIGH に該当するならばその項目について他動性が高いということであり，LOW に該当するならば他動性が低いということである．例えば，A の「参与者」の項目について言うならば，参与者の数が 1 人よりも複数のほうが他動性が高いことになる．なお，その場合，複数の参与者は「動作主」と「対象」であるということを示している．B の「動性」については，非動作よりも動作のほうが他動性が高いことを示している．以下順に，C の「アスペクト」については，非完了よりも完了のほうが，D の「瞬時性」では非瞬時よりも瞬時のほうが，E の「意図性」では非意図的よりも意図的のほうが，F の「肯定性」では否定よりも肯定のほうが，G の「ムード」では非現実より現実のほうが，H の「動作主性」では能力が低いものより高いもののほうが，I の「対象の影響」では対象に影響がないよりも影響があるほうが，また J の「対象

の個別性」では対象が個別化されていないよりも個別化されているほうが，それぞれ他動性の度合いが高いということである．さらにAからJまでのパラメータを総計して，高い程度のものの数が多ければ多いほど他動性が高いということになる．このように，Hopper and Thompson(1980) が提出しているパラメータは，他動性がプロトタイプ効果を示すものであるという考えを基盤にしており，古典的カテゴリーによって他動詞構文と自動詞構文の二つに大別するのとは考え方が根本的に異なっている．なお，(55) の各パラメータについては，意図性と動作主性等に重複が見られる (山梨 1995, 236)，また意図性とコントロールとを区別する必要がある (角田 2005, 56) 等，さまざまな指摘や提案もされているが，他動性をとらえるためにこれらのパラメータでは不足しているというわけではなく，また，パラメータを定めることが 5.2 の直接の目的ではないため，このままの形で参考にしても支障はないと思われる．

5.2.3 他動詞構文のプロトタイプ

5.2.2 で見たように，Hopper and Thompson(1980) は，他動性がプロトタイプ効果を示すものであるという考えを基盤にして，他動性の高低の要因となるパラメータを認定したものであった．ただし，「動作から受ける影響の程度」は論じられていたが，動作主からの影響が及んでいく被動作主の性質については明示されていない．そこで認知文法における議論を参考にしながら，他動詞構文のプロトタイプ，および他動詞構文の主語と目的語のプロトタイプについて整理しておこう．[6]

(56)　A.　他動詞構文のプロトタイプ
　　　　　1. 動作主から被動作主へのエネルギーの移動
　　　　　2. 二つの参与者間に非対称的な関係が認められる
　　　B.　他動詞構文の主語のプロトタイプ
　　　　　プロファイルされた非対称的関係の経路の先頭に位置する，最も際立つ動作主としての参与者
　　　C.　他動詞構文の目的語のプロトタイプ
　　　　　プロファイルされた非対称的関係の経路において末尾に位置する，主語の次に際立つ被動作主としての参与者

5.2.4 では，(55) の他動性のパラメータと (56) の他動詞構文のプロトタイプという概念をはじめ，認知文法上の概念を念頭に置きながら，いわゆる英語の第 1 文型と第 3 文型に該当する文が生まれる場合の事態認知について考察することにする．

5.2.4　第 1 文型 (S+V) と第 3 文型 (S+V+O)

　第 3 文型は，典型的には動作主を主語に持ち，被動作主を目的語に持つ動詞が使われている文であり，(56) が示すように，参与者が二つ存在する他動詞構文のプロトタイプと言えるものである．一方，第 1 文型は，基本的には動作主を主語に持つ動詞が使われている文であり，参与者が一つ存在する自動詞構文のプロトタイプと言えるものである．

　一般に，われわれが身の回りの外界で生じる事態を把握するとき，その状況に応じていろいろな認知のしかたをしていると考えられる．事態把握によってどのように概念化し，それを言語によって表現しているのであろうか．

　認知文法では事態把握のしかたが言語表現にも反映しているはずであると考えられている．そうした事態把握を反映する認知モデルの代表例であり，他動性に関係があると考えられるものとして，Langacker(1990a, 1991, 2000) のビリヤードボール・モデル (billiard-ball model) が挙げられる．このモデルは，われわれが外界で起こる事態に関わる存在物をまるでビリヤードのボールのような物体と同様に見なしているところからこの名で呼ばれている．そこで，ビリヤードにおけるボールの動きを考えてみると，1 個のボールが外からのエネルギーを与えられて移動し，別のボールに衝突することによってそのボールにエネルギーを伝達し，さらにエネルギーを伝達されたボールはそれによって移動を始め，という具合に，次から次へと衝突を繰り返し，その都度エネルギーの伝達を行いながらボールの運動が連鎖的に行われる．ビリヤードボール・モデルによれば，われわれは，認知パターンの一つとして，外界の存在物をこのボールのようなものとして把握しているというのである．

　では，第 1 文型と第 3 文型が用いられるのは，どのような事態把握が行われている時であろうか．それらの構文における事態把握のしかたについて考

察するために，(54) の各文（[57] として再録）に見られる事態把握の認知パターンを具体例として見てみよう．

(57) a. Floyd broke the glass (with the hammer).
　　 b. The hammer (easily) broke the glass.
　　 c. The glass (easily) broke. (3例ともLangacker 1990a, 216)

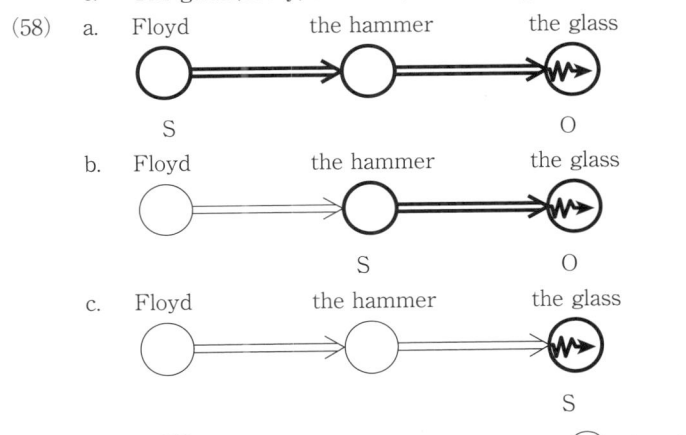

(58) a. Floyd　　　　the hammer　　　the glass

　　　　　　　　　S　　　　　　　　　　　　　O

　　 b. Floyd　　　　the hammer　　　the glass

　　　　　　　　　　　　　　S　　　　　　　　O

　　 c. Floyd　　　　the hammer　　　the glass

　　　　　　　　　　　　　　　　　　　　　　S

（◯：参与者　⇒：エネルギーの伝達　⊛：参与者の状態変化）

(3例ともLangacker 1990a, 217. Floyd, the hammer, the glassは筆者加筆)

　例文 (57a)-(57c) は，Floyd が hammer で glass を割った行為を3種類の異なるとらえ方によって描写したものである．その行為を参与者から参与者へのエネルギーの伝達ととらえ，ビリヤードボール・モデルに基づいて図示したものが (58a)-(58c) である．(57) と (58) の a, b, c は，それぞれ対応している．また，図中のS, Oは，それがつけられているものが，それぞれ主語と目的語という文法関係を担っていることを示す．円はこの事態の参与者を示し，二重線の矢印はどの参与者からどの参与者へエネルギーが伝達されていったかということを示している．また，右端の円の内側の波線の矢印は，その参与者がエネルギーを伝達された結果，影響を受けて状態変化したことを示している．太線は，それが示すものが認知のスコープに入り，プロファイル（前景化）されていることを示す．

　それぞれのとらえ方において何がどのように異なっているかは (58a)-

(58c) を相互に比較することにより明らかになる．まず (57a) の文について考えてみよう．この文が発せられるときの事態認知の様子が (58a) に図示されているように，行為の動作主 (Agent) である Floyd, 道具 (Instrument) の hammer, 行為の影響を受ける被動作主 (patient) の glass がいずれもプロファイルされ，認知のスコープに入っている．また，動作主から道具へのエネルギーの移動も，さらに道具から被動作主へのエネルギーの移動もプロファイルされ，認知スコープに入っている．そして，右端の被動作主がエネルギーの移動による影響を受けて状態変化したこともプロファイルされて認知スコープに入っている．このように，Floyd が hammer で glass を割った行為について，(58a) に図示されているように，行為の動作主である Floyd から hammer にエネルギーが伝達され，そのエネルギーがさらに glass に伝わり，その結果，影響を受けた glass が割れるという状態変化が起こったのだという事態把握が行われたとき，そのことの反映として表現 (57a) が用いられているということが示されている．このように，(57a) の文は，(56) の各項に該当し，他動詞構文のプロトタイプと言えるものである．

次に (57b) と (57c) を見てみよう．(57a) と同じ行為であっても，(57b) の場合は，(58b) に図示されているように，hammer から右の部分，すなわち hammer 自体と，hammer から glass へのエネルギー移動，および glass とその状態変化だけがプロファイルされて認知スコープに入っており，動作主の Floyd や Floyd から hammer へのエネルギー移動はスコープに入っていない．また，(57c) の場合には，(58c) に図示されているように，被動作主の glass とその状態変化だけがプロファイルされており，それ以外，すなわち，Floyd と hammer, およびエネルギー移動についてはスコープの外にある．

このように，外界の同一の事態に対しても把握のしかたはさまざまであり，それぞれの異なる把握のしかたを反映する形で別々の表現が用いられているということがこれらの例文や図からも強く示唆される．認知文法では，ことばと外界の存在物との対応関係に意味を還元しようとするいわゆる客観主義的意味論観はとらず，人間がことばによって外界の存在物に対して意味づけ (sense-making) する作用が本質的に重要な働きをしているとして意味

を考える．つまり，たとえ客観的には同一の事態であっても，それを描写する表現が異なるのは異なる概念化を伴っているからであり，意味とは概念化そのもののことであると考えるので，表現が異なれば意味も異なるということになる．ここに「記号体系の一環としての文法(the symbolic nature of grammar)」という見方をする文法観がうかがえる．

5.2.5 事態把握のパターンと表現の対応関係

(57a)-(57c) の文における事態把握に関連して，(59a)-(59c) のような文を取り上げてみよう．

(59) a. Floyd hit the glass (with the hammer).
b. The hammer hit the glass.
c. Floyd hit the hammer against the glass.

(Langacker 1990a, 216)

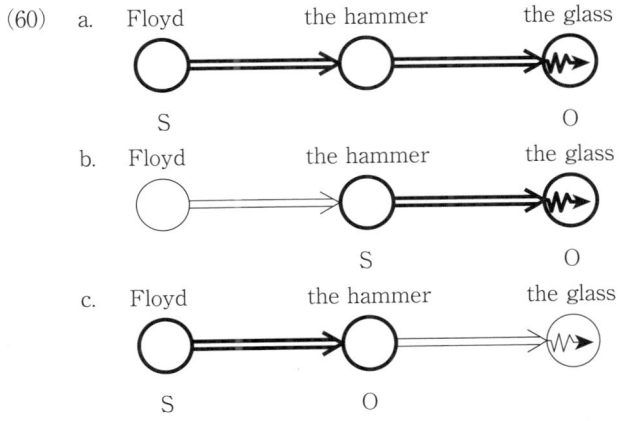

(60) a. Floyd　　　　the hammer　　　the glass

b. Floyd　　　　the hammer　　　the glass

c. Floyd　　　　the hammer　　　the glass

(Langacker 1990a, 217)

(59) の文の事態把握は (60) に図示されており，(59) と (60) の a, b, c は，それぞれ対応している．(59a) と (59b) の文は，それぞれ (57a) と (57b) の各文と形式面を比べると動詞が break から hit に変えられている他に特筆すべき違いはなく，事態把握の様子を図示した (58a)(58b) と (60a)(60b) の間にも違いは見られない．したがって，(59a) と (59b) の文はそれぞれに対応する (57) の文とは，動詞の break から hit への変更のほかはすべて並

行していると考えられる．

　一方，(59c) の文を (59a) と比較してみよう．今見たように，(59a) は (57a) と並行しているので，(59a) と比較すればそれに並行して (57a) と比較することにもなる．(59c) と (59a) の文では同じ動詞 hit が用いられている．目的語が用いられている点は共通しているが，(60c) に図示されているように，(59c) の文では，行為連鎖 (action chain) の最初の部分だけ，すなわち動作主の Floyd から道具の hammer へのエネルギー移動の部分だけがプロファイルされており，そのプロファイルされたエネルギー移動経路の末尾に位置する参与者で主語の次に際立つ道具の hammer が目的語の役割を担っている．[7] プロファイルの観点から (59c) の文を (59a) と比較すると，(59a) は行為連鎖の最初から最後までがプロファイルされているのに対して，(59c) は行為連鎖の最初の部分だけしかプロファイルされていない．(56c) で規定したように，プロファイルされている部分の末尾の参与者が目的語になるため，(59a) では glass が，(59c) では hammer が目的語の役割を担うという違いが生じるわけである．

　上記のように，動詞 hit には目的語の取り方によって (59a) と (59c) の二通りの構文が存在するが，ここで，(59a) の with the hammer にはかっこがつけられ，(59c) の against the glass にはかっこがつけられていないことに注目したい．

　ところで，手を振り下ろす行為をするとき，それをぶつける対象が何もなく，ただ手を振り下ろして空を切る，いわば空振りをする行為については，hit を用いて (61) のように表すことはできない．

　　(61)　*Floyd hit his hand.[8]

ということは，(59c) の文が発せられるときの事態把握を図示すると，Langacker(1990a, 217) による分析 (60c) のようにではなく，(62) のように被動作主もプロファイルされてとらえられているはずであると思えるかもしれない．

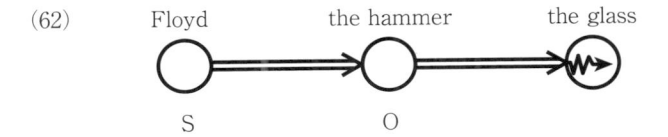

(62)   Floyd   the hammer   the glass
       ○ ══════➤ ○ ══════➤ ◉〰➤
       S   O

　ちなみに，山梨 (2009, 69) は，(59c) の事態把握が図 (63) のように規定されるとしているが，その理由についての説明はなされていない．

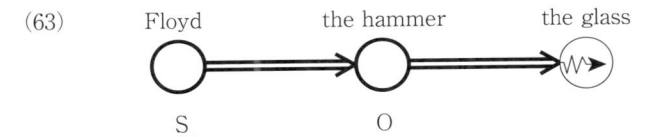

(63)   Floyd   the hammer   the glass
       ○ ══════➤ ○ ══════➤ ○〰➤
       S   O

　一方，(59c) と同じ行為を見て，例えば (64) のように言うことは可能であり，その場合の事態把握こそが (60c) で図示されるべきであると思えるかもしれない．

(64)   Floyd hit the hammer, (not the stick).

　しかし，これらに関連する事態として，さらに (65)（5.1.4.2 の例文 [18] の再録）のような，5.1.4.2 でタイプⅡと呼んだ文を挙げることができる．

(65)   ALVY: *Hitting his hand on the counter*（Allen 1997, 18）

　これは，5.1.4.2 で述べたように，主人公 Alvy が映画館の入り口で見せたしぐさを示すト書きであり，Alvy が行った行為の目的はテーブルをたたいて，その結果としてテーブルに何らかの影響を与えることにあるのではなく，自分の手を何かに打ちつけることによって自分の苛立ちの気持ちを表すことにあり，そのためにこの構文が選ばれていると考えられる．それゆえ，この事態の中で，his hand は他のものに置き換え難いであろうが，counter の部分は他のものに置き換わってもこのト書きの趣旨にそれほど大きな変化はないものと思われる．(65) の場合にはそれがたまたまカウンターであったというにすぎない．5.1.4.2 でタイプⅡと呼んだこの種の構文に共通な点は，動作主が自分の何らかの感情をあらわにするために何かを叩こうとする行為であるということである．こうしたことを考慮に入れると，(59c) の事

態把握の様子は (63) のように図示されるべきであろうと考えられる．

ところで，5.1.4.2 で述べたように，一部の動詞について言えることであるが，日本語母語話者にとって，同一の動詞が二通りの目的語の取り方をしうるという英語動詞の柔軟性に対する意外性が感じられるとともに，それら二通りのうちの一方の表現だけに対して意外感が伴うことが興味深い．hit と strike について言えば，(59a) のタイプの文（われわれがタイプ I と呼んだもの）に対しては意外感を伴わないが，(59c)，(64)，(65) など，われわれがタイプ II と呼んだタイプの英文に初めて接したときには意外感が伴うのはなぜであろうか．

動詞 hit に関連して，日本語の動詞「たたく」を見てみよう．

(66) a. 太郎は手でテーブルをたたいた．
b. *太郎は手をテーブルでたたいた．

「たたく」の場合，(59a) のタイプに対応する構文を用いた (66a) は正文であり，この文の事態認知は，図 (67) のように規定されると考えられる．ところが，(59c)，(64)，(65) など，タイプ II に対応する構文を用いようとすると，(66b) のように非文となってしまう．

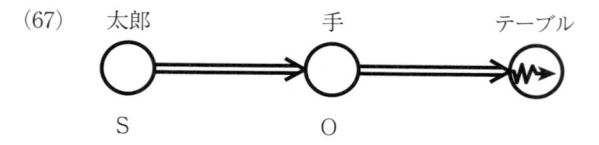

(67) 太郎　　　　手　　　　テーブル
　　　○ ⟹ ○ ⟹ ⟿
　　　S　　　　O

一方，英語において意外感が伴っていた (59c)，(64)，(65) などのタイプ II の構文が日本語にまったく無いわけではない．例えば，(68a) のような文が一例として挙げられ，この文の事態認知は，図 (69) のように規定されると考えられる．ところが，(59a) のタイプに対応する構文を用いようとすると，(68b) のように非文となってしまう．

(68) a. 太郎は手をテーブルにたたきつけた．
b. *太郎は手でテーブルをたたきつけた．

(69)　太郎　　　　　手　　　　テーブル

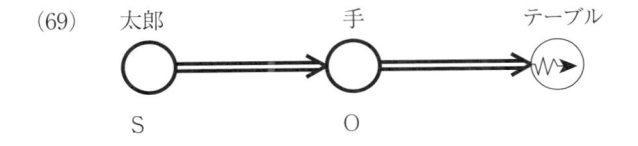

　そこで，5章で取り上げたような2種類の目的語を取る動詞について，日本語の(66)(67)のタイプの文と(68)(69)のタイプの文の関係を総合したうえで，英語の(59a)(60a)のタイプの文と(59c)(60c)のタイプの文の場合と比較対照すると，次のようなことが言えそうである．すなわち，英語の一部の動詞においては，(60a)と(60c)のように，同一の動詞が同一の動作主を主語として，異なる意味役割の参与者を目的語とする2種類の異なる事態把握のしかたを可能にしうる．一方，日本語の場合には，(67)(すなわち(60a)と同種)と(69)(すなわち(60c)と同種)のような異なる事態把握にはそれぞれ別々の動詞が用いられ，英語のように同一の動詞が両方に用いられるような動詞が見当たらない．そのために，先に触れたように，同一の動詞が二通りの目的語のとりかたをしうるという英語動詞の柔軟性に対しても意外性が感じられるとともに，それら二通りのうちの一方の表現だけに対して意外感が伴うのは，母語の干渉によるのであって，日本語の動詞には二通りのうちのどちらか一方の用い方しか備わっていないために，その動詞が別のタイプの目的語の取り方をしているときには意外性を感じてしまうと考えられる．

　われわれが日常行っている事態認知とそれを言い表す表現とは連動していると考えられる．そこで5.2.5では，その事態認知のパターンと，表現における「主語」「目的語」という文法関係との関係について理解するための一助として，他動詞構文に焦点を当てて考察した．まずHopper and Thompson(1980)による「他動性の階層」という考え方を手懸かりに，他動詞構文のプロトタイプを規定した．そのうえで，ビリヤードボール・モデルに基づいて図示できる事態をいくつか取り上げて，その事態把握に見られる特性と，それが学習英文法でいう第1文型と第3文型で表現される場合の連動の仕組みについて考察した．また，一部の動詞については，同一の動詞が二通りの目的語のとりかたをしうるという英語動詞の柔軟性に対して日本語

母語話者には意外性を感じるとともに，それら二通りのうちの一方の表現だけに対して意外感が伴うのはなぜなのか，ということについて説明を試みた．

5.3 英語における二通りの目的語と図地反転

5.3.1 図地反転

　人の認知パターンをとらえるためのモデルの一つにプロミネンス・モデルと呼ばれるものがある．人がいくつかの要素から成る状況や対象を知覚するとき，すべての要素を一様に注意して見たり把握したりするわけではなく，ある時点でそれらの要素の中には，他の要素よりもより注意が向けられて形として浮き上がって見えるものと，いわば背景となってあまり注意が向けられていないものとがある，というような形で知覚されることがよく生じる．プロミネンスとは「際立ち」のことであり，知覚において注意が向けられる際立ちを持った対象の方を図 (figure) と呼び，図が認識されるために背景となるものを地 (ground) と呼ぶ．

　この図と地は，時に応じてその関係が反転して知覚されることがあり，この現象は「図地反転 (figure-ground reversal)」と呼ばれる[9]．すなわち，反転する前はあまり注意が向けられずに背景の役割を果たしていた要素に対して反転後はより注意が向けられてそちらの方が図となり，一方，反転する前により注意が向けられていた要素が反転後は背景としての役割を果たすようになってそれが地になる，という知覚上の現象が生じることがあるということである．

　この図と地の概念は知覚心理学（ゲシュタルト心理学）で用いられたものであり，Rubin (1921, Abb. 3) に掲載されているルビンの杯 (Rubin's goblet-profile) として知られる図形 (70) において，白い部分が図として把握されて，すなわち，白い部分にプロミネンスが与えられると，杯として知覚される．そのときには黒い部分は地として背景の役割を果たしている．しかし時に応じて図と地の反転が生じ，黒い部分が図として把握されて，すなわち，黒い部分にプロミネンスが与えられると，向かい合った2人の横顔として知覚され，そのときには，白い部分は地として背景の役割を果たす．ただし，

黒い部分と白い部分が同時に図として把握されて，杯と人物とが同時に知覚されることはない．このように，図と地の反転において重要なことは，二通りの知覚のしかたによって図として把握されるものが，同時に二つとも図として知覚される（すなわち同時にプロミネンスが与えられる）ことはないということである．

(70)

図2　ルビンの杯

　ルビンの杯のような図形を把握する場合に限らず，人の認知活動のさまざまな領域においてプロミネンスの差を伴う理解様式が用いられている．認知活動の一つである言語においても同様の理解様式が見られる．この図と地というプロミネンスの差について，言語学においては Talmy (1978, 2000) の研究によってその重要性が知られるところとなった．

　5.3.2 以降では，英語におけるプロミネンスの差に関連して，Talmy の図と地による分析に問題がないかどうかを検討し，次に，二通りの目的語の取り方をする英語表現の一つを取り上げ，それが言語における図地反転と考えられるかどうかということについて考察する．

5.3.2　Talmy の図と地による分析

　Talmy (1978, 627; 2000, 311-12) は，次の (71) の2文を例に挙げながら，どちらの文においても the pen は図として機能している対象物を指し，また the table は地として機能している対象物を指していて，知覚と並行して言語においても図と地の関係が見られるという議論を展開した (3.4.1 ですでに

視点との関連で [71] に類似した文と図地について述べたので重複する点もあるが，Talmy の考えをもう少し詳しく見るために再度考察することにする）．

(71) a. The pen lay on the table.
b. The pen fell off the table.

そして Talmy (2000, 312) は，言語における図と地について考察するに先立って，図 (Figure) と地 (Ground) という用語を次のように規定している[10]．

(72) *The general conceptualization of Figure and Ground in language*
The Figure is a moving or conceptually movable entity whose path, site, or orientation is conceived as a variable, the particular value of which is the relevant issue.
The Ground is a reference entity, one that has a stationary setting relative to a reference frame, with respect to which the Figure's path, site, or orientation is characterized.

(72) をかいつまんで言えば，図 (F) とは，移動するあるいは概念的に移動可能な存在物で，関心の中心となるものであり，一方，地 (G) とは，その存在物の位置や経路などを評価するための参照の基点 (参照点) となる，移動しない認知対象のことを言うということである．
ところで，(73) の二つの文は，the bike と the house の位置関係，特にその近さを意味する文であり，the bike が the house に近い位置にあるなら，the house も the bike に近い位置にあるという対称な関係にあるわけであるから，論理的にはどちらも同じ意味を表すはずであるが，実際には (73a) だけが自然な文であり，(73b) はやや不自然な文と感じられる．

(73) a. The bike is near the house.
b. The house is near the bike. (2 例とも Talmy 2000, 314)

この不自然さが何に起因しているかということを考えるにあたって，(73a) と (73b) の 2 文において，何を図や地としてとらえているかをそれぞれ明示した (74a) と (74b) を見ると，

(74)　a.　　The bike (F) is near the house (G).
　　　　b.　　?The house (F) is near the bike (G). (2例ともTalmy 2000, 314)

　(74a)の場合には，the house という位置の定まった，移動しないものを地(G)としてとらえ，それを参照の基点として the bike という移動可能な存在物を図(Figure)としてとらえ，その位置を評価している．これは，図と地が一般に備えている特徴を考慮すると，the bike と the house が存在している状況においては自然なとらえ方であると考えられる．一方，(74b)の場合には，図と地の要素が入れ替わっており，位置の定まらない移動可能な the bike を地(G)としてとらえ，それを参照の基点として図(F)である the house という位置の定まった，移動しない要素の位置を評価している．これは the bike と the house が存在している状況においては自然なとらえ方であるとは考えにくい．Talmy によれば，このような知覚上のとらえ方の自然さ・不自然さの差が，文の自然さ・不自然さの差となって現れているものと考えられるというわけである．
　このように，(74a)と(74b)の文に容認可能性の違いが見られるということは，the bike と the house が存在している状況において両者の位置を評価する場合には，the bike と the house とが概念上の非対称性を伴っているということを示している．また，例文(75)が不自然なのも，この非対称性が概念上だけでなく文構造においても保たれることが要求されているからであると考えられる．

(75)　　?The bike and the house (F_1 & F_2) are near each other (G_2 & G_1). (Talmy 2000, 315)

　また，(74)の例では，the house が背景または参照の基点をなしており，the bike はその状況では卓立した対象としてとらえられているわけである．それゆえ，このような位置関係を表す構文では，「図」は文法上の主要な項として，「地」は周辺的な項として実現するという一般化をすることが可能である．
　ここで Talmy が図(F)と地(G)を規定した(72)と，それに関連して示

されている例文とを眺めて気づくことは，Talmy の言う地 (G) には，the house などのように分化した，形を有する認知対象が含まれているということである．ところがこの点において，Talmy の言う「地 (G)」は知覚心理学 (ゲシュタルト心理学) における「地」の概念とは異なっているということを次に指摘しておきたい．

5.3.3 知覚心理学の「図地反転」と Talmy の分析の関係

例えば山の尾根で辺り一面霧に包まれたとき，または真っ暗闇の中，あるいは雲一つ無い青空を見上げたときなどのように，視野全体が一様に明るさと色で満たされているとき (この状態をゲシュタルト心理学では「全体野」と呼ぶ) には，何の形も輪郭線も見えないため，形の知覚は成立しない．何らかの形の知覚が成立するためには，その一様な視野の中に異質な部分が出現し，それがまとまって周囲から分かれることが必要である．通常，この異質な部分が「図」となって浮かび上がり，その周囲は「地」となる．これが「図と地の分化」と呼ばれるものであり，一般に知覚心理学においては，大山 (2000, 52, 54) が Rubin (1921) を継承して (76) に記すように，図と地にはいくつかの現象的差異があると考えられている[11]．

(76) a. 図となった領域は形を持つが，地となった領域は形を持つとは言いがたい．また，それまで地であった領域が図となると，何か新しいものが付け加わったという印象を与える．

b. 2つの領域を分ける境界線は，図となった領域の輪郭線となり，図の領域の末端として図に所属し，地の領域には所属しない．

c. 地は図の背後まで広がっている印象を与える．

d. 図は物の性格を持つ．地は材料の性格を持つ．

e. 図になった領域は地になった領域にくらべて，より豊かな，より分化した構造を持ち，一つ一つの領域が個性的である．

f. 地として現れた場合よりも，図として見られた場合の方が，色がかたく，密で，定位が確定的である．

g. 通常，図は地の前方に定位する．

h. 地よりも図のほうが迫力的で意識の中心となりやすい．

認知言語学において，言語は人の認知活動の一部であるととらえられている．したがって，言語表現に関する現象について説明しようとするとき，当該の言語表現が恣意的なものとして存在しているのではなく，人の認知活動一般における傾向性が動機づけとなって存在しているということを明らかにすることによって説明しようという方略がとられることが一般的である．したがって，人の認知活動一般に関して心理学等から得られる知見を基にして言語の現象が説明できるならば，その説明には心理学からの裏付けが得られたことになり，その意味は大きい．

　そこで，いま，Talmyの考える「図と地の反転」との関連で(76)の図と地の概念を眺めて特徴的なことは，知覚心理学において地とされるものには明確な形がなく，輪郭線もないと考えられているということである．ところがTalmy(1978, 2000)が挙げる例文を見ると，the house など，明らかに輪郭線を持ち，形のあるものが地としてとらえられている．それゆえ，Talmyの考える図と地の概念と知覚心理学における図と地の概念とは，重なる部分が多いとはいえ，それとは別個のものとも考えられる．ということは，Talmyが言語表現について考えるにあたり図と地の概念を基にして説明しようとするとき，知覚心理学からの裏付けが保証されているわけではないということになる．さらに言うならば，Talmyが規定する図と地の概念(72)を基にした言語に関する考察の妥当性が十分に確保されるためには，言語以外の人の認知活動一般を対象にした研究において，その規定の有効性が明らかにされる必要があるということになる．

　知覚心理学（ゲシュタルト心理学）において図と地の反転は，従来の恒常性仮説(constancy hypothesis)が誤りであることを示す証拠の一つとなった．[12] 恒常性仮説とは，個々の感覚刺激と知覚との間に常に（恒常的に）1対1の対応関係があるという仮説，すなわち，与えられる感覚刺激や対象が同じであるならば，そこからもたらされる知覚や認識はいつも同じであろうという仮説である．先にも触れたルビンの杯を例にとって考えてみよう．これは同じ図形が杯の絵に見えたり，時に応じて2人の横顔に見えたりするものであった．つまり，1枚の同じ図形を見ているにもかかわらず，図として知覚されるものが二通り成立する，すなわち一定ではないということである．

同じ感覚刺激が二通りの別個の知覚を生み出すわけであるから，これは恒常性仮説に対する反証となるわけである．

　人の認知様式の言語への反映としてとらえた「図」と「地」という区分の重要性は，位置関係を表す構文だけでなく，他のいくつもの言語構造において見ることができることがこれまでにもさまざまに論じられてきた．具体的な空間表現から抽象的な意味関係への拡張を論じる中で，Croft(1991)が，「起点」から「理由」へ，「到着点」から「目的」という拡張を根底で支えている認知様式は「図」と「地」の区分である，と指摘しているのはその一例である．言語学における「図」と「地」の区分や「図地反転」がどこまで有効であるか，またそれがどこまで知覚心理学からの裏付けを得られるか，について両分野においてさらなる研究が待たれるところである．

　以上を踏まえて，5.3.4 では，一つの動詞でありながら二通りの目的語の取り方をする英語表現を取り上げ，図と地との関連について考察する．

5.3.4　二通りの目的語と図地反転

　すでに 5.1 で観察したとおり，例文 (77a, b) は，同じ動詞 hit の目的語の取り方が二通りあることを示す例である．

　(77)　a.　She hit the table with her hand.（タイプⅠ）
　　　　b.　She hit her hand on the table.（タイプⅡ）

(77a) と (77b) とでは，動詞の直後の目的語とそのあとの前置詞の目的語がそっくり入れ替わっている．それと同時に前置詞も別のものに変わっているが，注意すべきは同じ動詞が使われているにもかかわらずこのようなことが起こっているということである．そして，彼女が振り下ろした手がテーブルに打ち下ろされているという物理的現象面を見る限り，(77a) と (77b) は同じである．そこで，これら二つのタイプの文は，同じ状況を描写するときに，the table が図として浮かび上がって見え，her hand がその周囲の地として背景をなしているように見えるときの (77a) と，逆に，her hand が図として浮かび上がって見え，the table がその周囲の地として背景をなしているように見えるときの (77b) との間の図地反転である，と考えることが

できるであろう．ただ，図地反転と考えるだけでは，両者の関係を十分とらえたことを保証することにはならないと思われる．

　目的語の取り方のうちで(77b)のようなタイプⅡのものは，動作主がある動作を行うのは，その動作の対象物に何らかの変化を与えるためではなく，その動作主の心中にある何らかの強い感情や意図を伝えるために用いられるものであると考えられる．

　これら二つのタイプの目的語の取り方を図と地の反転の一つであるととらえて差し支えないかどうか考えておこう．この種の動詞用法について，瀬戸(2007, 466, 934など)では，メトニミー(図地反転)による中心義からの意義展開パタンとして説明されている．タイプⅠとタイプⅡの文を図地反転の例と考えることによって，例えば(77)のa文とb文の間には，物理的な動作の点では同じ動作であるが，話し手の状況把握において手とテーブルのどちらの目的語が図として浮かび上がっているか，つまりどちらに強いプロミネンスがあるかという違いだけでなく，それら二つのとらえ方が図地反転の関係にあるということがとらえられる．しかし，それぞれプロミネンスが置かれるのと同時に生まれている概念化の内容は異なっている．例えば，(77)のa文については，その動作が対象物に何らかの変化を与えるためであるという内容が概念化の中に含まれているはずであり，b文については，その動作主の心中にある何らかの強い感情や意図を伝えるためであるという内容が概念化に含まれているはずである．これらのことは，タイプⅠとタイプⅡが図地反転の関係にあるというだけでは説明できていない．したがって，これらのことは図地反転による説明とは別途考えられなければならないということになる．

　また，5.1での観察によれば，日本語においても，タイプⅠの動詞はある．しかし，タイプⅠと同じ動詞がタイプⅡとして使われることはない．タイプⅡに相当する文がないわけではないが，その場合は複合動詞によってしか作られない．タイプⅠとタイプⅡの動詞が描写する動作は，物理的動作としては同じものである．しかしその事態をタイプⅠの動詞のとらえ方をすべき事態(つまり，対象に何らかの変化を与えようとする動作と解釈する)と解釈するか，それともタイプⅡの動詞のとらえ方をすべき事態(動作主の強

い感情や意図を発露する動作と解釈する）と解釈するかの間に，図地反転の関係が成り立つためには，同じ動詞を用いることが条件になるものと思われる．日本語にはこうした条件が揃っていないために，日本語を母語とする者にとって，タイプⅠとタイプⅡの動詞が表す事態の間に図地反転の関係が感じとられることが少ないと思われる．

認知言語学は，言語も人の認知活動の一部であるととらえるため，認知活動の特性が言語に反映していてもいっこうにおかしくない．そこで，知覚心理学における図と地の反転が言語に見られても不思議はない．5.3 では，まず，図と地の区分の重要性を言語学に取り入れる先駆けとなった Talmy の分析と知覚心理学でいう図地反転が一部異なっているのではないかということを指摘した．さらに，5.1 で観察した，二通りの異なる目的語の取り方をする英語の動詞構文と図地反転との関係について考察した．これら二つのタイプの動詞について，それぞれの目的語の取り方が持つ意味上の相違点を，どこまで図地反転というとらえ方で説明できるか検討した．図地反転というとらえ方だけでは，これら2種類の構文における事態把握による概念化の内容をすべて説明しきれているわけではないと思われるため，その部分については別途説明する必要があろう．

注

1 下付の "i" は，それが付いている「彼」と「頭」の持ち主とが同一人物であるということを示すために付してあり，その条件が満たされている場合に，(3a) が非文であることを示している．こうした同一指示条件が満たされていない場合，すなわち，「頭」が「彼」とは別人のものの場合には，(3a) は正文となる可能性がある．(3b, c) の場合には，同一指示条件が満たされている場合だけでなく，満たされていない場合にも非文である．
2 文法関係の規定については，益岡他 (1997, 第3章)，益岡・田窪 (1992) などを参照．
3 「旧から新へのインフォーメイションの流れ」については，久野 (1978, 54) を参照．
4 他動性については，Hopper and Thompson (1980) のほか，山梨 (1995)，角田 (1991, 2005)，Jacobsen (1992)，Givón (1995)，山本 (2002)，中村 (2004) など参照．

5　略号により，Aは Agent を，Oは Object を示す．
6　他動詞構文のプロトタイプについては，特に Langacker (1990a, 211-224; 1991, 304-329; 2000, 27-34)，谷口 (2005, 35-39)，山梨 (1995, 236-239; 2009, 56-59)，Taylor (2003, 231-235) を参照．
7　(59c) の hammer について，Fillmore (1970, 133) は道具であると分析するが，Langacker (1990a, 361) は，被動作主の特性も備わっていると分析している．
8　もちろん，何かで手をたたいたという意味であれば (61) も正文であるが，その意味で用いられる場合には，(59a) と同じ構文であり，もはや (59c) とは異なる種類の構文と考えられる．
9　図と地の反転は，Langacker (1987, 1988b) では，「トラジェクターとランドマークの反転」(trajector-landmark reversal) と呼ばれている．
10　Talmy (1978, 2000) は，元のゲシュタルト心理学の用語と区別するために「図」を大文字の Figure で表し，「地」を Ground で表す．(72) とほぼ同じ内容の規定がすでに Talmy (1978, 627) に見られる．
11　図と地の特性とその差異について Rubin (1921)，大山 (2000) のほか，東・大山・詫摩・藤永 (1970)，松田 (2000)，大山 (1969)，大山 (1970)，大山・今井・和気 (1994)，梅本・大山 (1992)，梅本・大山 (1994) を参考にしたが，知覚心理学では一般に (76) のように考えられているとして差し支えないものと思われる．
12　知覚心理学（ゲシュタルト心理学）と恒常性仮説については，コフカ (1988)，メッツガー (1969)，佐々木 (1994)，梅本・大山 (1992)，梅本・大山 (1994)，松田 (2000) を参考にした．

引用例出典・参考文献

[引用例出典]

Allen, Woody. 1997. *Annie Hall*. Rev. ed. Tokyo: Shohakusha.

Cukor, George Dewey, dir. 1964. *My Fair Lady*. Warner Bros. DVD, Warner Home Video, 1999.

太宰治. 1995.『人間失格』CD-ROM 版　新潮文庫の100冊. 東京：新潮社.

江川泰一郎. 1964.『英文法解説』改訂新版. 東京：金子書房.

Hailey, Arthur. 1970. *In High Places*. Pan Books.

ヘイリー, アーサー (Arthur Hailey). 1979.『権力者たち』永井淳, 訳. 新潮文庫.

林芙美子. 1995.『放浪記』CD-ROM 版　新潮文庫の100冊. 東京：新潮社.

ハーン, ラフカディオ (Lafcadio Hearn). 1956.『怪談・奇談』田代三千稔, 訳. 角川文庫.

Hearn, Lafcadio. 1971. "The Dream of Akinosuké." In Hearn 1971, 143-55.

Hearn, Lafcadio. 1971. *Kwaidan: Stories and Studies of Strange Things*. Tokyo: Charles E. Tuttle.

Hemingway, Ernest. 1968. "The Killers." In *Snow of Kilimanjaro*. Penguin Books.

ヘミングウェイ (Ernest Hemingway). 1988.「殺し屋」『ヘミングウェイ短編集 1』大久保康雄, 訳, 179-97. 新潮文庫.

樋口一葉. 1995.「十三夜」『にごりえ・たけくらべ』CD-ROM 版　新潮文庫の100冊. 東京：新潮社.

井伏鱒二. 1995.『黒い雨』CD-ROM 版　新潮文庫の100冊. 東京：新潮社.

石川淳. 1995a.「かよい小町」『焼け跡のイエス・処女懐胎』CD-ROM 版　新潮文庫の100冊. 東京：新潮社.

石川淳. 1995b.「焼跡のイエス」『焼け跡のイエス・処女懐胎』CD-ROM 版　新潮文庫の100冊. 東京：新潮社.

川端康成. 1950.『伊豆の踊子』新潮文庫.

Kawabata, Yasunari. 1955. "The Izu Dancer." Translated by Edward G. Seidensticker. *The Atlantic Monthly* 195 (January): 108-14.

川端康成. 1967.『千羽鶴』新潮文庫.

Kawabata, Yasunari. 1967. *Thousand Cranes*. Translated by Edward G. Seidensticker. Tokyo: Charles E. Tuttle.

川端康成. 1970.『山の音』新潮文庫.

Kawabata, Yasunari 1971. *The Sound of the Mountain*. Translated by Edward G. Seidensticker. Tokyo: Charles E. Tuttle.

川端康成. 1995.『雪国』CD-ROM 版　新潮文庫の100冊. 東京：新潮社.

北杜夫. 1995.『楡家の人びと』CD-ROM 版　新潮文庫の100冊. 東京：新潮社.

倉橋由美子. 1995.『聖少女』CD-ROM版　新潮文庫の100冊. 東京：新潮社.
Maugham, W. Somerset. 1915. *Of Human Bondage*. London: Heinemann.
モーム（W. Somerset Maugham）. 1968.「人間の絆」『モームⅠ』新潮世界文学30. 中野好夫, 訳. 東京：新潮社.
水上勉. 1995.『越前竹人形』CD-ROM版　新潮文庫の100冊. 東京：新潮社.
Mishima, Yukio. 1961. *The Sound of Waves*. Translated by Meredith Weatherby. Tokyo: Charles E. Tuttle.
三島由紀夫. 1967.『潮騒』新潮文庫.
宮沢賢治. 1995.「黄いろのトマト」『銀河鉄道の夜』CD-ROM版　新潮文庫の100冊. 東京：新潮社.
森鴎外. 1995.「二人の友」『山椒大夫・高瀬舟』CD-ROM版　新潮文庫の100冊. 東京：新潮社.
村上春樹. 1995.『世界の終わりとハードボイルドワンダーランド』CD-ROM版　新潮文庫の100冊. 東京：新潮社.
Nagai, Tatsuo. 1962. "Morning Mist." Translated by Edward G. Seidensticker. In *Modern Japanese Stories*, edited by Ivan Morris, 302-19. Tokyo: Charles E. Tuttle.
永井龍男. 1968.「朝霧」『永井龍男・阿部知二』日本文学62. 東京：中央公論社, 14-30.
Natsume, Soseki. 1972. *Botchan*. Translated by Alan Turney. Tokyo: Kodansha International.
夏目漱石. 1989.『坊っちゃん』岩波文庫.
夏目漱石. 1995.『こころ』CD-ROM版　新潮文庫の100冊. 東京：新潮社.
Nida, Eugene A., Charles R. Taber, and Noah S. Brannen. 1973.『翻訳──理論と実践』沢登春仁・升川潔, 訳. 東京：研究社. Originally published as *The Theory and Practice of Translation*. Leiden: E. J. Brill, 1969.
野坂昭如. 1995.『アメリカひじき』CD-ROM版　新潮文庫の100冊. 東京：新潮社.
Spark, Muriel. 1967. *The Girls of Slender Means*. Osaka: Daigakusha.
山本有三. 1995.『路傍の石』CD-ROM版　新潮文庫の100冊. 東京：新潮社.
吉村昭. 1995.『戦艦武蔵』CD-ROM版　新潮文庫の100冊. 東京：新潮社.
吉行淳之介. 1995.『砂の上の植物群』CD-ROM版　新潮文庫の100冊. 東京：新潮社.

[参考文献]

Allwood, Jens S., Lars-Gunnar Andersson, and Osten Dahl. 1977. *Logic in Linguistics*. Cambridge: Cambridge University Press.
Anderson, John M. 1977. *On Case Grammar: Prolegomena to a Theory of Grammatical Relations*. London: Croom Helm.
Anderson, Stephen R. 1971. "On the Role of Deep Structure in Semantic Interpretation." *Foundations of Language* 7:387-96.
安藤貞雄. 1986.『英語の論理・日本語の論理』東京：大修館書店.
Aristotle. 1933. *Metaphysics*. Translated by Hugh Tredennick. London: Heinemann. 出隆,

訳. 1959-1961.『形而上学』上・下. 岩波文庫.
Austin, John L. 1962. *How to Do Things with Words*. London: Oxford University Press.
東洋・大山正・詫摩武俊・藤永保, 編. 1970.『心理学の基礎知識 —— 補習と復習のために』東京：有斐閣.
Bach, Emmon. 1967. "*Have* and *Be* in English Syntax." *Language* 43:462-85.
Bach, Emmon. 1989. *Informal Lectures on Formal Semantics*. Albany: State University of New York Press.
Beaugrande, Robert-Alain de, and Wolfgang Ulrich Dressler. 1981. *Introduction to Text Linguistics*. London: Longman.
Benedict, Ruth. 1954. *The Chrysanthemum and the Sword: Patterns of Japanese Culture*. Tokyo: Charles E. Tuttle.
Bloomfield, Leonard. 1933. *Language*. London: George Allen & Unwin.
Bowers, John S. 1981. *The Theory of Grammatical Relations*. Ithaca, NY: Cornell University Press.
Bresnan, Joan. 2001/2013^2. *Lexical Functional Syntax*. Malden, MA: Blackwell.
Bryant, Margaret M. 1962. *Current American Usage: How Americans Say It and Write It*. New York: Funk & Wagnalls.
Cann, Ronnie. 1993. *Formal Semantics: An Introduction*. Cambridge: Cambridge University Press.
Carnap, Rudolph. 1942. *Introduction to Semantics*. Cambridge, MA: MIT Press.
Carroll, John B., ed. 1956. *Language, Thought, and Reality: Selected Writings of Benjamin Lee Whorf*. Cambridge, MA: MIT Press. 池上嘉彦, 訳. 1993.『言語・思考・現実』講談社学術文庫.
Chafe, Wallace L. 1970. *Meaning and the Structure of Language*. Chicago: University of Chicago Press.
Chafe, Wallace L. 1976. "Givenness, Contrastiveness, Definiteness, Subjects, Topics, and Point of View." In *Subject and Topic*, edited by Charles N. Li, 25-55. New York: Academic Press.
Chierchia, Gennaro, and Sally McConnell-Ginet. 1990. *Meaning and Grammar: An Introduction to Semantics*. Cambridge, MA: MIT Press.
Chomsky, Noam. 1957. *Syntactic Structures*. The Hague: Mouton.
Chomsky, Noam. 1965. *Aspects of the Theory of Syntax*. Cambridge, MA: MIT Press.
Chomsky, Noam. 1977. *Essays on Form and Interpretation*. New York: North-Holland.
Chomsky, Noam. 1980. *Rules and Representations*. New York: Columbia University Press. 井上和子・神尾昭雄・西山佑司, 訳. 1984.『ことばと認識 —— 文法からみた人間知性』東京：大修館書店.
Chomsky, Noam. 1981. *Lectures on Government and Binding*. Dordrecht: Foris.
Cole, Peter, ed. 1981. *Radical Pragmatics*. New York: Academic Press.

Comrie, Bernard. 1981. *Language Universals and Linguistic Typology*. Oxford: Basil Blackwell.
Connor, Ulla. 1996. *Contrastive Rhetoric: Cross-Cultural Aspects of Second Language Writing*. Cambridge: Cambridge University Press.
Connor, Ulla. 2002. "New Directions in Contrastive Rhetoric." *TESOL Quarterly* 36(4): 493-510.
Connor, Ulla, and Robert B. Kaplan, eds. 1987. *Writing across Languages: Analysis of L2 Text*. Reading, MA: Addison-Wesley.
Corrigan, Roberta L., Fred Eckman, and Michael Noonan, eds. 1989. "Linguistic Categorization." *Proceedings of an International Symposium in Milwaukee, Wisconsin, April 10-11, 1987*. Amsterdam: John Benjamins.
Craig, Colette, ed. 1986. "Noun Classes and Categorization." *Proceedings of a Symposium on Categorization and Noun Classification* (Eugene, Oregon, October 1983). Amsterdam: John Benjamins.
Croft, William. 1991. *Syntactic Categories and Grammatical Relations: The Cognitive Organization of Information*. Chicago: University of Chicago Press.
Croft, William. 1994. "Voice: Beyond Control and Affectedness." In *Voice: Form and Function*, edited by Barbara A. Fox, and Paul J. Hopper, 89-118. Amsterdam: John Benjamins.
Croft, William, and D. Alan Cruse. 2004. *Cognitive Linguistics*. Cambridge: Cambridge University Press.
Cruse, D. Alan. 1973. "Some Thoughts on Agentivity." *Journal of Linguistics* 9:11-23.
Deignan, Alice. 2005. *Metaphor and Corpus Linguistics*. Amsterdam: John Benjamins.
DeLancey, Scott. 1984. "Notes on Agentivity and Causation." *Studies in Language* 8:1-213.
DeLancey, Scott. 1990. "Ergativity and the Cognitive Model of Event Structure in Lhasa Tibetan." *Cognitive Linguistics* 1(3): 289-321.
Dijk, Teun A. van 1972. *Some Aspects of Text Grammars*. The Hague: Mouton.
Dik, Simon C. 1978. *Functional Grammar*. North-Holland Linguistic Series 37. Amsterdam: North-Holland.
土居健郎. 1971. 『甘えの構造』東京:弘文堂.
Dowty, David R., Robert E. Wall, and Stanley Peters. 1981. *Introduction to Montague Semantics*. Dordrecht: D. Reidel. 井口省吾・山梨正明・白井賢一郎・角道正佳・西田豊明・風斗博之, 訳. 1987. 『モンタギュー意味論入門』東京:三修社.
Fauconnier, Gilles. 1985. *Mental Spaces: Aspects of Meaning Construction in Natural Language*. Cambridge, MA: MIT Press. New edition published in 1994 with a forward by George Lakoff and Eve Sweetser, and a preface by the author, by Cambridge University Press. 坂原茂・水光雅則・田窪行則・三藤博, 訳. 1987/1996. 『メンタル・スペース——自然言語理解の認知インターフェイス』東

京：白水社．

Fauconnier, Gilles. 1990. "Domains and Connections."「領域と結合」坂原茂, 訳. In『認知科学の発展』日本認知科学会, 編, 1990, 3:1-28. 東京：講談社．

Fauconnier, Gilles. 1996a. "Analogical Counterfactuals." In Fauconnier and Sweetser 1996, 57-90.

Fauconnier, Gilles. 1996b. "Creativity in Everyday Language."『認知科学』3(3) (September): 14-27.

Fauconnier, Gilles. 1997. *Mappings in Thought and Language*. New York: Cambridge University Press. 坂原茂・田窪行則・三藤博, 訳. 2000.『思考と言語におけるマッピング──メンタル・スペース理論の意味構築モデル』東京：岩波書店．

Fauconnier, Gilles, and Eve Sweetser, eds. 1996. *Spaces, Worlds and Grammar*. Chicago: University of Chicago Press.

Fauconnier, Gilles, and Mark Turner. 1994. *Conceptual Projection and Middle Spaces*. UCSD Cognitive Science Report.

Fauconnier, Gilles, and Mark Turner. 1996. "Blending as a Central Process of Grammar." In Goldberg 1996, 113-30.

Fillmore, Charles J. 1968. "The Case for Case." In *Universals in Linguistic Theory*, edited by Emmon Bach and Robert T. Harms, 1-88. New York: Holt, Rinehart and Winston.

Fillmore, Charles J. 1970. "The Grammar of *Hitting* and *Breaking*." In *Readings in English Transformational Grammar*, edited by Roderick A. Jacobs, and Peter S. Rosenbaum, 120-33. Waltham, MA: Ginn.

フィルモア, チャールズ J. (Charles J. Fillmore) 1975.『格文法の原理──言語の意味と構造』田中春美・船城道雄, 訳. 東京：三省堂．

Fillmore, Charles J. 1977a. "Case for Case Reopened." In *Grammatical Relations*, Syntax and Semantics 8, edited by Peter Cole, and Jerrold M. Sadock, 59-82. New York: Academic Press.

Fillmore, Charles J. 1977b. "Topics in Lexical Semantics." In *Current Issues in Linguistic Theory*, edited by Roger W. Cole, 76-138. Bloomington, IN: Indiana University Press.

Firbas, Jan. 1964. "On Defining the Theme in Functional Sentence Analysis." *Travaux Linguistiques de Prague* 1:267-80.

Fox, Barbara A. 1995. "The Category 'S' in English Conversation." In *Discourse Grammar and Typology*, edited by Werner Abraham, Talmy Givón, and Sandra A. Thompson, 153-78. Amsterdam: John Benjamins.

フロイス, ルイス (Luis Frois). 1965.『日欧文化比較』大航海時代叢書11. 岡田章雄, 訳. 東京：岩波書店．

福地肇. 1985.『談話の構造』東京：大修館書店．

Gibbs, Raymond W., Jr. 1999. "Taking Metaphor Out of Our Heads and Putting It into the Cultural World." In *Metaphor in Cognitive Linguistics*, edited by Raymond W. Gibbs, Jr., and Gerard J. Steen, 145-66. Amsterdam: John Benjamins.

Givón, Talmy. 1979. *On Understanding Grammar*. New York: Academic Press.

Givón, Talmy. 1995. *Functionalism and Grammar*. Amsterdam: John Benjamins.

Goatly, Andrew. 1997. *The Language of Metaphor*. London: Routledge.

Goldberg, Adele. 1992. "The Inherent Semantics of Argument Structure: The Case of the English Ditransitive Construction." *Cognitive Linguistics* 3(1): 37-74.

Goldberg, Adele E. 1995. *Constructions: A Construction Grammar Approach to Argument Structure*. Chicago: University of Chicago Press.

Goldberg, Adele, ed. 1996. *Conceptual Structure, Discourse and Language*. Stanford, CA: CSLI.

Goldberg, Adele E. 2006. *Constructions at Work: The Nature of Generalization in Language*. Oxford: Oxford University Press.

Green, Georgia M. 1974. *Semantics and Syntactic Regularity*. Bloomington: Indiana University Press.

Greenberg, Joseph H. 1963a. "Some Universals of Grammar with Particular Reference to the Order of Meaningful Elements." In Greenberg 1963b, 73-113.

Greenberg, Joseph H., ed. 1963b. *Universals of Language*, 2nd ed. Cambridge, MA: MIT Press.

Grice, Paul. 1967. "Logic and Conversation." Ms. of the William James Lectures. Harvard University.

Grice, Paul. 1975. "Logic and Conversation." In *Speech Acts*, Syntax and Semantics 3, edited by Peter Cole, and Jerry L. Morgan, 41-58. New York: Academic Press.

グロータース, W. A.(Willem A. Grootaers)・柴田武. 1967.『誤訳——ほんやく文化論』三省堂新書.

Gruber, Jeffrey S. 1965. "Studies in Lexical Relations." PhD diss., MIT.

Gruber, Jeffrey S. 1976. *Lexical Structures in Syntax and Semantics*. Amsterdam: North-Holland.

芳賀純・子安増生, 編. 1990.『メタファーの心理学』東京：誠信書房.

Haiman, John, ed. 1985. *Iconicity in Syntax*. Amsterdam: John Benjamins.

Halliday, M. A. K. 1985. *An Introduction to Functional Grammar*. London: Edward Arnold.

Halliday, M. A. K., and Ruqaiya Hasan. 1976. *Cohesion in English*. English Language Series 9. London: Longman.

Halliday, M. A. K., and Ruqaiya Hasan. 1985. *Language, Context, and Text: Aspects of Language in a Social-Semantic Perspective*. Oxford: Oxford UniversityPress.

Hankamer, Jorge, and Ivan A. Sag. 1976. "Deep and Surface Anaphora." *Linguistic*

Inquiry 7:391-428.
服部四郎. 1968.『英語基礎語彙の研究』東京：三省堂.
Heim, Irene, and Angelika Kratzer. 1998. *Semantics in Generative Grammar*. Oxford: Blackwell.
Hinds, John. 1983. "Contrastive Rhetoric: Japanese and English." *Text* 3:183-95.
Hinds, John. 1986. *Situation vs. Person Focus*. Tokyo: Kurosio.
Hinds, John. 1987. "Reader versus Writer Responsibility: A New Typology." In Connor and Kaplan 1987, 141-52.
Hinds, John. 1990. "Inductive, Deductive, Quasi-Inductive: Expository Writing in Japanese, Korean, Chinese, and Thai." In *Coherence in Writing: Research and Pedagogical Perspectives*, edited by Ulla Connor and Ann M. Johns, 87-109. Alexandria, VA: TESOL.
廣瀬幸生・長谷川葉子. 2010.『日本語から見た日本人 —— 主体性の言語学』開拓社言語・文化選書16. 東京：開拓社.
本多啓. 1994.「見えない自分，言えない自分 —— 言語にあらわれた自己知覚」『現代思想』22(13): 168-77.
Hopper, Paul J., and Sandra A. Thompson. 1980. "Transitivity in Grammar and Discourse." *Language* 56:251-99.
Hopper, Paul J., and Sandra A. Thompson, eds. 1982. *Studies in Transitivity*. Syntax and Semantics 15. New York: Academic Press.
Humboldt, Wilhelm von. 1971. *Linguistic Variability and Intellectual Development*. Translated by George C. Buck and Frithjof A. Raven. Philadelphia: University of Pennsylvania Press. Originally published as *Über die Verschiedenheit des menschlichen Sprachbaues* (Berlin, 1836).
Ikegami, Yoshihiko. 1978. "How Universal Is a Localistic Theory? A Linguistic Contribution to the Study of 'Semantic Styles' of Language." Linguistic Agency University of Trier.
池上嘉彦. 1981.『「する」と「なる」の言語学 —— 言語と文化のタイポロジーへの試論』東京：大修館書店.
池上嘉彦. 1982.「表現構造の比較 ——〈スル〉的な言語と〈ナル〉的な言語」『発想と表現』日英語比較講座4, 國廣哲彌, 編, 67-110. 東京：大修館書店.
Ikegami, Yoshihiko. 1991. "'*Do*-Language' and '*Become*-Language': Two Contrasting Types of Linguistic Representation." In *The Empire of Signs: Semiotic Essays on Japanese Culture*, edited by Yoshihiko Ikegami, 285-326. Amsterdam: John Benjamins.
井上和子. 1976.『変形文法と日本語 下』東京：大修館書店.
井上和子. 1979.「旧い情報・新しい情報」『月刊言語』8(10): 22-34.
Issatschenko, Alexander. 1974. "On *Be*-Languages and *Have*-Languages." In *The Proceedings*

of the Eleventh International Congress of Linguists (Bologna-Florence, Aug. 28-Sep. 2, 1972), edited by Luigi Heilmann, 2(1): 71-72.

Jackendoff, Ray. 1972. *Semantic Interpretation in Generative Grammar*. Cambridge, MA: MIT Press.

Jackendoff, Ray. 1976. "Toward an Explanatory Semantic Representation." *Linguistic Inquiry* 7:89-150.

Jackendoff, Ray. 1978. "Grammar as Evidence for Conceptual Structure." In *Linguistic Theory and Psychological Reality*, edited by Morris Halle, Joan Bresnan, and George A. Miller, 201-28. Cambridge, MA: MIT Press.

Jackendoff, Ray. 1983. *Semantics and Cognition*. Cambridge, MA: MIT Press.

Jackendoff, Ray. 1985. "Information Is in the Mind of the Beholder." *Linguistics and Philosophy* 8:23-33.

Jackendoff, Ray. 1985. "Multiple Subcategorization: The Case of *Climb*." *Natural Language and Linguistic Theory* 3:271-95.

Jackendoff, Ray. 1987. *Consciousness and the Computational Mind*. Cambridge, MA: MIT Press.

Jackendoff, Ray. 1990. *Semantic Structures*. Cambridge, MA: MIT Press.

Jacobsen, Wesley M. 1981. "Transitivity in the Japanese Verbal System." PhD diss., University of Chicago. (Distributed by Indiana University Linguistics Club, 1982.)

Jacobsen (ヤコブセン), Wesley M. 1989.「他動性とプロトタイプ論」『日本語学の新展開』久野暲・柴谷方良, 編, 213-48. 東京：くろしお出版.

Jacobsen, Wesley M. 1992. *The Transitive Structure of Events in Japanese*. Tokyo: Kurosio.

Jespersen, Otto. 1909-49. *A Modern English Grammar on Historical Principles*. 7 vols. London: George Allen & Unwin.

Jespersen, Otto. 1933. *Essentials of English Grammar*. London: George Allen & Unwin.

Johnson, Mark. 1987. *The Body in the Mind: The Bodily Basis of Meaning, Imagination, and Reason*. Chicago: University of Chicago Press. 菅野盾樹・中村雅之, 訳. 1991.『心のなかの身体――想像力へのパラダイム転換』東京：紀伊國屋書店.

影山太郎. 1980.『日英比較 語彙の構造』東京：松柏社.

影山太郎. 1996.『動詞意味論――言語と認知の接点』日英語対照研究シリーズ5. 東京：くろしお出版.

影山太郎. 2002.『ケジメのない日本語』もっと知りたい！日本語. 東京：岩波書店.

神尾昭雄. 1990.『情報のなわ張り理論――言語の機能的分析』東京：大修館書店.

Kaplan, Robert B. 1966. "Cultural Thought Patterns in Intercultural Education." *Language Learning* 16:1-20.

Kaplan, Robert B. 1987. "Cultural Thought Patterns Revisited." In Connor and Kaplan

1987, 9-21.
河上誓作, 編著. 1996.『認知言語学の基礎』東京：研究社出版.
キーン, ドナルド (Donald Keene). 1970.「日本語のむずかしさ」『私の外国語』梅棹忠夫・永井道雄, 編, 154-63. 中公新書.
金田一春彦. 1988.『日本語』下, 新版. 岩波新書.
コフカ, K. (Koffka, Kurt). (鈴木正彌, 監訳) 1988.『ゲシュタルト心理学の原理』東京：福村出版.
小島義郎. 1988.『日本語の意味　英語の意味』東京：南雲堂.
小西友七, 編. 1980.『英語基本動詞辞典』東京：研究社出版.
國弘正雄. 1970.『英語の話しかた —— 同時通訳者の提言』東京：サイマル出版会.
國廣哲弥. 1967.『構造的意味論』東京：三省堂.
國廣哲弥. 1970.『意味の諸相』東京：三省堂.
國廣哲弥, 編. 1981.『意味と語彙』日英語比較講座3. 東京：大修館書店.
國廣哲彌. 1982.「総説」『発想と表現』日英語比較講座4, 國廣哲彌, 編, 1-31. 東京：大修館書店.
Kuno, Susumu. 1972. "Functional Sentence Perspective: A Case Study from Japanese and English." *Linguistic Inquiry* 3:269-320.
Kuno, Susumu. 1975. "Three Perspectives in the Functional Approach to Syntax." In *Papers from the Parasession on Functionalism*, edited by Robin E. Grossman, L. James San, and Timothy J. Vance, 276-336. Chicago: Chicago Linguistic Society.
久野暲. 1978.『談話の文法』東京：大修館書店.
Kuno, Susumu. 1980. "Discourse Deletion." In *Harvard Studies in Syntax and Semantics* 3, edited by Susumu Kuno, 1-144. Cambridge, MA: Department of Linguistics, Harvard University.
Kuno, Susumu. 1983a. "Principles of Discourse Deletion." In *Proceedings of the XIII International Congress of Linguists* (Tokyo 1982), edited by Shiro Hattori, and Kazuko Inoue, 30-41.
久野暲. 1983b.『新日本文法研究』東京：大修館書店.
Kuno, Susumu. 1987. *Functional Syntax: Anaphora, Discourse and Empathy*. Chicago: University of Chicago Press.
Kuno, Susumu, and Etsuko Kaburaki. 1977. "Empathy and Syntax." *Linguistic Inquiry* 8: 627-72.
Labov, William, and David Fanshel. 1977. *Therapeutic Discourse: Psychotherapy as Conversation*. New York: Academic Press.
Lakoff, George. 1966. "Stative Adjectives and Verbs in English." *The Computation Laboratory of Harvard University Mathematical Linguistics and Automatic Translation*, Report no. NSF-17:1-16.
Lakoff, George. 1972. "Hedges: A Study in Meaning Criteria and the Logic of Fuzzy

Concepts." *CLS* 8:183-228.

Lakoff, George. 1977. "Linguistic Gestalts." *CLS* 13:236-87.

Lakoff, George. 1987. *Women, Fire, and Dangerous Things: What Categories Reveal about the Mind*. Chicago: University of Chicago Press. 池上嘉彦・河上誓作・辻幸夫・西村義樹・坪井栄治郎・梅原大輔・大森文子・岡田禎之, 訳. 1992. 『認知意味論——言語から見た人間の心』東京: 紀伊國屋書店.

Lakoff, George. 1993. "The Contemporary Theory of Metaphor." In *Metaphor and Thought*, edited by Andrew Ortony, 202-51. Cambridge: Cambridge University Press.

Lakoff, George, and Mark Johnson. 1980. *Metaphors We Live By*. Chicago: University of Chicago Press. 渡部昇一・楠瀬淳三・下谷和幸, 訳. 1986. 『レトリックと人生』東京：大修館書店.

Lakoff, George, and Mark Johnson. 1999. *Philosophy in the Flesh*. New York: Basic Books.

Lakoff, George, and Mark Turner. 1989. *More than Cool Reason: A Field Guide to Poetic Metaphor*. Chicago: University of Chicago Press. 大堀俊夫, 訳. 1994. 『詩と認知』東京：紀伊國屋書店.

Langacker, Ronald W. 1982. "Space Grammar, Analysability, and the English Passive." *Language* 58:22-80.

Langacker, Ronald W. 1985. "Observations and Speculations on Subjectivity." In *Iconicity in Syntax*, edited by John Haiman, 109-50. Amsterdam: John Benjamins.

Langacker, Ronald W. 1987. *Foundations of Cognitive Grammar*. Vol. 1, *Theoretical Prerequisites*. Stanford: Stanford University Press.

Langacker, Ronald W. 1988a. "A Usage-Based Model." In *Topics in Cognitive Linguistics*, edited by Brygida Rudzka-Ostyn, 127-61. Amsterdam: John Benjamins.

Langacker, Ronald W. 1988b. "A View of Linguistic Semantics." In *Topics in Cognitive Linguistics*, edited by Brygida Rudzka-Ostyn, 49-90. Amsterdam: John Benjamins.

Langacker, Ronald W. 1990a. *Concept, Image, and Symbol: The Cognitive Basis of Grammar*. Cognitive Linguistics Research 1. Berlin: Mouton de Gruyter.

Langacker, Ronald W. 1990b. "Subjectification." *Cognitive Linguistics* 1:5-38.

Langacker, Ronald W. 1991. *Foundations of Cognitive Grammar*. Vol. 2, *Descriptive Application*. Stanford: Stanford University Press.

Langacker, Ronald W. 1993. "Reference-Point Constructions." *Cognitive Linguistics* 4:1-38.

Langacker, Ronald W. 1995a. "Raising and Transparency." *Language* 71:1-62.

Langacker, Ronald W. 1995b. "Cognitive Grammar." In *Handbook of Pragmatics: Manual*, edited by Jef Verschueren, Jan-Ola Östman, and Jan Blommaert, 105-11. Amsterdam: John Benjamins.

Langacker, Ronald W. 1996. "A Constraint on Progressive Generics." In Goldberg 1996,

289-302.

Langacker, Ronald W. 2000. *Grammar and Conceptualization*. Cognitive Linguistics Research 14. Berlin: Mouton de Gruyter.

Langacker, Ronald W. 2008. *Cognitive Grammar: A Basic Introduction*. New York: Oxford University Press.

Lasnik, Howard. 1976. "Remarks on Coreference." *Linguistic Analysis* 2:1-22.

Lee, David. 2001. *Cognitive Linguistics: An Introduction*. South Melbourne: Oxford University Press.

Leech, Geoffrey N. 1983. *Principles of Pragmatics*. London: Longman.

Leech, Geoffrey N., and Jenny Thomas. 1987. "Pragmatics and the Dictionary." In *Longman Dictionary of Contemporary English*, 2nd ed., F12-13. Harlow, Essex: Longman.

Leggett, Glenn, C. David Mead, and Melinda G. Kramer. 1985. *Prentice-Hall Handbook for Writers*. 9th ed. Englewood Cliffs, NJ: Prentice-Hall.

Levinson, Stephen C. 1983. *Pragmatics*. Cambridge: Cambridge University Press. 安井稔・奥田夏子, 訳. 1990. 東京：研究社.

Longacre, Robert E. 1976. *An Anatomy of Speech Notions*. Lisse, Belgium: Peter de Ridder.

Lyons, John. 1977. *Semantics*. 2 vols. Cambridge: Cambridge University Press.

Lyons, John. 1982. "Deixis and Subjectivity: Loquor, ergo sum?" In *Speech, Place and Action: Studies of Deixis and Related Topics*, edited by Robert J. Jarvella, and Wolfgang Klein, 101-24. New York: John Wiley.

巻下吉夫. 1984.『日本語から見た英語表現—英語述語の意味的考察を中心として』東京：研究社出版.

巻下吉夫. 1997.「翻訳にみる発想と論理」『文化と発想とレトリック』日英語比較選書1, 中右実, 編, 1-91. 東京：研究社出版.

巻下吉夫. 2000.「日本語にみる始点重視の発想」『eXエクス――言語文化論集』1:1-24. 関西学院大学経済学部.

巻下吉夫. 2001.「『行く』とComeの対応関係」『言語と文化』4:27-44. 関西学院大学言語教育研究センター.

Martinet, André. 1962. *A Functional View of Language*. Oxford: Clarendon Press.

益岡隆志・仁田義雄・郡司隆男・金水敏. 1997.『文法』岩波講座言語の科学5. 東京：岩波書店.

益岡隆志・田窪行則. 1992.『基礎日本語文法』改訂版. 東京：くろしお出版.

Mathesius, Vilém. 1975. *A Functional Analysis of Present Day English on a General Linguistic Basis*. Edited by Josef Vachek. The Hague: Mouton.

松田隆夫. 2000.『知覚心理学の基礎』東京：培風館.

McCawley, James D. 1981/1995[2]. *Everything Linguists Have Always Wanted to Know about Logic but Were Ashamed to Ask*. 2nd ed. Chicago: University of Chicago

Press.
メッツガー, W.(Wolfgang Metzger)1969.『視覚の法則』盛永四郎, 訳. 東京：岩波書店.
Mey, Jacob L. 1993/2001². *Pragmatics: An Introduction*. Oxford: Blackwell.
Miller, George A. 1993. "Images and Models, Similes and Metaphors." In Ortony 1993, 357-400.
Morris, Charles W. 1938. *Foundations of the Theory of Signs*. Chicago: University of Chicago Press.
中村明. 1977.『比喩表現の理論と分類』国立国語研究所報告57. 東京：秀英出版.
中村渉. 2004.「他動性と構文 —— プロトタイプ, 拡張, スキーマ」『認知文法論』中村芳久, 編, 169-204. 東京：大修館書店.
中根千枝. 1967.『タテ社会の人間関係 —— 単一社会の理論』講談社現代新書.
中野卓. 1983.「内と外」『秩序』講座日本思想3, 相良亨・尾藤正英・秋山虔, 編, 329-32. 東京：東京大学出版会.
中右実. 1994.『認知意味論の原理』東京：大修館書店.
中山治. 1989.『「ぼかし」の心理 —— 人見知り親和型文化と日本人』大阪：創元社.
西光義弘. 1989.「繰り返しの日英対照談話構造」『日本語の文脈依存性に関する理論的実証的研究』昭和63年度科学研究費総合研究研究成果報告書, 1-21.
大江三郎. 1975.『日英語の比較研究 —— 主観性をめぐって』東京：南雲堂.
Oehrle, Richard T. 1976. "The Grammatical Status of the English Dative Alternation." PhD diss., MIT.
Oehrle, Richard T. 1977. "Review of Georgia M. Green, *Semantics and Syntactic Regularity*." *Language* 53:198-208.
Oi, Kyoko M. 1984. "Cross-Cultural Differences in Rhetorical Patterning: A Study of Japanese and English." D. A. diss., State University of New York at Stony Brook.
Onions, Charles Talbut. 1971. *Modern English Syntax*. New ed. completely revised; prepared from the author's materials by B. D. H. Miller. London: Routledge and Kegan Paul. First ed. published in 1904 as *An Advanced English Syntax*.
尾上圭介. 1985.「主語・主格・主題」『日本語学』4(19): 30-38.
Ortony, Andrew, ed. 1993. *Metaphor and Thought*. 2nd ed. Cambridge: Cambridge University Press.
Ortony, Andrew. 1993. "The Role of Similarity in Similes and Metaphors." In Ortony 1993, 342-56.
大山正. 1969.「図と地の知覚」『感覚・知覚心理学ハンドブック』和田陽平・大山正・今井省吾, 編, 460-77. 東京：誠信書房.
大山正. 1970.「視知覚の基本体制」『知覚』講座心理学4, 大山正, 編, 25-137. 東京：東京大学出版会.
大山正. 2000.『視覚心理学への招待 —— 見えの世界へのアプローチ』新心理学ライブラリ

18. 東京:サイエンス社.

大山正・今井省吾・和気典二, 編. 1994. 『新編感覚・知覚心理学ハンドブック』東京：誠信書房.

Paivio, Allan, and Mary Walsh. 1993. "Psychological Processes in Metaphor Comprehension and Memory." In Ortony 1993, 307-28.

Quirk, Randolph, Sidney Greenbaum, Geoffrey Leech, and Jan Svartvik. 1985. *A Comprehensive Grammar of the English Language*. London: Longman.

Ricento, Thomas K. 1987. "Aspects of Coherence in English and Japanese Expository Prose." PhD diss., University of California, Los Angeles.

Richards, Ivor Armstrong. 1936. *The Philosophy of Rhetoric*. New York: Oxford University Press. 石橋幸太郎, 訳. 1961. 『新修辞学原論』南雲堂.

Ridout, Ronald, and Clifford Witting. 1967. *English Proverbs Explained*, Pan Books.

Rosch, Eleanor. 1977. "Human Categorization." In *Advances in Cross-Cultural Psychology*. Vol. 1, edited by Neil Warren, 1-49. London: Academic Press.

Rosch, Eleanor, and Barbara B. Lloyd. eds. 1978. *Cognition and Categorization*. Hillsdale, NJ: Lawrence Erlbaum.

Ross, John Robert. 1970. "On Declarative Sentence." In *Readings in English Transformational Grammar*, edited by Roderick A. Jacobs, and Peter S. Rosenbaum, 222-72. Waltham, MA: Ginn.

Rubin, Edgar. 1921. *Visuell wahrgenommene Figuren: Studien in psychologischer Analyse*. Kobenhavn: Gyldendalske Boghandel.

Saeed, John I. 1997. *Semantics*. Oxford: Blackwell.

坂原茂. 1998. 「認知的アプローチ」『意味』岩波講座言語の科学 4, 第 3 章, 83-124. 東京：岩波書店.

佐久間鼎. 1941. 『日本語の特質』東京：育英書院.

佐々木正人. 1994. 『アフォーダンス──新しい認知の理論』岩波科学ライブラリー 12. 東京：岩波書店.

佐藤信夫. 1978. 『レトリック感覚──ことばは新しい視点をひらく』講談社（『レトリック感覚』講談社学術文庫, 1992, として再版）.

Schlesinger, Izchak M. 1979. "Cognitive Structures and Semantic Deep Structures: The Case of the Instrumental." *Journal of Linguistics* 15:307-24.

Schlesinger, Izchak M. 1989. "Instruments as Agents: On the Nature of Semantic Relations." *Journal of Linguistics* 25:189-210.

Searle, John R. 1969. *Speech Acts: An Essay in the Philosophy of Language*. Cambridge: Cambridge University Press.

Sells, Peter. 1985. *Lectures on Contemporary Syntactic Theories: An Introduction to Government-Binding Theory, Generalized Phrase Structure Grammar, and Lexical Functional Grammar*. CSLI Lecture Notes 3. Stanford: Stanford

University Press. 郡司隆男・田窪行則・石川彰, 訳. 1988.『現代の文法理論——GB理論, GPSG, LFG入門』東京：産業図書.
瀬戸賢一, 編. 2007.『英語多義ネットワーク辞典』東京：小学館.
柴谷方良. 1978.『日本語の分析——生成文法の方法』東京：大修館書店.
Shibatani, Masayoshi. 1985. "Passives and Related Constructions: A Prototype Analysis." *Language* 61:821-48.
白井賢一郎. 1985.『形式意味論入門——言語・論理・認知の世界』東京：産業図書.
Sinclair, John McHardy, and R. Malcolm Coulthard. 1975. *Towards an Analysis of Discourse: The English Used by Teachers and Pupils*. London: Oxford University Press.
Smith, Larry E., ed. 1987. *Discourse across Cultures: Strategies in World Englishes*. New York: Prentice Hall.
Sperber, Dan, and Deirdre Wilson. 1986. *Relevance: Communication and Cognition*. Cambridge, MA: Harvard University Press. 2nd ed. published 1995 by Blackwell.
杉本孝司. 1998.『意味論2——認知意味論』東京：くろしお出版.
鈴木孝夫. 1973.『ことばと文化』岩波新書.
鈴木孝夫. 1975.『閉ざされた言語・日本語の世界』東京：新潮社.
鈴木孝夫. 1990.『日本語と外国語』岩波新書.
Sweet, Henry. 1892-98. *A New English Grammar: Logical and Historical*. 2 vols. London: Oxford University Press.
Sweetser, Eve, and Gilles Fauconnier. 1996. "Cognitive Links and Domains: Basic Aspects of Mental Space Theory." In Fauconnier and Sweetser 1996, 1-28.
高橋泰邦. 1980.「比較こそ奥義への道」『翻訳の世界』(7月): 44-52.
高野陽太郎. 2008.『「集団主義」という錯覚——日本人論の思い違いとその由来』東京：新曜社.
竹林滋, 編者代表. 2002.『新英和大辞典』第6版, 東京：研究社.
Talmy, Leonard. 1978. "Figure and Ground in Complex Sentences." In *Universals of Human Language*, vol. 4, *Syntax*, edited by Joseph H. Greenberg, 625-29. Stanford: Stanford University Press.
Talmy, Leonard. 2000. *Toward a Cognitive Semantics*. Vol. 1, *Concept Structuring Systems*. Cambridge, MA: MIT Press.
谷口一美. 2005.『事態概念の記号化に関する認知言語学的研究』東京：ひつじ書房.
Taylor, John R. 1989/1995^2/2003^3. *Linguistic Categorization: Prototypes in Linguistic Theory*. Oxford: Oxford University Press. 辻幸夫・鍋島弘治朗・篠原俊吾・菅井三実, 訳. 2008.『認知言語学のための14章』東京：紀伊國屋書店.
Taylor, John R. 2002. *Cognitive Grammar*. Oxford: Oxford University Press.
寺村秀夫. 1976.「『ナル』表現と『スル』表現——日英『態』表現の比較」『日本語と日本語教育——文字・表現編』国語シリーズ別冊4, 49-68. 東京：国立国語研究所. の

ちに,『寺村秀夫論文集Ⅱ』213-32.東京：くろしお出版, 1992. に所収.
寺村秀夫. 1982.『日本語のシンタクスと意味Ⅰ』東京：くろしお出版.
友枝敏雄・竹沢尚一郎・正村俊之・坂本佳鶴恵. 1996.『社会学のエッセンス —— 世の中の
　　　しくみを見ぬく』東京：有斐閣.
外山滋比古. 1973.『日本語の論理』東京：中央公論社.
Tsohatzidis, Savas L., ed. 1990. *Meaning and Prototypes: Studies in Linguistic Categorization*. New York: Routledge.
角田太作. 1991.『世界の言語と日本語』東京：くろしお出版.
角田太作. 2005.「他動性の研究の歴史と今後の期待」『言語』34(8): 51-57.
Tsunoda, Tasaku. 1985. "Remarks on Transitivity." *Journal of Linguistics* 21:385-96.
鶴見和子. 1972.『好奇心と日本人』東京：講談社.
Turner, Mark, and Gilles Fauconnier. 1995. "Conceptual Integration and Formal Expression." *Metaphor and Symbolic Activity* 10(3): 183-204.
梅本堯夫・大山正, 編著. 1992.『心理学への招待 —— こころの科学を知る』新心理学ライ
　　　ブラリ1. 東京：サイエンス社.
梅本堯夫・大山正, 編著. 1994.『心理学史への招待 —— 現代心理学の背景』新心理学ライ
　　　ブラリ15. 東京：サイエンス社.
Ungerer, Friedrich, and Hans-Jörg Schmid. 1996/2006^2. *An Introduction to Cognitive Linguistics*. New York: Addison Wesley Longman. 池上嘉彦・坪井栄治郎・西村義樹・塩谷英一郎・野村益寛・本田啓, 訳. 1998.『認知言語学入門』大修館書店. 2nd ed. published by Pearson Longman.
Verschueren, Jef, Jan-Ola Östman, and Jan Blommaert, eds. 1995. *Handbook of Pragmatics: Manual*. Amsterdam: John Benjamins.
Wierzbicka, Anna. 1988. *The Semantics of Grammar*. Amsterdam: John Benjamins.
山本英一. 2002.『「順序づけ」と「なぞり」の意味論・語用論』大阪：関西大学出版部.
山梨正明. 1983.「格文法理論」『意味論』英語学体系5, 安井稔・中右実・西山佑司・中村捷・
　　　山梨正明, 467-547. 東京：大修館書店.
山梨正明1988.『比喩と理解』認知科学選書17. 東京：東京大学出版会.
山梨正明. 1995.『認知文法論』東京：ひつじ書房.
山梨正明. 2000.『認知言語学原理』東京：くろしお出版.
山梨正明. 2009.『認知構文論 —— 文法のゲシュタルト性』東京：大修館書店.
山梨正明. 2012.『認知意味論研究』東京：研究社.
安井　稔. 1988.『英語学と英語教育』東京：開拓社.
安井　稔・中村順良. 1984.『代用表現』東京：研究社出版.

[辞書, コーパス, およびインターネット上のリソース]
BNC: The British National Corpus. Shogakukan Corpus Networkを経由して利用.
The Brown Corpus on the ICAME CD-ROM (ICAME Collection of English Language

Corpora, 2nd ed. 1999) made available by The HIT Centre, University of Bergen, Norway.

CNN Transcripts, from http://www.cnn.com/TRANSCRIPTS/. Has moved to http://transcripts.cnn.com/TRANSCRIPTS/.

LDOCE[2]: *Longman Dictionary of Contemporary English*, 2nd ed. Harlow, Essex: Longman, 1987.

LDOCE[6]: *Longman Dictionary of Contemporary English*, 6th ed. Harlow, Essex: Pearson Education, 2012.

OALD[7]: *Oxford Advanced Learner's Dictionary of Current English*, 7th ed. 2005. Oxford: Oxford University Press.

O.E.D.: *Oxford English Dictionary*, 2nd. ed. (CD-ROM, version 3.01). Oxford: Oxford University Press.

The World Book Dictionary. 2 vols. Edited by Clarence L. Barnhart and Robert K. Barnhart 1975. Chicago : Published exclusively for Field Enterprises Educational Corp.

林四郎, 編集代表.『例解新国語辞典』第5版.東京：三省堂, 1999.
新村出, 編.『広辞苑』第5版.東京：岩波書店, 1998.
小学館辞典編集部, 編.『使い方の分かる類語例解辞典』東京：小学館, 1994.
山田政美, 編. 1990.『英和商品名辞典』東京：研究社.

［本書の土台になった論文一覧］

「談話構造が文構造に落とす影」『論攷英米文化研究』17:81-96.（関西学院大学, 1987）.
「日英語表現の対応」『商学論究』37(1-4): 629-46.（関西学院大学商学部, 1989）.
「日英語対照表現構造の原理」『商学論究』39(1): 189-200.（関西学院大学商学部, 1991）.
「テクストのテクストたるゆえん」『論攷英米文化研究』21:69-82.（関西学院大学, 1993）.
「言語学における語用論の現状」『論攷英米文化研究』22:105-22.（関西学院大学, 1994）.
「英語と日本語──認知的指向性と適切な表現」『論攷英米文化研究』23:131-42.（関西学院大学, 1995）.
「文化による思考様式が日英語に落とす影」『商学論究』43(2-4): 571-86.（関西学院大学商学部, 1996）.
「客観主義と経験基盤主義の意味観」『商学論究』44(4): 89-102.（関西学院大学商学部, 1997）.
「動作主性の分析にみる形式と意味の相関関係」『言語と文化』1:1-11.（関西学院大学言語教育研究センター, 1998）.
「客観主義意味論と認知意味論のパラダイム」『商学論究』46(4): 31-45.（関西学院大学商学部, 1999）.
「主体性からみた日英語対照研究」『言語と文化』3:19-31.（関西学院大学言語教育研究センター, 2000）.

「意味構造と普遍性」『言語と文化』4:45-54.(関西学院大学言語教育研究センター, 2001).
「メトニミーのもつ認知内容発露機能」『商学論究』50(1-2): 665-75.(関西学院大学商学部, 2002).
「英語における 2 通りの補語」『商学論究』50(4): 77-91.(関西学院大学商学部, 2003).
「事態解釈と構文選択」『英語語法文法研究の新展開』田中実・神崎高明編 161-67.(英宝社, 2005).
「英語における 2 通りの補語と図地反転」『言語と文化』8:17-27.(関西学院大学言語教育研究センター, 2005).
「日英語の視点 —— ケーススタディ」『エクス言語文化論集』5:31-42.(2007).
「直喩において類似性がもつ機能」『商学論究』57(2): 123-36.(関西学院大学商学部, 2009).
「事態把握のパターンと表現の対応関係」『言語と文化』14:1-15.(関西学院大学言語教育研究センター, 2011).
「たたく行為の日英語表現比較」『商学論究』60(1-2): 583-601.(関西学院大学商学部, 2012).

索　引

あ
アイロニーの原則　27
新しい情報　147
暑い　34
圧縮した表現　40
アメリカ構造主義言語学　59, 85, 89-90
あや　95
意外感　199, 205, 225
意外性　169, 170, 172
意志　46
意志性　209
意図された意味　22
意図されていること　27
意図性　6, 9
意味　5, 77
意味づけ　220
意味とは何か　79
意味の普遍性　114
意味役割　64-67, 69, 99, 106, 123
意味論　20-22
意味論の位置づけ　85
言われていること　27
因果関係　7
受身的な立場　66-67
受身な立場　69-70
受身の語用論的機能　132
受身のプロトタイプ　132
ウチ　133, 141-42, 146-47, 149-51, 15-54
内集団　141
エスノメソドロジー　24
エネルギー移動　220
エネルギーの伝達　218-19

縁語　16

か
外国語教育　30
解釈　79
概念体系　29, 91
会話の含意　24
会話の原理　27
会話分析　24
書き換え規則　89
架橋動詞　11-12
格　99
学習英文法　213
格文法　99-101
カテゴリー化　84, 90-91
カテゴリーの拡張　113
含意　22
間接的　51, 53
関与的な差異　119-20
関連性の原理　28
関連性の公準　27-28
関連性理論　28
聞き手　9-10, 22, 28
記号性を備えた文法　83
記号体系の一環としての文法　104, 221
記号論　19-20
記述　107-108, 112
記述的妥当性　19, 29, 58, 63
既知の情報　10
基底の意味構造　103
起点　35, 65
機能　14

機能構文論　28
機能主義　1-4
機能文法　3
疑問詞　11-12
逆接　7
客体　138
客体化　137
客体性　137
客観主義　80, 93-96, 98
客観主義的意味論観　80
客観主義の意味論　107-08
客観性　89
旧情報　193-94
協調の原理　27
際立ち　155-57, 179, 226
均質な言語社会　2
句　40
偶有的属性　86
繰り返し　47
経験基盤主義　80, 94-97
経験基盤主義的意味論観　80
経験者　65, 68-69
形式　5, 14
形式主義　1-2
形式と意味　104
ゲシュタルト心理学　226, 230
結束構造　6-7, 9
結束作用　71
結束性　6-9
言語決定論　116
言語個別的　119
言語使用　3-4, 29
言語相対論　116
言語単位　22
言語直観　19
言語能力　2

言語普遍的　119
現実世界　67
限定形容詞　42, 44
限定修飾構造　42, 44
語彙的形態素　105
語彙余剰規則　103
行為遂行的　25-26
行為連鎖　222
恒常性仮説　231
肯定　34
構文的役割　65
語順　146
コックニー訛　13
古典的カテゴリー化　86-88, 90
ことばのもじり　13
5文型　213
個別的特性　114
コミュニケーション　3-6, 9, 14, 23
語用論　4, 17, 19-22, 24
語用論的知見　29
語用論的知識　30-31
語用論的能力　16-17, 60
根拠　167-168
コンテクスト　3-4, 19, 21-23, 28, 61-63
コンテクスト効果　28

さ

削除　63
サピア・ウォーフの仮説　116
参照点構造　155
参与者　195, 219
時間的関係　7, 152
自己充足的　2-3
指示機能　176
指示説　115
指示代名詞　57-58

事実確認的　25-26
辞書　30
辞書的意味　21
時制　58
時制の一致　56-57
質の公準　27
実用論　20
視点　55-58, 100, 155
自動詞　45
自動詞表現　127, 129-130
指標比喩　171
趣意　167-168
修辞構造　50
修辞性　169
修飾語　148
重要度　10-12
受益者　65
授益者　131
主観的　89
主語指向の副詞的語句　69
主語の統一　55
主体　138-39
主体化　137-38
主題関係　123
主体性　66-67, 137-39
主題役　123
主導性　67-69
主導的　67
受動文　96-98
首尾一貫性　7-8
順接　7
照応　61-63
状況指向型　43, 52
状況中心　44
条件　7
状態　69

状態性動詞　69
焦点化　101
情報性　6, 10-12
省略　10-11
省略順序の制約　10-11
省略法　178
叙述形容詞　42, 44
所有　43
所有文　43-44
自律的　82
新情報　63, 193-194
真理条件　79, 97
真理値　25
心理的視点　56-58
図　156, 179, 226, 228-30
遂行動詞　26
遂行分析　26
図地反転　226, 233
図と地の分化　230
「スル」的な言語　126-28
生成意味論　26
生成文法　2, 16-19, 59, 61, 74, 81, 86, 89-90, 97, 104-05
生成文法のパラダイム　77, 82
節　40
説明　107, 109-10, 112, 139
セム系の言語　51
線　35
前景　156
前景化　155, 201
全体的な解釈　101
全体野　230
選択制限　119-21
選択体系機能言語学　3
前置詞　40
線的　35

相互作用説　94
相対的重要度　10
想定　28
挿入的　51
ソト　133, 141-42, 146-47, 149, 151, 153
外集団　141
存在　43

た

代換　100
対象　65-67, 139
対照レトリック　48, 51, 150
対人関係的修辞　27
代置説　94
タイプ㈵　196, 233-34
タイプ㈸　198, 223-24, 233-34
タイプ㈱　209
タイプ㈿　209
タイプA　188
タイプB　188
代用表現　61-62
脱線　51
タテマエ　141
他動詞　45-46
他動詞構文　217, 220
他動性の階層　215-16
談話　4, 23-24, 61-63
談話構造　50, 58, 63, 69
談話分析　23-24, 58-59
談話文法　59-60, 62
地　156, 179, 226, 228-30
知覚心理学　226
知覚動詞　135
知覚の主体　135, 137
知的意味　97, 100, 102
着点　65

中核領域　100
直線的　50, 53
直喩　166-67, 169, 172-74
直喩の3要素　167
直喩の形式　170-71
丁寧さの原則　27
適格性　10-11
適切性条件　25
テクスト　4-14, 16, 23
テクスト間相互関連性　6, 13-14
テクスト性　5-16, 23, 71
点　35
典型性条件　113
伝達された意味　22
点的　35
伝統文法　88-90
統語論　20
統語論の自律性　78, 82, 96-97
動作主　65-69, 106, 128-32
動作主性　109, 113
動詞　40-41
動詞句の削除　63
同時性　36, 39
統辞論　19
東洋語　51

な

内在的言語能力　18, 19
「ナル」的な言語　126-28, 130-31
2項関係　42
日常言語学派　25
日本語の特質　32
人間指向型　44, 52
人間全体を表すことば　53
人間中心　43
人間の一部を表すことば　53

認知意味論　29, 91-93
認知過程　9, 92-93, 98
認知言語学　4, 29, 74, 97-98, 104-105
認知言語学のパラダイム　77, 81-82
認知スコープ　220
認知能力　11
認知文法　29, 105
認知枠　174, 175
能動文　96-98

は
背景　156
背景化　155
媒体　167-68
発語行為　26
発語内行為　26
発語媒介行為　26
発話　22-25
発話行為　26
発話行為理論　24
発話の力　26
話し手　9, 22, 28
話の展開のしかた　50
場面性　6, 12
パラダイム　81
パロディー　13
非架橋動詞　12
比較　166, 169
比較説　94
比較表限　35, 169
非関与的な差異　119-20
被修飾語　148
非状態　69
非状態動詞　69
否定　34
被動的　67

比喩　166
比喩表現　169
表現構造　48
表現構造の違い　51-54
表現の動機づけ　178
表現論　34
表層レベル　6, 14
ビリヤードボール・モデル　218
品詞の定義　88-90
不可抗力　209-212
複合動詞　205
副詞　41
部分的な解釈　101
普遍的特性　114
プラーグ学派　3
古い情報　147
プロトタイプ　91, 112-13, 217, 220
プロトタイプ効果　92, 217
プロファイル　219
プロミネンス　179, 226-27
プロミネンス・モデル　226
文　22, 23, 61, 153
文化　140
文構造　58, 63, 67-68
文彩　94
文順　149-50
文飾　95
文文法　59-63
文法　77, 82
文法観　104-05
文法関係　104
文法項　156-57
文法性　23
文法的依存　6
文法的形態素　105
文法的能力　16-17, 60

並列構造　51
ぼかした表現　133
ホンネ　141
翻訳　32, 36, 48-49
翻訳可能性　115

ま
マザーグース　8
未知の情報　10
見られる対象としての自己　138
見る主体としての自己　138
無生物　106, 109, 111-13
無生物主語　46
名詞　41
名詞構文　41
命題　42, 153
メタファー　29, 92, 94-95, 168-69
メトニミー　177-82, 233
メンタル・スペース理論　29
目的語　42, 46, 187
文字どおりの意味　21
モジュール　17, 59-60
モジュール性　60
モダリティ　153-54
ものの本質　86

や
安らかにお眠りください　31
有意志性　196, 205, 209
有生物　106, 112-13
有標　108
夢の世界　67
様態の公準　27
容認性　6, 9
与格移動　102
与格動詞　102-03

ヨソ　133
呼びかけのことば　54

ら
リエゾン　47
理想的な話し手・聞き手　2, 18
理由　7
量の公準　27
隣接関係　177
類似関係　167-68
類似性　166, 169-70, 172-73, 175
ルビンの杯　226-27
レトリック　50
連結辞　151, 153
ロシア語　51
ロマンス系言語　51
論理関係　47, 151-52
論理実証主義者　20

わ
わたり　47

A
as　36-40

B
bang　203-04, 210
beat　196-97, 200-01, 204, 209
BE言語　43

C
carefully　69
complain　12

D
dead　119-20

deliberately　69
die　119-20, 122

G
give　102
grieve　12

H
HAVE 言語　43
hit　187-89, 192-98, 207, 210-11, 221, 223, 232

I
intentionally　69
into　40-41

K
Kaplan の図式　50, 53-54
knee　118
know　11

L
lap　118
limit　158-59, 160-61
lip　119

M
mean　21
mind　30-31

O
off limits　157, 159-62
off to　41
off　41
Openhouse　142
OV 構文　45

P
please　30-31
pound　203, 207
purposely　69

R
reluctantly　69

S
say　11-12
send　102
shall　67-68, 70
smack　202
strike　190, 196, 202, 204, 206, 208, 210-11
SV 構文　45
swat　199

T
teach　103
think　11
through　40-41
thump　200, 208

U
unhappily　12
up　40
upper-lip　119

V
voluntarily　69

W
warm　33-34
we　142-44, 146
whisper　12
wh 疑問文　11

willingly 69
wither 119-20

Y
you 142-46

主な日本語用例語彙
暖かい 33
打つ 211
うわくちびる 119
枯れる 120, 122
くちびる 119
死ぬ 120, 122
制限 158-62
たたく 187, 211, 224
であろう 154
どうぞ 30
鼻の下 119
ひざ 118

著者略歴

嶋村　誠（しまむら　まこと）

1948 年岡山県生まれ．大阪外国語大学英語学科卒業．大阪外国語大学大学院修士課程（英語学専攻）修了．神戸学院大学を経て，現在，関西学院大学教授．
著作　語用論と認知言語学の立場からの日英語対照研究を中心とした論文，『ランゲージ・ファイル —— 英語学概論』（共訳，研究社出版，1999）など．

関西学院大学研究叢書　第 160 編

日英語に見るもののとらえ方

2014 年 3 月 5 日 初版第一刷発行

著　者　　嶋村　誠

発行者　　田中きく代
発行所　　関西学院大学出版会
所在地　　〒 662-0891
　　　　　兵庫県西宮市上ケ原一番町 1-155
電　話　　0798-53-7002
印　刷　　株式会社クイックス

©2014 Makoto Shimamura
Printed in Japan by Kwansei Gakuin University Press
ISBN 978-4-86283-154-5
乱丁・落丁本はお取り替えいたします．
本書の全部または一部を無断で複写・複製することを禁じます．
http://www.kgup.jp/